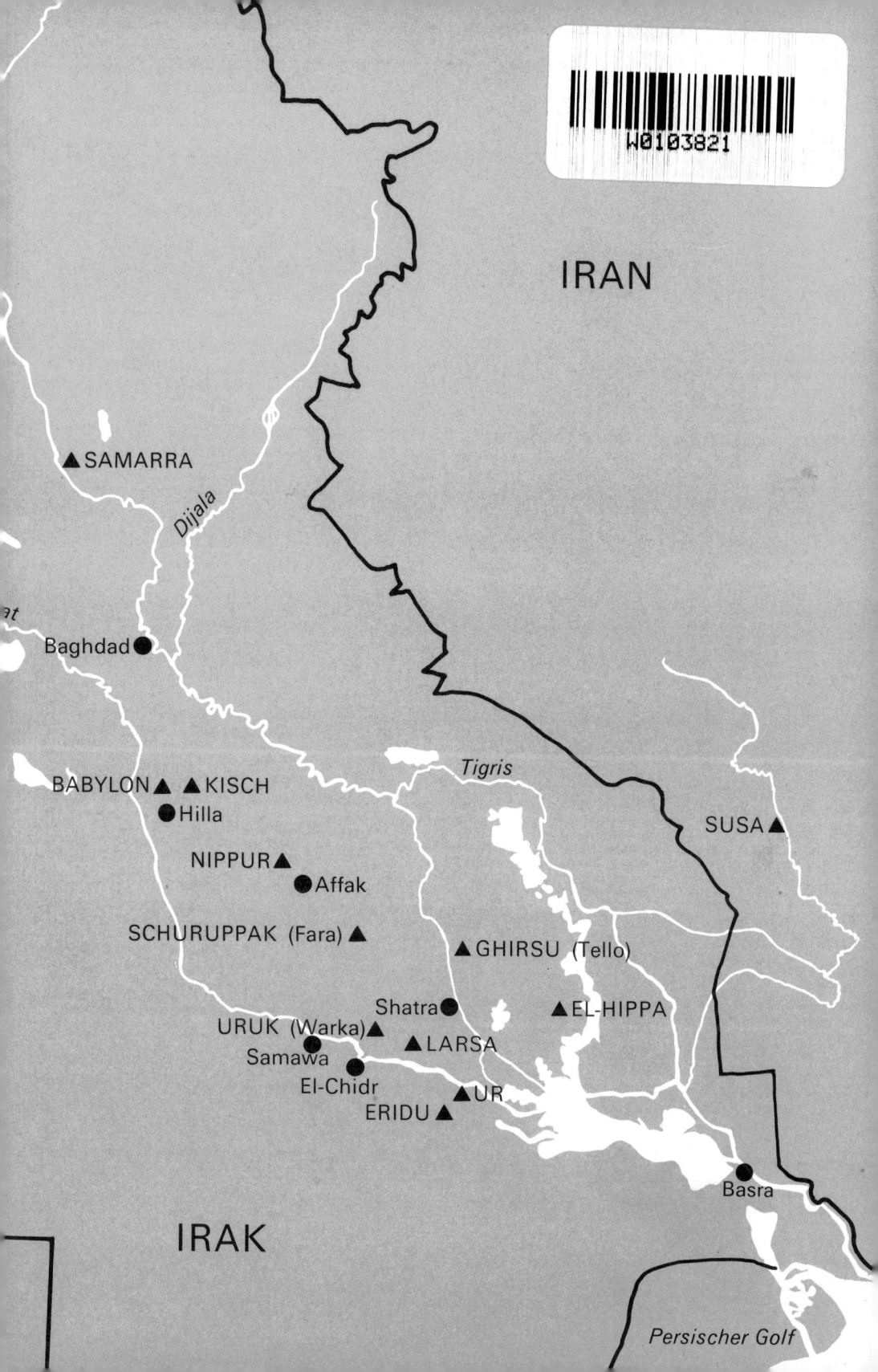

Keiser   Tempel und Türme in Sumer

Helen Keiser

Tempel und Türme in Sumer

Ärchäologen auf der Spur
von Gilgamesch

Walter-Verlag Olten und Freiburg im Breisgau

Dieses Buch erscheint als zweite, bearbeitete Auflage des früher
erschienenen Titels «Die Stadt der Großen Göttin»
Photos und Zeichnungen von Helen Keiser,
ergänzt durch einige Aufnahmen der Archäologischen Expedition
Karte von Uruk: Emil Joller

Alle Rechte vorbehalten
© Walter-Verlag AG Olten, 1977
Gesamtherstellung in den Werkstätten des Walter-Verlags Olten
Printed in Switzerland

ISBN 3-530-44551-7

Inhalt

Dünen	9
Gilgamesch und die Mauer von Uruk	12
Und die Türme	18
Stummer Gast	23
Hügel im Himmel	26
Die Begegnung	32
Der Brief	40
Die Wächter	44
Säufer und Särge	47
Der Baghdadi	56
Die Prinzessin	57
Erinnerungen	61
Der Verlassene	65
Kleine braune Hände	70
Das zweite Begräbnis	75
Aus der Expeditionsküche	79
Um die Zikurrat	82
Gespräche am Abend	91
Die Nachtwache	99
Gold und eine Scherbe	108
Hyänen	110
Die Aufgabe	114
Naims Flötenspiel	120
Ur in Chaldäa	123
Die Ibbisîn-Klage	128
Begleitung ins Jenseits	130
Kaffee und Neuigkeiten	134
Zwei Maulwürfe	141
Der große Regen	147
Nach der Flut	150
Geliebte Naditu-Priesterin	163
Dialog	168
Wunder der Medizin	171
Die Augen im Krug	176
Auf Ton geschrieben	179

Und wundert sich	187
Das dreibeinige Pferd	192
Unter dem schwarzen Ziegenhaardach	195
Die leuchtenden Vögel	205
Haß	207
Man müßte die Schuhe ausziehen	210
Stadt Noahs	215
Herr des Windes	221
Enlils Zorn	228
Wer war Sinkaschid?	232
Jenseits der Mauer	239
Wuswâs und der Weiße Tempel	246
Mutter von Kullaba	253
Feuer in den Toren von Uruk	257
Fahrt der Götter	261
Nächtliche Entdeckung	265
Das Versprechen	271
Aufbruch	275
Hirten und Herden	279
Die Ährenleserin	285
Peter und die Kanone	292
Pastorale	295
Der Märchenteppich	300
Sumerische Reise	302
Die goldenen Dörfer	305
Mond über dem Meerland	308
Ihren Stein nicht legten die sieben Weisen	314
Rückblick und Dank	317

Anhang

Literaturhinweise	321
Arabisches Vokabular	323
Kleines Verzeichnis der Götter	326
Stadtplan von Uruk	328

In Verehrung der großen deutschen Archäologen

Robert Koldewey
Walter Andrae
Heinrich Lenzen

Dünen

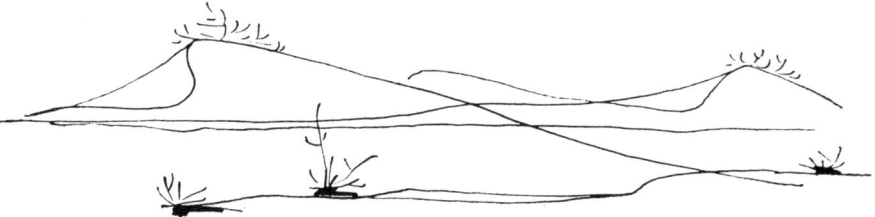

«Himmel – diese Öde!» sagt der junge Mensch laut, obwohl ihn weit und breit niemand hören kann. Bäuchlings liegt er noch immer zwischen Tamariskengestrüpp auf der graugelben Sanddüne. Der kleine Araber ist längst fort, zurück zu den knarrenden Wasserrädern am Euphratkanal.

Thomas sieht sich um. Ein ferner dünner Rauch zeigt ihm die Richtung, aus der er kam. Nach Mitternacht ist er in Samawa aus dem Zug geklettert; auf halber Strecke von Baghdad zum Persischen Golf. Von Samawa wußte er nicht mehr, als daß er da auszusteigen und über den Euphrat nach Osten zu gehen habe. Wie aber den Weg finden in der Dunkelheit ohne Mond und Laterne oder einen Menschen, den man fragen könnte? Er beschloß, die paar Stunden bis Sonnenaufgang irgendwo zu schlafen.

Ein Nachtwächter, Lastträger oder was immer der hustende, spuckende Alte auf der verlassenen Bahnstation sein mochte, nahm sein Gepäck und führte ihn durch finstere Basargassen zu einem «Otil», wie er das nannte. Eine Herberge wohl und ziemlich verkommen, soviel Thomas erkennen konnte. Über einen kleinen Hof kam er in einen Raum, wo vier Betten standen, von denen keines den Eindruck machte, als ob es seit Jahresfrist neu bezogen worden sei. Der Alte riet ihm noch fürsorglich, einen scheppernden Eisentisch vor die Tür zu schieben, die sich nicht mehr schließen ließ.

Diese Mängel kümmerten den jungen Europäer wenig, hundemüde wie er von der Fahrt im überfüllten Drittklaßabteil war. Er

hatte nicht gewußt, daß sieben Stunden auf einer Holzbank so lang sein können. In den Kleidern fiel er auf das erstbeste Bett und zog den Mantel über sich.
Kaum daß der Morgen dämmerte, war er wieder auf den Füßen, vergnügt und voller Spannung. Irgendwo krähte ein Hahn, was jedoch in diesem Land nicht unbedingt mit dem Tagesbeginn in Zusammenhang stehen mußte. Schon in Baghdad hatten die Hähne unbekümmert zu jeder Stunde der Nacht geschrien.
Thomas warf den Sack über seine Schulter, weckte den Hotelbesitzer, um die hundert Fils für sein Quartier zu entrichten, und machte sich auf die Suche nach dem Fluß. Er gelangte zum Euphrat und fand auch die Brücke. Hinter tausend Palmenkronen ging die Sonne auf und zeigte ihm, wo Osten lag.
Und er wanderte weiter auf der Straße durch den Hain voller Vogelstimmen. Thomas war nicht allein unterwegs. Ganze Karawanen kleiner schwarzer Esel kamen ihm entgegen. Nie zuvor hatte er so viele Esel gesehen. Sie trugen buntgewebte Satteltaschen und Berge von Hausrat; auch Hühner, Lämmer und Wickelkinder reisten auf Eselsrücken. Hinterher gingen die Frauen, dunkelverhüllt, silberne Spangen um die Fußgelenke.
Danach kamen die Herden. Große und kleine Herden von Fettschwanzschafen und mit ihnen die Mädchen und die Hirtenjungen. Sie wirbelten viel Staub auf, all die ungezählten Füße von Tieren und Menschen, die nach Westen zogen. Das Allerschönste, fand Thomas, waren diese mit den Herden ziehenden Staubschwaden im Morgenlicht. Lange sah er ihnen nach.
Dann wurde es Zeit, von der großen Straße abzubiegen, rechts über die alte Kanalbrücke. Auch die Bahngeleise galt es noch zu überqueren, und schließlich gelangte er auf den Deich. All dies hatte man in Baghdad genau beschrieben. Aber man hatte ihm nichts gesagt von der Welt, die hinter dem Euphrat, den Palmenwäldern und den Geleisen liegt. Nichts gesagt vom Gold der Steppe, vom fast unwirklichen Grün der jungen Weizenfelder und

den ockerfarbenen Lehmmauern der Gehöfte. Von den Herden und von den langgewandeten Gestalten, die da standen und in die Weite blickten.

Auch nichts gesagt von den ächzenden Rädern des Schöpfwerks am Kanal; den hölzernen Rädern, die sich drehten und drehten, von Tieren gezogen, knarrend ihr uralts Lied singend. Da war auch der heitere Mann, der mit braunen sehnigen Beinen neben Ochs und Esel den ausgetretenen Pfad hinauf und hinunter stapfte und zur Begleitmusik der Räder sang, während die naßglänzenden Ledersäcke sich aus dem Kanal hoben und ihren Inhalt in die Bewässerungsgräben ergossen.

Der Fellache lachte ein maskenlos strahlendes Lachen, als er den Fremden sah, und rief ihm etwas zu, das fast so schön klang wie das Lied, aber auch genau so unverständlich.

«Wo liegt Warka?» fragte Thomas und wiederholte: «Warka?» Verwundert suchte der Mann das Wort nachzusagen: «Warka...?» Vielleicht war die Betonung falsch gewesen. Dann leuchtete plötzlich das dunkle Gesicht: *«Na'am – W'rka – tawîl!»* Singend, mit einem harten K sagte er es diesmal, und seine verwerkte Hand wies in unabsehbare Ferne. Nach Osten.

Die Richtung stimmte also noch. Der Fellache rief seinen kleinen Sohn, der, den Unbekannten still musternd, am Kanalrand hockte. Auf einen Befehl des Vaters riß er sein rotbraunes Tuch vom Kopf, wickelte es unglaublich schnell zu einem raffinierten Turban und setzte sich in Bewegung. Offenbar war der Junge zum Wegweiser bestimmt, und Thomas bedankte sich beim Bauern, der schon wieder seine Tiere angetrieben und ein neues Lied angestimmt hatte.

Schweigend ging der Kleine voraus, barfuß, in knöchellangem, wohl einstmals weißem Hemd. Nicht daß dieses Hemd schmutzig wirkte; die gebrochene Farbe gehörte irgendwie zu den Tönen dieser Landschaft, so wie die Farbe der Disteln und der Erde, der Lehmmauern, der Ziegen- und Schafherden; da gab es nirgends ein ganz weißes Weiß oder schwarzes Schwarz. Nur der Himmel über allem war gleißend hell wie Glas.

Sie verließen den Weg auf dem Deich, und die letzten Palmen blieben zurück. Vor ihnen lag die Öde. Farblos. Kein Grashalm und nichts mehr, das sich bewegte. Nur ein unendlicher Horizont und die vollkommene Stille, welche nun über sie hereinbrach. Thomas verharrte. Warum rauschte die Stille so gewaltig?

Der Junge war weitergegangen, ohne sich umzublicken. In der großen Fläche lagen Dünen wie mächtige wiederkäuende Kamele, die Höcker mit Tamarisken bewachsen. Gewandt kletterte der kleine Araber auf den höchsten der Hügel, während der ungeschickte Europäer immer wieder zurückrutschte und tief im Sand versank. Endlich vermochte er einen Tamariskenzweig zu fassen und sich vollends auf den Dünenkamm zu ziehen, wo er liegenblieb, die Kühle des Sandes unter seinem Körper fühlend.

«*W'rka...!*» schrie der Junge, «*henäq!*»

Fern, kaum wahrnehmbar, heben sich noch immer die Hügel vom Horizont. Warka-Uruk – das biblische Erech. Einst eine mächtige Stadt – heute Ruinen in der Wüste. Schwer zu glauben. Nun ist der kleine Araber fort. Er lief so schnell zurück, als fürchte er sich vor der großen Leere hinter den Dünen. «Uruk», wiederholt Thomas laut und ungläubig, schließt einen Moment die Augen, lacht und rutscht den Sandhang hinunter.

Gilgamesch und die Mauer von Uruk

Von der Ebene kann man die Hügel nicht mehr sehen. Aber Thomas weiß jetzt die Richtung. Er wandert weiter durch die Stille, nun über salzigen Sand, wo nichts mehr gedeiht. Auch die letzten gegen Dünen kämpfenden Tamarisken sind verschwunden.

Vielleicht hätte er doch nicht nach Samawa fahren und in die Wüste hinauslaufen sollen. Wieder lacht der junge Mensch. Er hat das Gefühl, schwerelos zwischen zwei Welten zu schweben: dem Europa des zwanzigsten Jahrhunderts, welches weit zurückliegt, und Uruk, einer großen, unbekannten Vergangenheit im Orient mit verschwommenen Konturen.

War es die Freude am Abenteuer gewesen, die ihn forttrieb, oder Überdruß? Ob Vater verärgert war? Oder noch schlimmer: enttäuscht? Vater. Bisher hatte er seinem Sohn alle Freiheit gelassen, Thomas, dem letzten, der ihm von drei Söhnen übriggeblieben war.

Nach dem Krieg hatte der angesehene Architekt sein Unternehmen aus dem Nichts wieder aufgebaut. Aus den Trümmern einer zerbombten Stadt. Ruinen lieferten damals das Anfangskapital. Thomas kann sich nicht daran erinnern, und niemand mochte davon reden. Und heute? Ein riesiger Baubetrieb. Wunderbare rote, gelbe und grüne Krane schwenken ihre langen Arme in den Himmel, um kostbares Baumaterial zu Hochhäusern zu türmen. Thomas hat keine Beziehung zu den luxuriösen Großstadttürmen, ebensowenig wie zu den einstigen Trümmern, unter denen, wie man ihm sagte, seine Mutter geblieben war. Drei Jahre alt sei er damals gewesen. Als Kind hat er sich zuweilen verlassen gefühlt neben dem vielbeschäftigten Vater, und auch weil es für ihn keine Erinnerung gab. Es war, als trüge er in sich einen leeren Rahmen, zu dem er vergeblich das Bild suchte.

Später hatte er dann begonnen, mit Buntstiften Krane zu malen, und in der Schule träumte er davon, Kranführer zu werden, weil er überzeugt war, daß man von dort oben bis zum Rand der Welt sehen könnte. Nicht einmal gegen den Kranführer hatte der Vater etwas einzuwenden gehabt. «Laß dir Zeit, mein Junge!» war seine geduldige Antwort gewesen. Wie oft? Wenn Thomas an all die Experimente denkt: Malerei zuerst, vorübergehend Theater, und als sich Sprachen auch nicht als das Richtige erwiesen, landete er schließlich auf der Technischen Hochschule, womit der Traum seines Vaters in Erfüllung gegangen wäre, wenn...

Gedankenverloren stapft er weiter durch die Wüste, ein junger Mensch, hager, helle Haare ungekämmt in der Stirn. Zuversichtlich geht er voran, seinen Sack über der Schulter – eine sehr kleine Gestalt in der öden Wüste von Samawa. Noch viel kleiner ist zu dieser Stunde der Schatten schräg hinter ihm.

Obwohl erst Januar, wird es gegen Mittag ziemlich warm. Wie viele Meilen mögen es noch sein bis zu den Hügeln? Einige zwanzig, hat Thomas irgendwo gelesen. Auch nach der Karte ist es in dem mit blauen Strichen eingezeichneten Überschwemmungsgebiet schwer auszumachen. Oder er hätte eine Station weiter, nach El-Chidr, fahren müssen, einem Dorf in der Euphratschleife, welches nach der Luftlinie bedeutend näher lag. Aber da soll die Winterflut den Weg schon abgeschnitten haben. Merkwürdig, wenn die Leute von Wasser in der Wüste reden.

Sonderbar auch, daß er nun, statt schön ordentlich daheim am Zeichentisch zu sitzen, über den Lehmboden des alten Zweistromlandes läuft. Babylonien – Akkad – Sumer. Gelb ist dieser Boden jetzt und von Rissen der Trockenheit durchzogen. Warum kam er ausgerechnet hierher? Er hätte ja ebensogut nach Sansibar oder in die Mongolei ziehen können. Ist Gilgamesch schuld und seine Mauer oder der Professor und die Türme?

Vor Jahren hat Thomas das schmale Bändchen in einem Berliner Antiquariat erstanden, vermutlich weil es so dünn war und gut in die Rocktasche paßte. Was bedeutete ihm Mesopotamien damals? Vage Erinnerung an eine irgendwann verdämmerte Schulstunde und die Bibel mit dem babylonischen Turm. Und doch, als er dann in der U-Bahn diese seltsamen Zeilen las, war Thomas verzaubert, so daß er, statt am Rüdesheimer Platz auszusteigen, mit Gilgamesch und Enkidu zum Silbergebirge wanderte, um das Ungeheuer Chumbaba zu besiegen. Zu den Zedern des Libanon.

Das Buch blieb in der Rocktasche, und sein Aussehen wurde immer antiquarischer. Erst später erfuhr er mehr über das berühmte Epos, jene Sammlung von Keilschrifttafeln, wiederentdeckt unter den Ruinenhügeln von Ninive. Dabei habe es sich bei dem Fund aus Assurbanipals Palastbibliothek um eine relativ späte Version der großen Heldensage gehandelt, die von der assyrischen Zeit über Babylon bis nach Akkad und Sumer zurückreicht.
Die Dichtung beginnt mit der Verherrlichung Gilgameschs, des Stadtkönigs von Uruk. Eine bedeutende Rolle spielt dabei die mächtige Mauer, welche als das Werk des Königs in der ersten und elften Tafel gepriesen wird.
Gilgamesch ist ein über die Maßen schöner, doch gewalttätiger Gottmensch, der seine Untertanen tyrannisiert. Die Leute von Uruk beschweren sich bei den Göttern über ihren Herrscher, und die Muttergöttin Aruru wird beauftragt, dem unerträglichen Zustand ein Ende zu machen.
Sie formt aus Lehm den hünenhaften Enkidu, der, zum Leben erweckt, vorerst nackt und langhaarig seine Tage mit den wilden Tieren der Steppe verbringt. Enkidu, bestimmt, Gilgameschs Hochmut zu dämpfen, wird von einer Tempeldirne der Wildnis entfremdet und nach Uruk geführt, wo ihn der König bewaffnet erwartet. Die beiden Titanen stehen sich im Zweikampf gegenüber, welcher unentschieden bleibt. Und schließlich wird aus dem erbitterten Streit die sprichwörtliche Freundschaft zwischen Gilgamesch und Enkidu. Gemeinsam vollbringen sie von nun an ihre Heldentaten.
Zuerst beschließen die beiden, nach dem fernen Zedernwald zu ziehen, wo sie das Ungeheuer Chumbaba besiegen, Bäume fällen und «alles Böse aus dem Land tilgen» wollen. Gilgamesch berät sich mit den Ältesten von Uruk; er läßt für sich und Enkidu gigantische Waffen schmieden, und seine Mutter Ninsun steigt auf das Tempeldach, um den Schutz des Sonnengottes Schamasch zu erflehen. Dann machen sich die beiden Freunde auf den Weg,

erreichen nach langen, beschwerlichen Tagen den Zedernwald im Gebirge, töten Chumbaba und schlagen das kostbare Holz.
Nach der glorreichen Rückkehr in die Stadt Uruk wirft die Göttin Ischtar ihre Augen auf Gilgamesch und sucht ihn mit allen Mitteln für sich zu gewinnen. Doch der König kennt die Treulosigkeit der Liebesgöttin und verspottet sie. Zornig geht Ischtar zum Himmelsgott Anu und verlangt von ihm den Himmelsstier, damit dieser Uruk mit all seinen Bewohnern vernichte. Der Stier steigt herab, verwüstet die Stadt und tötet Hunderte von Kriegern. Nun aber nehmen Gilgamesch und Enkidu den Kampf mit dem Untier auf und bringen es zur Strecke.
Damit haben sie den Gipfel ihres Ruhmes erreicht und werden von den Urukäern umjubelt. Indessen sollte ihr Glück ein jähes Ende finden; denn wegen der Tötung Chumbabas und des Himmelsstiers wird Enkidu von den erzürnten Göttern zu einem frühen Tod verurteilt. Nach zwölftägiger Krankheit stirbt er und läßt seinen Freund untröstlich zurück.
Gilgamesch weint um seinen Gefährten Enkidu; der unbesiegbare Held von Uruk, dem von den Göttern alles gegeben war: Schönheit, Macht und Reichtum, beginnt verzweifelt die Welt zu durchstreifen auf der Suche nach Unsterblichkeit.
Zuletzt bricht er auf zu Utnapischtim, dem einstigen König der vorsintflutlichen Stadt Schuruppak, um von diesem das Geheimnis zu erfahren. Gilgamesch erträgt viele Entbehrungen, überquert die «Gewässer des Todes» und erreicht erschöpft, schmutzig und nur noch mit Tierfellen bekleidet die Mündung der Ströme, wo Utnapischtim wohnt.
Der Unsterbliche erzählt Gilgamesch die Geschichte von der Flut und wie er damals auf Anweisung von Ea, dem Gott der Wassertiefen und der Weisheit, ein großes Schiff gebaut habe... Und auf die inständigen Bitten seines Besuchers verrät er diesem endlich auch den Ort auf dem Meeresgrund, wo die Pflanze der ewigen Jugend zu finden sei. Gilgamesch taucht in die Tiefe, holt das

Wunderkraut und macht sich damit beglückt auf den Heimweg. Doch wieder bestimmen die Götter anders; während der Held in einem Brunnen badet, wird die kostbare Pflanze von einer Schlange gestohlen. Enttäuscht und um seine Hoffnung betrogen, kehrt Gilgamesch zur Stadtmauer von Uruk zurück.
Thomas vermochte sich nicht mehr von dem Heldenlied zu trennen. Und es fiel ihm schwer zu glauben, daß diese bisher älteste mythologische Überlieferung, einst zwischen den beiden großen Strömen entstanden, durch die Jahrtausende nicht vergessen worden war.
Wie alt ist die menschliche Sehnsucht nach der Unsterblichkeit? Und noch immer fand man keine gültige Antwort auf die Frage, welche Gilgamesch gestellt hatte. Noch immer suchen wir weiter nach einem höheren, dauernden Sinn. Vielleicht mit ein Grund, daß man aus dem europäischen Alltag ausbricht und in die Wüste läuft, überlegt Thomas.
Es gäbe noch andere, konkretere Gründe. Die Mauer zum Beispiel. Die Mauer, die am Anfang und am Ende der babylonischen Dichtung steht. Die große Mauer, von Gilgamesch erbaut um seine Stadt Uruk, deren König er gewesen, so wie es da stand, geschrieben in Keilschrift. Thomas weiß diese Zeilen auswendig.

«*Die Mauer um Uruk-Gart ließ er bauen,*
Um das heil'ge Eanna, den strahlenden Hort.
Sieh an seine Mauer, deren Friese von Erz sind!
Ihren Sockel beschau! Dem gleicht niemandes Werk!
Auch den Blendstein faß an – der seit Urzeiten da ist! –
Nahe dich Eanna, dem Wohnsitze Ischtars –
Keines späteren Königs, keines Menschen Werk gleicht ihm!
Auch steig auf die Mauer von Uruk, geh fürbaß,
Prüfe die Gründung, besieh das Ziegelwerk!
Ob ihr Ziegelwerk nicht aus Backsteinen ist,
Ihren Grund nicht legten die sieben Weisen.»

Und diese Mauer ist keine Legende, das scheint ihm wunderbar. Es gab sie wirklich, die gewaltige Stadtmauer von Uruk; nach mehr als viertausend Jahren hat man ihre Reste freigelegt und den Beweis erbracht.

Soviel begriff Thomas von dem, was der Professor damals sagte. Eigentlich war dies nur der Anfang gewesen, noch nie zuvor hatte er eine Vorlesung über Archäologie gehört. Wie sollte er? Selbst die Baugeschichte begann ja nach seiner Vorstellung erst in Griechenland, wenn man vom Größenwahn der Pharaonen absah. Oder sollte ein moderner Architekt sich etwa über den babylonischen Turm den Kopf zerbrechen?

Vielleicht doch! Jener Abend hat manches über den Haufen geworfen. Obwohl der Professor eigentlich die ganze Zeit über nur von Lehmziegeln sprach. Von primitiven Ziegeln aus Erde geformt und an der Sonne getrocknet. Ungebrannt. Daraus soll die berühmte Mauer bestanden haben. Aber nicht nur sie; Paläste und Tempel der sumerischen Städte waren aus Lehm gebaut. Man stelle sich vor: lehmgebaute Tempel von der Größe des Bamberger Doms! Und die Türme!

Und die Türme

Babylonische Türme. Soviel Thomas begriff, hat der größte von allen, *Etemenanki,* der biblische Turm, in Babel gestanden. Jedoch viele andere Hochterrassen und Stufentürme überragten die damaligen Städte des alten Zweistromlandes. *Zikurrati* nennt man sie.

Türme aus Lehm. Mußte dieses unbeständige Material sich nicht beim ersten Regen wieder auflösen? Oder regnete es überhaupt nicht in diesem Land? Wie zum Teufel hat man damals gebaut; wie haben sich diese Mauern durch Jahrhunderte erhalten, und wie kann man heute nach Jahrtausenden überhaupt noch feststellen, daß sie existiert haben...? wunderte sich der junge Baumeister.

Gebannt saß er da und verstand kaum die Hälfte von dem, was der Professor sagte. Es war ein Wirbel von archäologischen Fachausdrücken für Perioden, Kulturschichten und Ziegelformate. Nun – Thomas gehörte ja auch nicht zum Auditorium; Dieter, sein Freund, hatte ihn mitgeschleppt. Der saß da und malte Schnörkel in sein Kollegheft, weil er als zukünftiger klassischer Archäologe sich mehr für Säulen und Kapitelle aus ionischem Marmor interessierte und von dieser Höhe etwas blasiert auf mesopotamische Lehmziegel herabsah.

Als der Hörsaal sich leerte, stand Thomas vor dem Professor, stotterte etwas von Gilgamesch und einem halben Architekturstudium, genau kann er sich nicht mehr erinnern, nur an die Frage, die ihm auf der Zunge brannte: «Wie...?»

Der hochgewachsene Mann schien mit seltsam hellen, graugrünen Augen durch ihn hindurch zu blicken, als sei er, der kleine Student, der es gewagt hatte, Fragen zu stellen, gar nicht vorhanden. Und Thomas vergißt ihn nicht mehr, diesen Blick, der ihn dann plötzlich packte und festhielt. «Baumeister?» blitzte es in diesen sonderbaren Augen. «Warum kommen Sie nicht und sehen es sich an?»

«Sie meinen – die Mauer des Gilgamesch?» fragte Thomas ungläubig.

«Alles: die Mauer, die Zikurrat, die Tempel und die Paläste von Uruk!» lächelte der Archäologe.

«Nach dem Turmbau zu Babel haben schon viele vor Ihnen gefragt», fuhr er dann fort, «denken Sie an Breughel und all die Maler und Dichter des Mittelalters...»

«Und Robert Koldewey hat ihn gefunden, den biblischen Turm?»

«Vielmehr das, was Alexander der Große und die Bewohner von Hilla davon übriggelassen haben...»
Die Ruinen Babylons liegen auf dem Weg nach Samawa, nur wenige langsame Bahnstunden von Baghdad entfernt. Thomas ist da ausgestiegen und stundenlang allein durch das riesige Ruinenfeld gestreift. Dachte an Alexander, Koldewey und jene anderen Archäologen, die mitgeholfen hatten, die vielen tausend Backsteinbruchstücke der babylonischen Löwen zu sammeln. An Walter Andrae, der die große Aufgabe zu Ende führte und in fast dreißigjähriger Arbeit in Berlin aus diesen Fragmenten das herrliche Ischtar-Tor wiedererstehen ließ – leuchtend blau glasierte Mauern mit Stieren und Fabeltieren. Gerettet aus dem Schutt.

Auch in Babel begegnete Thomas den Tieren, als er durch das Tor kam. Wundervoll erschienen sie ihm in der strengen Würde ihrer Bewegung, obwohl die Reliefs dieses dritten, tiefer liegenden Tors den Prunk von Farbe und Glasur noch nicht gekannt hatten.
Vor dem Tempel ragte noch ein freistehender Altar, der, von Nebukadnezar und den anderen Bauherren immer wieder erneuert und höher gebaut, zu einer Säule angewachsen war und gerade ein Nest voll junger hungriger Störche beherbergte.
Dann stand Thomas am Euphratufer. Fast unbewegt lag der alte Strom, nur träge mit Palmenstämmen und dunkel ineinander-

fließenden Kronen spielend. Der Strom, der Alexander sterben sah, Nebukadnezar und wohl auch den Gesetzgeber Hammurabi.

Aber der junge Entdecker fand nicht die Spur von einem Turm, dort draußen, wo die Kamele weideten. Und doch den Beweis des deutschen Ausgräbers: den tiefen, breiten Graben, einen viereckigen Hügel umschließend. In dem Graben hatte das Backstein-Mauerwerk des biblischen Turms gestanden. Der Bau war also nicht rund gewesen, wie Peter Breughel und andere phantasiebegabte Leute es sich ausgedacht hatten; sein Grundriß zeigte ein Quadrat von sechsundneunzig Meter Seitenlänge. Soweit Koldewey.

Hinzu kam dann der Fund der berühmten *Esangila*-Tafel, die als Baubeschreibung des babylonischen Heiligtums entziffert wurde. Danach muß dieser Turm fast ebenso hoch wie breit gewesen sein; zweifellos der größte aller mesopotamischen Türme.

Der Bau, alsdann vom Perserkönig Darius teilweise zerstört, hat offensichtlich Herodot immer noch beeindruckt, als er 447 vor Christus die von drei gewaltigen Mauern umgebene Stadt am Euphrat besuchte.

«In der Mitte des Tempelbezirks ist ein fester Turm gebaut, je ein Stadion lang und breit; auf diesem Turm ist ein anderer gebaut, auf dem zweiten ein dritter und so fort, bis es acht Türme sind! Ein Aufgang zu ihnen läuft außen um alle Türme herumführend hinauf...»

Wenn auch der griechische Geschichtsschreiber gelegentlich etwas übertrieben und die Ausgräber in Verwirrung gebracht hat, so muß der «Turm der menschlichen Vermessenheit» für die damalige Zeit doch ganz respektabel gewesen sein. Thomas betrachtete den Getreidesilo des Städtchens Hilla, der mit kaum vierzig Meter die Palmenwälder weithin überragt; fast dreimal so hoch müßte man sich also den Etemenanki vorstellen...

Der große Mazedonier hat den zertrümmerten Turm wieder aufbauen und Babylon zur Hauptstadt seines Weltreiches machen wollen. Aber Alexanders dreißigjähriges Heldenleben reichte nicht mehr dazu aus... Wie viele seiner Kolonisationspläne blieben unausgeführt? Allzuweit war sein Weg: Susa – Persepolis – Ekbatana, bis zum erträumten Rand der Welt – gaukelnde Fata Morgana – niemals erreicht.

Nur einmal noch kam er zurück, flußaufwärts nach Babel; noch immer hoffnungsvoll, das Erbe Nebukadnezars und Hammurabis anzutreten. Er überhörte auf dem Weg zum Marduk-Tempel die Warnung des Priesters: «Herr, geh nicht durch das Tor von Babylon!» Der Tod erwartete ihn – Malaria, das Fieber der mesopotamischen Sümpfe.

Der größte aller Türme wurde nicht wieder aufgebaut und geriet in Vergessenheit; denn Alexanders Erben gründeten eine neue Weltstadt: Seleucia. Später kamen die Leute von überall her, um die Backsteine des Turmes fortzutragen. Sie bauten daraus die kleine Stadt Hilla, und selbst in den Mauern der älteren Häuser von Baghdad finden sich gelegentlich Ziegel mit dem Stempel Nebukadnezars. Aber auch damit schienen die Vorräte noch nicht erschöpft; denn für den Bau des nahe gelegenen Euphratdamms sind zu Ende des vorigen Jahrhunderts noch immer babylonische Backsteine verwendet worden.

All dies hat Thomas damals vom Professor erfahren. Auch daß die alte Stadt Hammurabis heute unter dem Grundwasserspiegel liege und von den Ausgräbern nicht mehr erreicht werden könne. «Aber Robert Koldewey hat uns den Weg gewiesen!» fügte der Archäologe hinzu.

«Den Weg...?»

«Sie fragten nach dem Wie. Er war es, der uns auf die Spur der alten Baumeister setzte, indem er ihrem Arbeitsgang folgend die Mauern Ziegel um Ziegel aufzuzeichnen begann. Eine Methode, die später in Assur und Uruk weiterentwickelt und für die mesopotamische Archäologie wegweisend geworden ist. Denn vom Backstein kam man auf ungebrannte Lehmziegel, das Baumate-

rial der Jahrtausende in diesem Land. Die ersten Ausgräber hatten solche Mauern noch nicht vom Lehmboden der Wüste unterscheiden können. Wir lernten es... Aber was rede ich – Sie müssen eben hinauskommen und alles selber sehen!» meinte der Archäologe freundlich, als sei die Wüste mit der Straßenbahn erreichbar. «Ich erwarte Sie!» schloß er mit rätselhaftem Lächeln, bevor er auf die Uhr blickend seine Papiere zusammenraffte und eilig den Hörsaal verließ.
Das war im vergangenen Sommer gewesen.

Stummer Gast

Da ist er über die endlose Fläche gegangen – während Stunden – den ganzen Tag – und bemerkte kaum, daß es darüber Abend wurde. Der Horizont hat sich nicht verändert; das Ziel scheint ferner denn je. Es ist, als seien die Ruinenhügel vom Erdboden verschwunden. Oder hat er von den Dünen aus eine Fata Morgana gesehen? Das soll es geben in der Wüste.
Thomas blickt auf, streicht langsam eine helle Strähne aus der Stirn, verwundert, plötzlich nicht mehr allein auf der Welt zu sein. Denn da geht noch einer. Seltsam, flatternd kommt er dahergeweht wie eine große Krähe, scheinbar ohne den Boden zu berühren. Schließlich ist es aber doch eine menschliche Gestalt, deren Füße sich nackt und lautlos unter langen Gewändern bewegen.
Der Araber, wohl nicht sehr alt, doch düsterblickend, trägt ein gegürtetes weißes Hemd, und ein durchsichtiger hellbrauner Hirtenmantel, etwas zerschlissen, fällt mit königlicher Allüre lang und faltenreich von seinen Schultern. All dies wäre recht schön und malerisch gewesen, wenn dieser Mann nicht außer-

dem Dolch und Gewehr getragen und sein Gurt voller Patronen gesteckt hätte. Thomas fühlt sich ein wenig unbehaglich.
Fragend blicken die tiefliegenden Augen aus dem dunkelgegerbten Gesicht. Doch nicht eigentlich bedrohlich. Der Mund unter dem schmal geschwungenen Schnurrbart sagt etwas. Wieder die klingende Sprache, anders als in Baghdad; Thomas lauscht, ohne zu verstehen. Er versucht eine hilflose Gebärde. Der Araber wiederholt, etwas lauter als zuvor.
Auf gut Glück antwortet der junge Europäer das einzige, was vielleicht verstanden werden kann: «Warka!», mit einem Blick nach der Himmelsrichtung, in der er unbestimmt die Ruinen vermutet.
Wieder das schnell aufblitzende Verstehen, Lachen und die Antwort des Fellachen vom frühen Morgen: «*Na'am – W'rka – tawîl!*»
Der Langgewandete scheint auch begriffen zu haben, daß der Fremde nicht mit ihm reden kann, und faßt ihn fürsorglich bei der Hand. Thomas vergißt auch gleich seine Enttäuschung über das offenbar noch weit entfernte Ziel, und außerdem macht der Mann ja auch keinerlei Anstalten, ihn totzuschießen. So wandern sie friedlich Hand in Hand irgendwohin. Wohin? Es kümmert ihn nicht mehr. Thomas ist auf einmal sehr müde.
Und er wundert sich auch nicht, daß sie die eingeschlagene Route verlassen; daß unvermutet wieder Sanddünen auftauchen und hinter einer Düne, vorher unsichtbar, drei schwarze Zelte liegen.

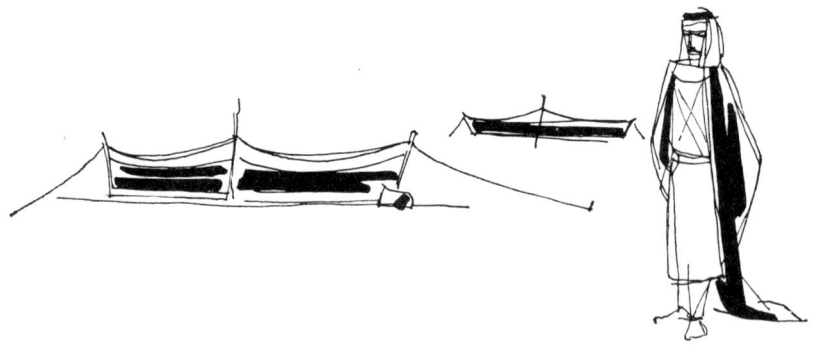

Sie liegen tief auf den Boden geduckt, mit dem Eingang nach Osten. Herden sind keine zu sehen, nur zwei Ziegen stehen hinter einem Zelt angepflockt, und ein falbes Pferd hat den Gerstensack umgebunden.

Es gibt also doch Leben in dieser Wüste, die vollkommen ausgestorben schien, denkt der junge Mensch erleichtert. Und er wird für die Nacht ein Dach über dem Kopf haben. Von einem gütigen Schicksal bestimmt, wie im Märchen. Alles ist unwirklich.

Der Langgewandete führt ihn in sein Zelt. Er rafft farbigbestickte Decken zusammen, etliche Kissen und ein Schaffell; arrangiert damit einen komfortablen Sitzplatz im Hintergrund und fordert seinen Gast auf, sich da niederzulassen.

Thomas gehorcht schweigend. Dabei fühlt er eine angenehme Schwere in seinen Gliedern und sieht alles, was sich nun abspielt, nur noch wie durch einen Schleier. Man bringt ihm eine Schüssel mit Wasser, damit er sich die Hände wasche und, wie sein Gastgeber ihm bedeutet, auch das Gesicht und zuletzt noch die Füße.

In der eingetieften Herdstelle brennt das Feuer, und ein Junge bereitet in einer ulkigen, langschnabligen Kupferkanne Kaffee. Das Getränk hat einen fremden bitteren Beigeschmack. Zum Kochen scheint seltsamerweise keine Frau vorhanden, alles wird von Vater und Sohn getan. Währenddessen kommen noch mehr Männer hinzu, wohl aus den Nachbarzelten. Sie grüßen mit dunklen Stimmen und lassen sich dann, still den Fremden betrachtend, am Feuer nieder und schlürfen weitere kleine Schalen Kaffee, die der Hausherr ihnen reicht. In allem liegt eine gewisse Feierlichkeit.

Einmal wird dann auch ein Teller mit Essen vor Thomas hingestellt. Reis muß es sein, mit etwas sehr Fettem darin. Es gibt kein Besteck. Der Zunächstsitzende zeigt ihm, wie er einen Ärmel hochkrempeln und dann mit den Fingern, die ja nun sauber sind, den Reis und das Fett kneten und in den Mund schieben soll. Das geht eigentlich ganz gut, nur ist er bald auch zum Essen zu müde.

Wieder müssen die Hände gewaschen werden, und dann gibt es noch ein Getränk, welches nicht mehr bitter, sondern schrecklich süß ist. Thomas lehnt an die vielen Kissen, und der Schleier um ihn wird immer dichter. Da sind noch die dunklen Stimmen, und da ist die große Mattigkeit.

Er erwacht, unter Schaffelldecken begraben, und draußen, zwischen Zeltstangen und Leinen, steht der Nachthimmel. Gelichter und Gefunkel bis hinab zum tiefen Rand der Wüste.

Hügel im Himmel

Schon den zweiten Tag ist er nun unterwegs.

Als er im Zelt erwachte, brannte bereits das Feuer; eigentlich war es der scharfe, beißende Rauch, der ihn geweckt hatte, und der Langgewandete war beim Teekochen. Thomas bekam auch eine Schale Milch, wohl von den Ziegen hinter dem Zelt, und er mußte papierdünnes Fladenbrot und weißen, gesalzenen Käse essen, bevor er aufbrach. Sein Gastgeber begleitete ihn noch ein Stück weit und sagte dann ein sonderbar klingendes Wort: «*Fî-amân illâh*», und wies nach Osten: «*W'rka!*»

Seither ist Thomas gewandert, immer der Sonne entgegen, die nun schon fast senkrecht über ihm steht. Er hält inne. «Gott – gibt es das wirklich...?» Schaut nach Osten, nach Süden, nach Norden und dreht sich nochmals rundherum: «*Unglaublich* – verrückt – wunderbar!» Wasser glänzt plötzlich am Horizont; Bäche und Teiche mit Buchten und sich spiegelnden Hügeln. «Fata Morgana», flüsterte der junge Mensch andächtig, «ich bin unterwegs zur Fata Morgana!» Er bückt sich, kniet nieder und liegt zuletzt vollends auf der Erde, um die schillernde Erscheinung aus allen Winkeln zu bewundern.

«Du solltest die Richtung nicht verlieren!» redet er weiter mit sich selber und schlägt den Staub von seinen Knien. Die Luftspiegelungen scheinen zu wandern, verschwinden aber niemals ganz. Es ist ein wundersames Spiel der Horizonte. Keine gültige Trennlinie liegt mehr zwischen Himmel und Erde, nur noch diese ständig sich verschiebenden Wasserlandschaften. Oft unglaublich nah, dann fern glänzt das Wasser und wird vom Wüstenboden wieder verschluckt. Unter dem gleißenden Mittagshimmel fließen Ströme zum Rand der Welt. Hügel werden zu Wasser, und aus weiten Wasserflächen wachsen Inseln, verschmelzen mit den Ufern; die Ufer heben sich in den Himmel und kommen auf den Boden zurück, während andere entschweben.
Thomas muß immer wieder stillestehen, um sich zu überzeugen, daß dies nicht nur einer von unzähligen Träumen ist, die er seit dem vergangenen Sommer geträumt hat. Gilgamesch, die Mauer und die freundlich hingeworfenen, doch seltsam zwingenden Worte des Professors hatten ihn nicht mehr losgelassen. Sein Studium, die Diplomarbeit, Spiel und Zerstreuung, alles schien sinnlos.
Einmal floh er ins Museum. Museen waren sonst nicht sein Fall gewesen. Den Geruch hatte er nie gemocht. Wie Grüfte erschienen ihm die Säle mit den Vitrinen. Sind es ja auch in einem gewissen Sinn, überlegt er; losgelöst von ihrer wirklichen Umgebung, liegen die Gegenstände in gläsernen Särgen beigesetzt. Verloren die Beziehung zu ihrer einstigen Welt: Rom – Ägypten – Mexiko... Nur ab und zu kommt ein Besucher und erweckt die Dinge für eine glückliche Geisterstunde wieder zum Leben. Ein Mensch, der weder aus Pflichtgefühl noch aus Snobismus – um des Da-gewesen-Seins – das Museum besucht. Ein Liebender – Amateur sagt man.
Oder ein Fernwehkranker, wie Thomas an jenem Nachmittag, als er durch den Saal ging, in dem die Uruk-Funde liegen. Krüge und Plastiken, Schmuckstücke und Siegelzylinder, zusammengetragen von den deutschen Ausgräbern seit der ersten Expedi-

tion 1913. Ob jene beiden Forscher wohl denselben Weg gekommen sind, auf der Suche nach der Ruinenstadt?

«Ob sie wie ich heute den Luftspiegelungen nachgelaufen sind?» fragt der Wanderer und gibt sich selber die Antwort: «So närrisch können die nicht gewesen sein!»

Er geht weiter mit gesenktem Kopf, geblendet vom Licht des Himmels und der Erde. Gleichmütig geht er den endlosen, spurlosen Weg, und weil sich auf diesem Weg nichts ereignet, wandern seine Gedanken ins Museum zurück.

Er hätte gerne mehr über die sumerische Priesterin erfahren, deren Halsgeschmeide aus Achat, Karneol, Gold und Türkisen in einer der Vitrinen lag: das Geschenk eines Königs soll es gewesen sein. Sein ganzes Entzücken waren winzigkleine, aus farbigem Stein gemeißelte Tierplastiken: Widder, Schafe, Kälber, Löwen und Gazellen. Das geblumte Rind beispielsweise hätte er am liebsten aus dem Kasten genommen, um damit zu spielen.

Auch Gilgamesch war da, auf einem Siegel abgebildet, wie er mit dem Himmelsstier kämpft. Es gab noch eine Menge solcher Rollsiegel; viele davon zeigten Tierszenen, dahinjagende Gazellen, Ziegenherden und Kälber in ihren Hürden. Einmal war auch das heilige Boot auf dem Fluß abgebildet.

Seltsam, diese Form von Siegeln. Später hat er gelesen, daß Sumerer, Babylonier und Assyrer diese Zylinder auf feuchten Ton abzurollen pflegten. Mit Lehm wurden zumeist die Tonkrüge verschlossen, die nicht Öl und Wein, sondern Keilschrifttafeln bargen. Die damaligen Dokumente waren also auf diese Weise verwahrt und versiegelt worden.

Dann kam Thomas zu der Vitrine, worin der kleine König stand. Die grünoxydierte Bronzestatuette stellte einen Mann dar, der mit erhobenen Armen einen Korb auf dem Kopf trägt. Daneben lag eine steinerne Tafel mit Keilschrift. Dieselben Keilschriftzeichen wiederholen sich auf dem Rock der Figur. Thomas las die Übersetzung:

*«Der Inanna
Der Herrin von Eanna
Seiner Herrin
Hat Urnammu
Der mächtige Mann
Der König von Sumer und Akkad
Ihr Haus (Tempel) wieder gebaut.»*

Tafel und Figur wurden unter den Mauern eines Tempels von Uruk gefunden. Eine Gründungsurkunde. Der König selbst ist dargestellt, der das Baumaterial zum Tempel seiner Göttin trägt. Thomas empfand Sympathie für diesen König Urnammu, und er wäre gerne sein Baumeister gewesen – hätte für ihn die herrlichsten Tempel und Paläste entworfen. Aber wiederum geriet er in Verlegenheit über die Frage nach dem Wie.
Gewiß wußte er schon einiges über statische Berechnungen von Betonbauten, und auch aus Backstein hätte er allenfalls ein Einfamilienhaus erstellen können; wie aber baute man einen Tempel oder gar einen Turm, wenn man nur Lehm zur Verfügung hat? Womit mochten die Architekten damals ihre Mauern armiert haben…?
So war es wohl auch der kleine Korbträger-König, der ihn mitbestimmte, fortzugehen, um sich das einmal anzusehen, wie der Professor gesagt hatte. Die Mauer des Gilgamesch und die Mauern all der uralten Könige von Uruk.
Noch etwas im Museum hat ihm die Ruhe geraubt und folgte ihm in seine Träume: es waren die blicklosen Augen der Unbekannten: In einer der Vitrinen war der weiße, lebensgroße Kopf einer Frau und schien auf unerklärliche Weise den ganzen Saal zu beherrschen.

Nur eine Kopie, sollte Thomas erfahren; dem Original ist er dann in Baghdad begegnet. Die Wirkung des in Marmor gemeißelten Gesichts war noch stärker, lebendiger. Geschaffen vor fünftausend Jahren, stand da in Schnörkelschrift zu lesen. Das Bildnis war von einer eigenartig fremden Schönheit und Anziehungskraft. Die sanften Bogen zusammengewachsener Brauen, in den hellen Stein getieft, verstärkten noch die Wirkung der Augen, die einstmals vielleicht mit andersfarbigem Material eingelegt, nun leer – doch so wundervoll geschnitten, daß sie irgendwie vorhanden waren, wenn man sich in dieses Gesicht hineinsah. Die Nase, etwas abgeschlagen, harmonierte mit dem feingezeichneten, fast traurigen Mund.

Die marmorne Plastik trug keinen Namen; niemand schien zu wissen, wer die Frau gewesen war, deren Bild der sumerische Künstler geschaffen hatte. Sie blieb die Unbekannte von Uruk. Vielleicht war es gerade das Ungreifbare – die nicht vorhandenen Augen – die Namenlosigkeit, was ihn fesselte und beunruhigte. Die Unbekannte... Ist er unterwegs, ihr Geheimnis zu ergründen? «Wahrscheinlich bin ich ein Narr», sagt Thomas zu sich selber. «Ein Narr ganz allein in der Wüste von Samawa – in der Wüste von Samawa – in der Wüste von Samawa...», singt er die letzten Worte vor sich hin.

Dann bleibt er wieder stehen. Staunt. Auf einmal hängen drei Kugeln am Himmel über dem Wüstenrand. Eine große, rötlich schimmernde Kugel und zwei kleinere daneben. Eine neue Spiegelung. Gibt es eine merkwürdigere Wüste als die Wüste von Samawa? Schwer zu sagen; es ist die erste, die Thomas erlebt.

Aber dort, die drei Kugeln und die langgezogene Insel kommen ihm irgendwie bekannt vor. Sah er sie nicht schon vorher, als er auf der großen Düne lag und der Fellachenjunge ostwärts weisend «*W'rka – henäq!*» rief? Die Hügel! Nur sind sie jetzt der Erde entrissen, in die Höhe gehoben und widergespiegelt in einem imaginären See. Die Ruinen von Uruk als Fata Morgana.

«Ich muß sie einholen!» Thomas beginnt zu laufen, immer schneller und keuchend zuletzt, als hinge sein Leben davon ab, die Illusion der Wirklichkeit zurückzugewinnen. Und er ruht nicht, bis das Wasser verschwunden ist und die Hügel wieder auf festem Boden sitzen – der erste, der zweite, der dritte –, als hätten sie ihren Platz nie verlassen. Auch die Insel im Süden ist herabgesunken und schmiegt sich wieder fest an den Wüstenrand.
Er hat die Fata Morgana besiegt. Dort liegt seit siebentausend Jahren die Stadt, gekrönt von ihrem Himmelshügel – Uruk.
Thomas legt die letzten Meilen zurück. Ermüdet, verstummt – die Hügel sind nah. Zwei Tage war er unterwegs und hat nicht mehr gerastet, seit er die Zelte verließ. Jetzt steht die Sonne wieder tief im Westen. Er vergaß auch zu essen und hat die Stunden nicht gezählt. Ja, er ist müde, und seine Füße sind schwer, aber die Unrast der vergangenen Monate ist von ihm abgefallen.
«Ich bin da», sagt er leise, und dieses Da-sein erfüllt ihn ganz. Er gelangt auf einen schmalen, von vielen Füßen ausgetretenen Pfad, der zu den Hügeln hinaufführt. Ein anderer Weg zockelt südwärts in die Ebene hinaus, wo sieben Palmen stehen. Auch weit verstreute Zelte und weidende Kamele sind zu erkennen.
Thomas folgt dem Pfad und lauscht. Gesang irgendwoher. Fremder, wohl arabischer Gesang. Und da werden Hügelhänge lebendig. Eine dunkle Prozession bewegt sich von der Höhe zur Ebene herunter. Nicht feierlich, gewiß keine sumerischen Priester, obwohl die Leute lange Gewänder tragen. Sie gleichen eher einer ungeduldigen Herde, die sich über die Steppe ergießt.
Nun kommen sie näher, Araber in dunkelbraunen und hellgestreiften Hirtenmänteln. Einige von ihnen tragen Schuhe, merkwürdigerweise in der Hand, nicht an den Füßen. Noch immer singen sie, halten kurz nach dem Fremden Ausschau und streben dann eilig weiter, den Zelten zu. Müssen hungrig sein, mutmaßt Thomas.
Dann ist es wieder still, nur der trockene Lehm bricht unter sei-

nen Füßen. Erstaunlich harter Lehm. Zuweilen sind auch Scherben dabei. Scherben von zerbrochenen Töpfen. Zerbrochen – wann? Er hebt eine hübsch gerillte Scherbe auf, streicht nachdenklich mit den Finger darüber und steckt sie in die Tasche.
Im Sommer am Strand hat er oft Steine und Muscheln gesammelt. Hier liegt die Wüste anstelle des Meers, und es ist ihm, als sei er soeben an Land gekommen. Seit er die Hügel sah, waren sie für ihn rettende Küste.
Während Thomas den steilen Pfad zur windzerfressenen Ruine hinaufsteigt, überkommt ihn das unbestimmte Gefühl, schon einmal dagewesen zu sein. Dann hat er die Höhe erreicht, und vor ihm liegt das weite Feld von Mauern und Hügeln und langen Schatten.
Und dort drüben, der höchste Hügel – die Zikurrat – letztes achatfarbenes Licht in ihrer westlichen Flanke, langsam verlöschend vor der heraufsteigenden Nacht. Der junge Mensch atmet tief und streicht sich mit erschöpfter Gebärde die Haare aus der Stirn.

Die Begegnung

Die Sonne ist fort. Drei Gestalten lösen sich aus den lichtlosen Ruinen; ein Mann, ein Junge in langem Hemd und ein hochbeiniges Tier, das wie eine Tänzerin auf Zehenspitzen geht.

▶

Vor viertausend Jahren, zur Zeit des mächtigen Königs Urnammu, hätte man von der *Zikurrat* aus über eine von Wasser umspülte Hafenstadt geblickt, während sich heute die sandverwehten Ruinen von Ur in der Wüste verlieren. Links im Bild sind noch die zerfallenen Mauern des *Ningal-Tempels* (der Mondgöttin) zu erkennen, und im Hintergrund liegen die tiefen Gräben, wo der britische Archäologe Woolley die mysteriösen Königsgrüfte fand.

«Es ist einer dort drüben, beim Wuswâs-Hügel!» sagt der Junge auf arabisch. Der Mann, in Gedanken versunken, blickt auf: «Was meinst du, mein Sohn?» Obwohl er aus Zerstreutheit deutsch sprach, begreift der kleine Araber, daß es eine Frage war. «*Schûf ya Beg* – siehst du nicht den Menschen dort? Jetzt kommt er herunter vom Hügel – er kommt zu uns!»
Auch die sandfarbene Slugi-Hündin hat die Bewegung aufmerksam verfolgt und jagt dem Unbekannten entgegen. Verharrt, leisen Wind im seidigen Gehänge von Ohren und Schweif, und läuft dann, sich eines Besseren besinnend, in langen eleganten Sätzen zu ihrem Herrn zurück.
Auch der beobachtet nun den Wanderer, der, offensichtlich müde, seine Füße kaum mehr vom Boden hebt. Und erkennt ihn.
«Sie sind ja ganz erschöpft – wo kommen Sie her...?»
«Von Samawa», antwortet Thomas und blickt verlegen auf seine staubigen Schuhe.
«Allein durch die Wüste von Samawa?» wundert sich der Archäologe. «Wie fanden Sie den Weg?»
«Zuerst wußte ich den Weg, und dann wußte ich ihn nicht mehr. Meine Karte ist ungenau. Von der großen Düne aus sah ich einmal ganz fern die Hügel, und später lief ich wohl immerzu den Luftspiegelungen nach, bis endlich die schwebenden Hügel wieder vom Himmel herunterkamen...»
Da lacht der Mann, lacht hell heraus – ein befreiendes Lachen: «Der Fata Morgana nachgelaufen – wunderbar, das hat noch keiner von uns getan! Aber Sie konnten doch unmöglich die ganze Strecke an einem Tag zurücklegen?»

◂

In *Babylon* ist der große deutsche Ausgräber Robert Koldewey bis zur dritten, tiefsten Anlage des Ischtar-Tores gedrungen. Noch immer ragen die eindrucksvollen Backsteinmauern des Torweges, von wo die Prozessionsstraße zum Tempel des babylonischen Hauptgottes Marduk führte. Die Reliefs stellen den Stier und den einhörnigen, schuppengepanzerten Drachen Sirkusch dar.

«Nein, ein Tag reichte dazu nicht aus, wie ich gehofft hatte, und am Abend brachte mich ein Beduine zu seinem Zelt...»
«Wohl einer von den Rifa'i. Aber nun kommen Sie!» Der Mann wendet sich zu dem Jungen, der den Fremden mit runden Augen musternd dabeigestanden hat: «*Ta'âl ya waläd* – nimm den Sack und trag ihn hinein!»
Eifrig läuft der kleine Araber voraus, und sie folgen ihm zum Expeditionshaus, einem niedrigen Flachdachbau, der fast fensterlos den geräumigen Hof umschließt. Etliche vermummte Gestalten hocken die Mauer entlang und erheben sich beim Kommen des Archäologen. Sie müssen auf ihn gewartet haben und tragen nun irgendwelche Anliegen vor.
Der junge Mensch versteht nichts von dem, was sie sagen; nur daß sie den Expeditionschef «Beg» nennen. Und wie er mit ihnen redet. Thomas fühlt den Wechsel von Güte und unerschütterlichem Vertrauen zwischen diesen Wüstenbewohnern und dem kultivierten Europäer.
Mitten im Hof steht ein helles rundes Wollknäuel auf vier Stelzen. Es blökt. «Semiramis, unser Expeditionsschaf!» stellt der Beg vor.
«Soll das arme Tier geschlachtet werden?» fragt Thomas.
«Es sollte. Aber niemand will Semiramis verspeisen. Eine Geschichte, die traurig begann. Der Sohn von einem unserer Meister starb, und der Vater wollte uns zur *Fatha,* der mohammedanischen Totenfeier, einladen. Nun sind wir ja keine Moslems, und so brachte er uns das kleine Schaf, damit wir es selber schlachteten. Doch keiner fand den Mut dazu...»
«Darüber ist Semiramis sicher ganz froh!»
«Ja, sie läuft uns allen nach wie ein Hündchen, oft zum Leidwesen meiner eifersüchtigen Riha.» Das Windspiel drängt sich an seinen Meister und blickt im übrigen hochmütig über das Schaf hinweg.
Unter einer Tür im Hintergrund des Hofes ist ein alter hochge-

wachsener Araber aufgetaucht. Strenge Züge, Hakennase und ein gestutzter weißer Bart wirken fast fürstlich. Der Archäologe nickt ihm zu. «Ismail, unser oberster Haushofmeister», erklärt er, und Thomas meint bewundernd: «So würde ich mir einen König aus dem Alten Testament vorstellen!»
«Sein Wesen ist auch durchaus patriarchalisch!» lächelt der Beg. «Mit dem Alten ist nicht immer gut Kirschen essen; unsere Araber zittern vor ihm, und auch wir Ausgräber ziehen es zumeist vor, ihm nicht zu widersprechen.»
Sie steigen über eine Treppe zum Eckturm des Hauses, gefolgt von der Hündin und dem kleinen Schaf. Dunkel wie Lava liegt jetzt die Wüste, nur im Westen ließ die Sonne eine schmale brennende Wolkenfahne zurück.
«Gehört er schon lange zur Expedition?» fragt Thomas weiter über den Haushofmeister Ismail.
«Seit sie besteht! Fast möchte ich sagen, die Expedition ist ohne ihn kaum mehr zu denken. Seine Familie, ursprünglich aus dem Norden stammend, hat sich in Hilla – der kleinen Stadt bei Babylon – niedergelassen. So kam es, daß schon Ismails Vater Dschasim bei Koldewey arbeitete und der Sohn später mit Andrae zu den Ausgrabungen nach Assur zog. Dort wurde in der dritten Generation der Enkel Ali geboren und verbrachte, in Ermangelung einer Wiege, seine ersten Lebenswochen in einem Archäologenkoffer.»
«Eine aufschlußreiche Familienchronik!»
«Ja, die unverbrüchliche Treue dieser Leute hat mehr als ein halbes Jahrhundert und zwei Kriege überdauert», meint der Beg nachdenklich. «Im Ersten Weltkrieg, als hier Araber und Engländer gegen die Türken kämpften, war es Ismail, der das gesamte Expeditionsgut von Assur rettete. Und ich vergesse nie den Tag, da ich selber nach dem Zweiten Krieg wiederkam – nach fünfzehn langen Jahren...»
«Hatten die Araber nicht längst die Hoffnung aufgegeben?»

«Viele von ihnen, aber nicht Ismail. Ich kam nach Hilla, wo er mit seiner Familie noch immer in dem aus Lehm gebauten Hofhaus am Euphrat wohnte. Der alte Mann kam mir entgegen, und wir hielten uns bei den Händen, wortlos, Tränen in den Augen. Dann trat er ins Haus und kam mit einem Säugling im Arm zurück. ‹Selim, mein erster Enkel, wurde geboren in dem Jahr, da du fortgingst›, sagte er, ‹und dieses Kind am Tag deiner Rückkehr. Es ist das elfte, eines von Zwillingen, und du sollst ihm einen Namen geben!› Ob es ein Junge sei, wollte ich wissen. Nein ein Mädchen, der Junge heiße Kais... ‹Ja – dann müssen wir die Kleine Lubna nennen!› bestimmte ich, in Erinnerung an das berühmte arabische Märchen.
Darauf stiegen wir auf das Dach des Hauses, wo eine Tafel mit unzähligen Gerichten bereitstand. ‹Die Mutter Alis hat alles für dich gekocht, was du gerne magst!› forderte Ismail mich zum Essen auf, und ich sah, daß sie kein einziges meiner bevorzugten Gerichte vergessen hatte.
Der Beweise ihrer Treue und Gastfreundschaft noch nicht genug, war zu meinem Besuch ein richtiges Bett gekauft und in einem mit weißen Tüchern bespannten Raum aufgestellt worden. Der Hausherr aber verbrachte die Nacht als Wächter vor meiner Tür. Keiner meiner Einwände konnte ihn davon abbringen.
Ich brachte Ismail den silbernen Becher, aus dem mein alter Lehrer, unser gemeinsam verehrter Meister, auf seinen mesopotamischen Expeditionen getrunken hatte. Der Araber war ergriffen: ‹Wenn der Doktor mir seinen Becher schenkt, sind wir Brüder!› Und als ich wenige Wochen später nochmals nach Hilla kam, überreichte er mir eine schöngearbeitete Zigarettendose: ‹Der Doktor hat mir gezeigt, wie er mich liebt, und ich will ihm zeigen, wie ich ihn liebe!› Der Deckel trug eine Goldplatte, darin zwei Namen graviert: Ismail ibn Dschasim und derjenige des Archäologen – nicht in arabischer, sondern in lateinischer Schrift.»
Der Beg schweigt. Die westliche Wolkenfahne ist jetzt dunkel-

grau wie ferner Rauch. Drüben die winzige Weihnachtskrippendekoration der sieben Palmen; die Zelte sind nicht mehr zu sehen. Im Osten, sehr nah, ragt die Zikurrat auf, schwarz und geheimnisvoll.
«Ich wußte, daß Sie kommen!» sagt der Mann aus der Stille heraus.
Bestürzt blickt Thomas auf: «Aber ich – ich schrieb doch nicht...»
«Manchmal genügt eine Begegnung.»
«Sie meinen – damals im Hörsaal – die Fragen – ich fürchtete...»
Thomas sucht nach einer präzisen Erklärung, und dabei fällt ihm etwas anderes ein: «Seit ich heute die Ruine vor mir liegen sah – vielleicht lachen Sie mich aus –, habe ich das Gefühl, schon einmal hier gewesen zu sein. Doch bin ich noch nie über Europa hinausgekommen, und ich hatte auch von Uruk keine Vorstellung.»
«Und nun sind Sie empört, dies nicht definieren zu können», lächelt der Archäologe. «Ihr Jungen wollt immer gleich alles haargenau wissen! Nun – mir selber ist es ja auch nicht viel anders ergangen. Aber die Ruine hat mich manches gelehrt: Geduld, und wie relativ Wissen ist. Sie hat viel von mir verlangt und nie aufgehört, mir Rätsel aufzugeben...»
Wieder scheint es Thomas, als habe sich der seltsame Mann weit entfernt und ihn vergessen. Bis die Stimme zurückkommt: «Uruk nimmt die Menschen auf eigene Weise gefangen. Nicht alle. Mein Lehrer hat mich gewarnt, als ich mit ihm erstmals über den Bosporus kam: ‹Nehmen Sie Ihr Herz in beide Hände, damit Sie es nicht an Asien verlieren!› Ich habe es dennoch verloren...
Nachts kamen wir damals von El-Chidr her nach Uruk und mußten zuletzt durch das Wasser waten, weil die Kamele und Pferde nicht mehr weiterwollten. Der Mond schien. Und als ich zum erstenmal im Mondlicht die Ruinenhügel sah, waren sie mir vertraut.» Wieder lächelt er: «Ich erinnere mich auch, daß ich einen meiner Schuhe im Sumpf verlor.»

Der Brief

Auf dem rohen Holztisch brennt die Petrollampe. Es ist schon spät. Thomas bemüht sich, einige Blätter zerknitterten Papiers glattzustreichen. Erfolglos. Aber es findet sich nichts Besseres in seinem Gepäck, und er muß schreiben, unbedingt; morgen nimmt Ismail Post mit nach Samawa.

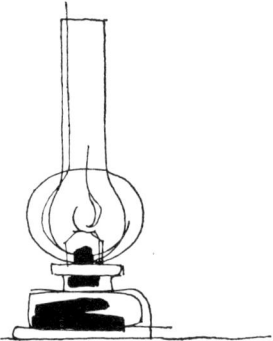

Die Füllfeder ist auch ausgelaufen. Der Teufel hol's! Er durchwühlt alle Taschen nach einem Messer, um dann einen seiner Zeichenstifte zu spitzen. Noch immer unschlüssig spielt er mit der gerillten Tonscherbe, die er aufhob, als er zu den Hügeln kam. Er mag keine sentimentalen Briefanfänge.

«Vater,
Da sitze ich also in der Wüste. Was ich melden wollte, damit Du Dir keine Sorgen machst. Vielleicht hast Du dies längst aufgegeben!
Sind meine Karten aus Genua und Beirut wohl angekommen? Die Überfahrt war stürmisch und fast alles seekrank. Ich nicht. Mit Bus fuhr ich dann über den Libanon nach Damaskus. Die Berge lagen noch tief verschneit. Und saukalt war es da oben, nahe der Paßhöhe, wo wir eine Panne hatten und stundenlang war-

ten mußten. Wunderte mich bloß, daß von all den Leuten niemand fluchte. Außer mir natürlich, aber ich tat es nicht laut.
Weißt Du, ich habe an Gilgamesch gedacht, als ich das ‹Silbergebirge› sah. Von dem Zedernwald, wo der Dämon Chumbaba wohnte, stehen allerdings nur noch wenige Bäume. Denn außer Gilgamesch und Enkidu haben ja auch noch König Salomo, die Perser und andere bauwütige Leute das kostbare Holz weggeschleppt.
Zwischen dem Hohen Libanon und der sanften, dünenartigen Kette des Antilibanon liegt ein wundervolles Tal. Leuchtendrote Erde! Violette Wolkenschatten krochen über frischgepflügte Äkker. Die Weinstöcke lagen gekringelt wie Schlangen dicht auf dem Boden. Da standen lange, noch laublose Pappelreihen die Straße entlang, und während wir fuhren, schien es, als würden durchsichtige Gardinen vor die leuchtende Landschaft gezogen und wieder weggeweht. Am liebsten wäre ich ausgestiegen, um dieses Tal zu malen. Bekaa heißt es.
Vielleicht werde ich einmal versuchen, die Wüste zu malen. Sie ist grandioser als alle Vorstellungen. Und doch glaube ich kaum, daß sie sich in ein Bild fassen läßt... Ja, und wenn ich mit meiner langatmigen Reisebeschreibung nicht Schluß mache, bekommst Du den Brief nie!
Am besten nimmst Du die Karte, suchst Damaskus und Baghdad (auf der langen Strecke dazwischen schlief ich in einem Wüstenbus), und vielleicht findest Du weiter südlich Hilla, und kursiv geschrieben Babylon, dann eine Station, welche Samawa heißt. Nur Erech-Uruk-Warka steht vermutlich nicht auf Deiner Karte; der erste Name ist in der Bibel erwähnt, der zweite soll geschichtlich sein, und den dritten brauchen die Araber heute. Da bin ich jetzt.
Über die riesige Ruine in der Wüste kann ich Dir noch nichts sagen. Hier sitze ich in einer kleinen, einfachen, aber überaus sympathischen Kammer des Expeditionshauses. Die Wände beste-

hen aus antiken Ziegeln, und unter dem Eingang fand ich sogar einen Keilschriftstempel. Das Mobiliar: ein Eisenbett, Tisch und Stuhl, auf dem Boden eine geflochtene Schilfmatte. Mit der Petrollampe eigentlich alles, was man braucht zu seinem Glück.
Ich vergaß das Bad. Da staunst Du! Nach der staubigen Wanderung bin ich jetzt tatsächlich sauber von Kopf bis Fuß. Vor dem Abendessen erschein ein arabischer Diener in dem großen Raum, wo man beisammensitzt; er schrie etwas mir Unverständliches, und alle verschwanden wie auf Befehl. Ich ging ebenfalls in meine Kemenate und fand dort einen Kessel dampfendheißes und einen zweiten Kessel kaltes Wasser. Auch ein Waschbecken war vorhanden, und ich vergaß vollkommen, daß es daheim so etwas wie Wasserhahn und Badewanne gibt. Nach absolvierter Wäsche schüttet man das schmutzige Wasser in eine Rinne, wo es nach außen abfließt und im trockenen Boden versickert. Sehr praktisch ist das.
Von den Leuten hier könnte ich Dir auch noch berichten. Eine interessante und, wie mir scheinen will, recht bunt zusammengewürfelte, ja sogar internationale Gesellschaft. Richtig kennen tu ich noch keinen. Am ehesten vielleicht den Beg, wie man den Expeditionschef hier nennt. Dies sei eine fürstliche Bezeichnung der Iraker, welche noch aus der Zeit der Türkenherrschaft stamme. Nur ist es schwierig, gerade diesen Mann zu beschreiben. Eine vornehme Erscheinung, hager, grauhaarig und sonnenverbrannt, mit undefinierbar hellen Augen. Ich könnte auch sein Alter nicht schätzen. Einmal ist er fast jungenhaft unbekümmert und von ansteckender Fröhlichkeit, dann wieder so ernst und irgendwie unerreichbar, als lebe er schon seit vielen Generationen in Uruk. Die Araber lieben ihn.
Es gibt noch einen Archäologen, den man *El-Schêch,* den Alten Mann, nennt. Er ist sehr still und schweigsam, doch von der heiteren Art und raucht die Wasserpfeife. Von ihm weiß ich nur, daß er die große Mauer erforschte. Die des Gilgamesch!

Des weiteren wäre noch ein junger Archäologe zu nennen, der schon doktoriert hat, obwohl ich ihn auf kaum vierundzwanzig Jahre schätze. Er ist kraushaarig und untersetzt, dafür, wohl zum Ausgleich, etwas großspurig. Vielleicht ist auch seine Stupsnase schuld, daß niemand ihn ganz ernst zu nehmen scheint. Leo heißt er, und ich erfuhr, daß die Araber ihn *Asad el-saghîr,* den ‹Kleinen Löwen›, nennen.

Das Gegenstück dazu ist ein großer, rothaariger Bursche aus Schottland, der auch den passenden Übernamen *El-Tawîl,* ‹der Lange›, erhielt. Als Assyriologe soll er die merkwürdigen Keilschriftzeichen auf den Tontafeln lesen können. Offenbar ein gescheites Haus, aber gar nicht eingebildet. Erst lachte er über mich, weil ich den ganzen Weg von Samawa durch die Wüste gelaufen bin. Dann fragte er, ob ich rauche, und schenkte mir den gehöhlten Boden eines zerbrochenen babylonischen Tonkrugs als Aschenbecher. Ich bin also, die Zimmerwände und die Türschwelle inbegriffen, schon ziemlich antik eingerichtet.

Eine einzige Frauensperson gehört zu dem Team. Französin. Studiert Archäologie in Paris und soll sich hier draußen für ein paar Monate mit Funden, Topfscherben und ähnlichem Kram befassen. Sehr dünn ist sie und sommersprossig; nicht besonders hübsch, muß ich sagen, aber ich mag ihre vergnügten braunen Augen. Man hat ihr ebenfalls einen arabischen Namen gegeben: *Amira,* was Prinzessin bedeutet. Obwohl sie in Wirklichkeit Célestine heißt.

Fehlt noch der Photograph: blond, blauäugig und ein wenig verträumt. Martin. Und dann Adnan, ein sehr sanfter Araber aus Baghdad, ebenfalls Student. Er spricht ein wenig Deutsch.

Das wären die Mitglieder der Expedition. Vielleicht fragst Du nun, was ich dabei zu suchen habe, und wirst zum neunhundertneunundneunzigstenmal den Kopf schütteln. Noch weiß ich es nicht – weiß kaum etwas über diese Ruine Uruk. Ich weiß nur, daß ich herkommen mußte und jetzt sehr froh bin. Der Beg

meinte, es gäbe für mich zu tun. Darüber werde ich Dir berichten.
Leb wohl, Vater, und – was ich sagen wollte – verzeih, daß ich fortlief. Hab Geduld mit Deinem unnützen Sohn.»

Thomas löschte die Lampe, und als er endlich unter der Decke liegt, riecht er wieder diesen ihm unbekannten reinen Staubgeruch der Wüste.

Die Wächter

Die Tür zum Wächterhaus neben dem Hofeingang steht offen. Gegen den Pfosten lehnt eine Gestalt, nur schwarze Silhouette vor dem flackernden Feuerschein. Es ist Wadschid, der die Wache hat.
Er späht auf den Hof, wo hinter den kleinen Fenstern rundum noch immer nicht alle Lichter gelöscht sind. Warum sie nur so viel arbeiten, diese Leute, am Tag und in der Nacht? Hamid berichtete, daß der Beg oft am Morgen noch an seinem Tisch sitze und Zeichen auf seine weißen Blätter male. Ganze Truhen sollen von dem bemalten Papier voll sein...

Und er, Wadschid, hat aufzupassen, daß niemand die Truhen fortträgt und daß den Fremden nichts Böses geschieht. Nun kehrt er zum Feuer zurück, wo der andere Wächter Hussein kauert und Auwad, einer der Meister. Er läßt sich neben ihnen nieder und legt das Gewehr quer über seine verschränkten Knie, heilfroh, nicht mehr hinausgehen zu müssen.

«Keine Wölfe und Hyänen?» grinst Auwad, ein bewährter Mann vom Stamm der Towbi, zum Zeichen seiner Würde in einen Schaffellmantel gehüllt.

«Es gibt aber Wölfe hier herum, und Hyänen und Schakale!» verteidigt sich der junge Wächter.

«Bist du schon einem Wolf begegnet?»

«Hinter dem Wuswâs-Hügel fand ich eine Spur. Und mein Vater sah einen leibhaftigen Wolf, der zwei Tiere seiner Herde holte, und der Vater meines Vaters hat sogar einen mit seiner Keule totgeschlagen!»

«Die Leute aus dem Westen fürchten sich nicht vor Wölfen und Hyänen», wirft Hussein ein, älter als die beiden andern, wenn das wettergefurchte Habichtgesicht nicht trügt. «Und auch vor Schlangen fürchten sie sich nicht», setzt er ehrfurchtsvoll hinzu.

«*Wallah*, sie fürchten sich nicht. Ich sah, wie der Rothaarige eine am Schwanz packte, die gar nicht tot war!» bestätigt Auwad.

«Und die Fremden lieben es auch, durch die Wüste zu gehen – sogar nachts! Sie sind stark und haben keine Angst...»

«Habt ihr den jungen *Almânî* gesehen, der heute von Samawa herkam?» fragt Wadschid.

«Nein, wir haben ihn nicht gesehen – kam er allein?»

«Ganz allein kam er – bei Allah! Und er ist keiner von denen, die schon früher hier gewesen sind. Er fand den Weg durch die Wüste; aber dann ist er über den Wuswâs gestiegen, statt an Abu Tibn vorbei und durch das Wadi heraufzukommen.»

«Ja, stark sind sie, diese Leute, die von jenseits des Meeres kommen», meint der Ältere und hält seine sehnigen Hände über das nahezu niedergebrannte Feuer. «Als der Sultan in diesem Land noch mächtig war, so hat mir mein Vater erzählt, kamen die ersten von ihnen zu unseren Hügeln, in denen die *Dschinne* wohnen. Sie begannen die Hügel zu durchgraben und haben die Geister der Erde besiegt!»

«Sie holten Gold aus den Hügeln, und die *Dschinne* haben sich nicht gerächt...» Mit glänzenden Augen starrt Wadschid in die Glut, als fände er sie dort wieder, die Träume von verborgenen Schätzen, die durch viele Beduinengenerationen gaukelten.

«Nicht alle sind gleich», stellt Auwad fest, und er hat Erfahrung, «der stärkste ist der Beg. Er kann durch die Hügel hindurchsehen und in den Boden hinein. Er kann sagen: nimm deine Hacke und grabe hier die Erde weg – wir werden Ziegel dieser und jener Art finden, und ich hacke und finde genau die Ziegel, von denen er sprach. Oder er sagt: da in der Tiefe ist ein Grab, und wir finden das Grab und die Knochen eines Königs, der vor siebenmal siebenhundert Jahren gestorben ist. Aber er sieht auch durch uns hindurch – wir haben ihn zu täuschen versucht.»

«Den Beg habt ihr zu täuschen versucht?» entsetzt sich der alte Wächter.

«Wir haben falsche Ziegel präpariert, wo keine Mauer war. Niemand sonst – nicht einmal ein Meister hätte es gemerkt, aber der Beg sah es sogleich!»

«War er sehr zornig?»

«Nein, er hat gelacht. Und das war fast noch schlimmer, weil alle anderen sahen, wie der Beg über uns lachte. Aber damals – über Ahmed war der Beg zornig – so zornig, wie ihn nie zuvor jemand gesehen hatte. Schon viele Jahre sind seither vergangen – ich war noch ein kleiner Korbträger –, doch vergesse ich es nicht, und keiner, der dabei war, wird den Zorn des Beg vergessen!»

«Was hat Ahmed getan, das den Beg so sehr erzürnte?»

«Es muß wohl eine besonders bedeutungsvolle Mauer gewesen sein, denn der Beg sagte: keiner von euch soll einen Fuß auf diese

Ziegel setzen! Aber kaum daß der Beg ihm den Rücken zugewendet hatte, tanzte Ahmed über die verbotene Mauer...»
«Und der Beg?»
«Der drehte sich um, und in seinen Augen war Zorn – so großer Zorn, daß der Junge erstarrte. Langsam hob der Beg seinen Arm zu einem Schlag, und der gewaltige Schlag traf Ahmed und warf ihn über die Mauer hinweg auf die Erde, wo er bewegungslos liegenblieb. Und wir alle standen da und glaubten, er sei tot.»
«War er wirklich tot?» fragt der junge Wächter.
«Nein, es schien nur so.»
«Was hat der Beg dann getan?»
«Holt einen Krug Wasser, befahl er, und leert es ihm über den Kopf! Und als wir ihm das Wasser über den Kopf geschüttet hatten, stand Ahmed wieder auf. Wir alle, die dabeistanden, staunten über die große Kraft des Beg. Keiner von uns hat seine starke Hand vergessen, und wir erzählen die Geschichte unseren Söhnen weiter!» schließt Auwad feierlich.
Bedächtig schiebt Wadschid die Glut zusammen und legt noch ein paar trockene Dungfladen darauf.

Säufer und Särge

Im Expeditionshaus von Uruk brennt noch eine Lampe. Ihr Schein fällt auf eine große, ziselierte und etwas verbeulte runde Kupferplatte. Der niedrige Tisch ist auf drei Seiten von teppichbelegten Bänken umgeben. Diese Diskussionsecke der Ausgräber wird *Tschaikhâne* genannt; die arabische Bezeichnung für Teehaus.
Obwohl hier nicht ausschließlich Tee getrunken wird. Eine Flasche und Gläser auf dem Tisch sprechen dagegen. In Reichweite

der Gläser sitzen zwei des Gesprächs noch nicht müde Leute: Peter, der rothaarige Schriftgelehrte, wie immer rauchend, die Brille leicht verrutscht, und ihm gegenüber der kleine kraushaarige Archäologe Leo. «Die beiden gottlosen Säufer» werden sie von Hamid, dem strenggläubigen ersten Diener, genannt.
Mit dem Trinken kann es allerdings so gefährlich nicht sein; denn was sie sich zu Gemüte führen, Ninive-Wein, ist wohl das Billigste aus dem Basar von Samawa. Der Name scheint noch das Beste daran. Wie ausführliche Untersuchungen ergaben, wurde das süßliche Gebräu aus an der Sonne getrockneten und dann im Wasser wieder aufgeweichten Rosinen gepreßt.
«Mit leichtem Beigeschmack von Petrol», stellt der Archäologe fest.
«*It's all that*», meint der Schotte melancholisch, «man vergißt über dem Gesöff, wie Burgunder, geschweige denn königlicher Black Label schmeckt.»
«Bliebe noch Arrak, der gute einheimische Dattelschnaps...»
«Davor bewahr' uns Allah! Der Fahrer bot mir einmal davon an, und ich glaubte, er hätte aus Versehen den Benzinkanister erwischt!»
«Lassen wir also Ninive leben!» Mit einer Grimasse leert der Kleine Löwe sein Glas.
«Und es sollen wiedererstehen die versunkenen Gärten von Uruk!» erwiderte Peter feierlich.
«Daß es in dieser gottverlassenen Gegend je Gärten und Palmenhaine gab, kann man sich heute schwer vorstellen.»
«Du vergißt unsere sieben Palmen bei den Wasserlöchern von Hassiye. *And by the way* – ich habe es schwarz auf weiß – respektive in Ton gegraben, daß die Priester damals ihren Göttern ‹erstklassiges Bier und gepreßten Wein› geopfert haben. So geschrieben in den Ritualen des Anu-Tempels. Das hatten die wohl kaum erfunden, und der Wein wurde bestimmt noch nicht aus Frankreich importiert.»

«Bleiben wir also bei den urukäischen Palmengärten. Kürzlich las ich übrigens den vergnüglichen Text von einem Steuereinnehmer, der hier vor gut viertausend Jahren die Ernte der Dattelbauern zu schätzen hatte. Der Beamte wurde vom schlauen Bäuerlein im Garten tüchtig bewirtet und mit Dattelschnaps traktiert, bis er die Datteln in den Palmenkronen nicht mehr sehen konnte...»
«Wenn der tüchtige Beamte sie nur nicht doppelt sah!» gibt Leo zu bedenken, hält inne und starrt zur gegenüberliegenden Wand: «Wenn *ich* nicht doppelt sehe, spazieren dort zwei Mäuse!»
«Vielleicht ist's auch nur eine Maus», meint der Rothaarige träge, ohne sich umzuwenden. Obwohl es hinter seinem Rücken deutlich raschelt. «Hast du etwas gegen Mäuse?»
«Nicht direkt. Aber dort drüben ist die Speisekammer, und wenn der Käse angenagt ist, wird Hamid wieder tagelang schlechter Laune sein. Und unser Expeditionskater, das faule Vieh, lungert wohl wie üblich auf irgendwelchen Betten herum, statt hier nach dem Rechten zu sehen.»
«Schimpf bitte nicht auf Sinkaschid – der Gute hat mir schon manchen Abend die Füße gewärmt!»
«Sein babylonischer Name erinnert mich an mein Grab...»
«Gedenkst du schon das Zeitliche zu segnen?» erkundigt sich Peter teilnahmsvoll.
«Noch nicht. Ich denke an das Grab, das ich morgen zeichnen muß.»
«Das Grab der schönen Babylonierin?»
«Nennst du Skelette schön?»
«Auch da gibt es wohl Unterschiede. Ich stelle mir bloß vor, daß die verstorbene Dame sehr schön gewesen sein muß, da man ihr so viel Schmuck ins Grab mitgegeben hat, während andere bloß ein wenig Proviant bekommen haben...»
«Hör auf mit dem Unsinn!» lachte Leo. «Der Ninive-Wein...» Er deutete auf die halbleere Flasche.

«*I like it!*» Der Assyriologe setzt sein Glas wieder auf die Kupferplatte: «Hat Rasaq das Grab schon präpariert?»
«Alles – Grab und Skelett sauber herausgearbeitet. Wunderbar, wie der Junge das macht – da kommen unsere Hände nicht mit!»
«Dabei haben diese Wüstensöhne kaum eine Ahnung, wie viele Rippen zu einem menschlichen Skelett gehören... Und was ist mit den Grabbeigaben?»
«Alles aufgenommen und von Amira inventarisiert. Muß bloß noch im Detail photographiert werden. Am meisten hat mich die Kette aus Karneol, Lapis und Muschelperlen gefreut; war allerdings langweilig, den ganzen verstreuten Krimskrams wieder auf einen Faden zu reihen. Von den Ohrgehängen der Dame ist nicht mehr viel zu erkennen, aber drei bronzene Fingerringe sind ziemlich gut erhalten.»
«Merkwürdiger Brauch...», Peter schenkt nochmals ein, «die Toten unter den Wohnhäusern beizusetzen. Schon die Vorstellung, über den Gräbern seiner Groß- und Urgroßeltern sein tägliches Leben zu verbringen...»
«Nun ja. Aber leben wir nicht letzten Endes alle auf Friedhöfen? Über den Gräbern unserer Vorfahren –. Wo auf der Welt war kein Grab im Lauf der Jahrtausende? Hier sitzen wir und trinken friedlich unseren Wein über ungezählten Gräbern – wenn du an die Vergangenheit von Uruk denkst... Im übrigen habe ich das Gräberzeichnen allmählich satt; so viele schon aufgenommen, und noch immer kommen neue hinzu!»
Schritte auf dem Hof. Polternd wird die Tür aufgestoßen. Blond

▶

Vor Beginn der jeweils im Winter durchgeführten Grabungen in Uruk-Warka versammeln sich die Angehörigen dreier Stämme *(Towbi, Dschuabir* und *Ghanem)* im Expeditionshof, um für die Arbeit eingeschrieben zu werden. Durch Generationen sind diese Araber mit den Ruinen vertraut, und der Verdienst von guten Dinaren hat ihrem harten Leben manche Erleichterung gebracht.

und blauäugig erscheint Martin, geblendet sogar vom Petrollicht. «Bis jetzt in der Dunkelkammer gehockt?» fragt Peter.
«Eine elende Baderei mit den Filmen, hier, wo jeder Eimer Wasser hergeschleppt werden muß. Und wenn man sich das erst bei Tageslicht ansieht, was der gute alte Hassan mit seinen Eseln von den Wasserlöchern bringt! Schlammig und voller Tiere, wie ein Aquarium.»
«Reg dich nicht auf, Kleiner – wir sind eben in der Wüste. Setz dich zu uns; dort steht noch ein Glas, und wenn du Glück hast, ist es sogar sauber.»
«Ihr Säufer und Faulpelze habt doch noch ein Herz für arme Arbeitssklaven!» dankt der Photograph und läßt sich auf die Bank fallen. «Wovon war die Rede?»
«Von Gräbern», erwidert der Assyriologe mit Grabesstimme, «Prost!»
«Kein sehr erbauliches Thema – was?»
«Hochinteressant – besonders die Särge! Nimm beispielsweise die altbabylonischen Rippensarkophage, oder die andere Sitte, Leichen in zwei zusammengeschobenen Tonkrügen beizusetzen...»
«Und die komischen Pantoffelsarkophage der Parther!» fügt Leo hinzu.
«Was haben Särge mit Pantoffeln zu tun?» möchte Martin wissen.
«Die Sarkophage sehen tatsächlich aus wie Riesenschuhe, mit einem Loch oben und sich zur Spitze hin verjüngend, so daß ein ausgewachsener Mensch bequem darin liegen kann. Das Ganze

◀

Libn-Jungen heißen die jüngsten Ausgräber in Uruk. Sie haben eine in dieser Ruine besonders wichtige Aufgabe; denn das Herausarbeiten und Präparieren von Lehmziegeln erfordert sensible Hände. Ziegel um Ziegel wird behutsam aus dem Lehmboden gekratzt, bis die ganze, durch Jahrtausende verborgene Mauer wieder klar zutage tritt, bereit für Photographie und Zeichnung.

außenherum wunderschön mit Ornamenten verziert und blaugrün glasiert.»

«So was Verrücktes habe ich noch nie gesehen...»

«Dann geh ins Britische Museum!» empfiehlt der kleine Archäologe.

«Hm», grunzt Peter. «Die Parthersärge hatten es dem Mister Loftus angetan, als er anno 1849 erstmals herkam mit dem Auftrag aus London, etwas heimzubringen, das sich im Museum repräsentabel ausnehmen würde. *Crazy* – diese Engländer...»

«Bist du nicht auch einer?»

«Schotte!»

«Verzeihung! Und dieser Loftus war der erste Altertumsforscher auf dem Platz?»

«Geologe war er; die zünftigen Archäologen hatte man damals noch nicht erfunden. Aber ausgegraben haben schon viele Leute, die einen Spaten besaßen: Diplomaten, Geschäftsreisende, Goldsucher und Beduinen.»

«Weiß man, wo der Engländer die Sarkophage fand?»

«Draußen beim Gareus-Tempel; es müssen dort immer noch welche unter dem Boden sein.»

«Warum gräbt man sie nicht aus?»

«Die Wissenschaft hat offensichtlich Wichtigeres zu tun, als Museen mit tönernen Särgen zu füllen. Denn es geht ja darum, Dinge an den Tag zu bringen, die noch nicht bekannt sind!» belehrt der Kraushaarige.

«Ergründen, wo die menschliche Zivilisation begann – Findelkind im Schilf der großen Ströme, über dessen angestammte Wiege sich die Gelehrten der Welt noch immer den Kopf zerbrechen...», spottet Peter.

«Ihr sagt doch, die Sarkophage waren aus Ton», beharrt Martin, «ist aber eine zerbrechliche Sache. Wie hat Loftus die Dinger unbeschadet nach London gebracht – konnte sie doch wohl nicht – wie die hiesigen Frauen ihre Krüge – auf dem Kopf tragen?»

«Muß komisch gewesen sein, der Transport; der Brite berichtet selber darüber. Auch die Grabungstechnik war höchst originell und wurde von den Beduinen bestimmt. Sie trugen damals noch ihre langen Speere, bohrten diese in den Boden, bis sie auf Widerstand stießen; gelegentlich war das dann ein Fund und brauchte bloß noch ausgebuddelt zu werden. Die ersten Sarkophage gingen prompt in Brüche, sehr zum Kummer von Mister Loftus. In einer schlaflosen Nacht kam ihm wohl die glorreiche Idee: er umwickelte die tönernen Pantoffeln mit vielen Schichten von Papier und zähem Kleister, und das Ganze wurde hart – so ähnlich wie ein Gipsverband. Und dann beschreibt er, wie die Araber in makabrer Prozession, die Särge auf den Schultern, singend und tanzend zum Euphratufer zogen...»

«Kam die Ware auch heil übers Meer?»

«Tadellos. Erstaunlicherweise hat dieser Geologe schon damals die Bedeutung von Uruk erkannt. Er schreibt: Andere Städte, wie Susa, Babylon und Ninive, haben ihre Tradition, aber Uruk ist vergessen, als hätte es nie existiert. Und er nennt die Ruine die unvergleichlichste und bedeutungsvollste von allen.»

«Mit dieser Gewißheit könnten wir uns eigentlich beruhigt aufs Ohr legen», meint lakonisch der Photograph; «die Flasche ist sowieso leer.»

«Um von Gräbern und Grüften und von Geistern in babylonischen Gewändern zu träumen...», gähnt der Rothaarige, sich bis zu den krummen Deckenbalken reckend.

«Und von der Dame mit der Lapiskette!» Leo pustet die Lampe aus, und sie gehen über den Hof zu ihren Kammern. Die Schritte verhallen auf dem trockenen Lehmboden, Türen ächzen und knarren. Dann ist es wieder still.

Der Baghdadi

Adnan grübelt über einer deutschen Grammatik.
«Der Baum – des Baumes – dem Baum – den Baum...»
Eigentlich hat der sanfte junge Mann aus Baghdad sich alles anders vorgestellt. Unverputzte Ziegelmauern, Petrollicht und ländliches Fladenbrot enttäuschten ihn und verminderten den Glanz, mit dem er bisher die Europäer umgeben hatte.
Selbst in der Wüste müßte das Leben doch einigen Luxus bieten, meinte Adnan, der Expeditionen bisher nur vom Hörensagen kannte, und hat daher vor seiner Abreise in einem Konfektionsgeschäft an der Raschid-Street einen vornehmen grünseidenen Schlafrock erstanden. Und nun fand er hier alles fast so primitiv wie in einem arabischen Dorf.
Wohl war sein Großvater noch ein einfacher Büffelbauer am Tigris gewesen, und seine Großmutter hatte in fünf übereinandergestapelten Töpfen auf dem Kopf die Milch zur Stadt getragen, aber der moderne junge Iraki erinnert sich ungern daran. Schon sein Vater hat sich am Rand von Baghdad angesiedelt und besitzt heute einen Gewürzladen im großen Basar.
Und er, Adnan, hat Schulen besucht und ist der erste seiner Familie, der an einer Universität studiert. Alle seine Verwandten blicken mit Stolz und Bewunderung auf ihn, der auch am wärmsten Sommertag niemals ohne Jacke und Krawatte ausgeht. Damit kommt er sich nun allerdings unter diesen Ausgräbern in grobem Schuhwerk, zerbeulten Kordhosen und bunten Hemden etwas verloren vor. Glücklicherweise hält der Beg jedoch streng darauf, daß seine Mitarbeiter zum Abendessen ordentlich gestriegelt und in korrektem Anzug erscheinen; traditionelles Gebot der Disziplin, schon aufgestellt von Koldewey zu Babylon.
Weil Adnan den Expeditionschef verehrt, nimmt er auch alles andere mit in Kauf. Erstmals wurde er zu Ausgrabungen mitge-

nommen, und dahinter steht außerdem die Erfüllung seines höchsten Wunsches: das Stipendium für eine Universität in Deutschland! Dafür ist er bereit, viel einzusetzen; bis tief in die Nacht hinein Vokabeln zu lernen und in aller Frühe wieder draußen in der Grabung zu stehen. Dabei läßt sich leider nicht vermeiden, daß seine gepflegten Hände gelegentlich etwas schmutzig werden. Das sieht glücklicherweise keiner seiner Freunde in Baghdad. Wehmütig denkt er an die musikerfüllten Teehaus-Nachmittage am Tigris. Und die Palmengärten...
«Die Blume – der Blume – der Blume – die Blume...»
Außerdem interessiert sich der Baghdadi auch ernsthaft für Archäologie und Baugeschichte, doch blieb sein Studium bisher bei Büchern stehen. Die staubige Praxis in den Ruinen ist etwas vollkommen Neues für ihn. Aber er will sich redlich bemühen, das zu leisten, was der Beg von ihm erwartet. Und diese Monate würden auch einmal ein Ende nehmen.
Dann käme Europa mit all seiner Herrlichkeit. Daß es in dem Gelobten Land jenseits des Meeres auch einen grauen, harten Alltag und sehr viel weniger Sonne und geruhsame Heiterkeit gibt, hat ihm niemand verraten.

Die Prinzessin

Amiras Finger sind mit Kleister verklebt. Die zierliche Person steckt in einem viel zu großen Arbeitskittel, dessen rechtmäßiger Besitzer vermutlich ein Mann ist. Ein rotgemustertes Beduinentuch umrahmt ihr großäugiges, etwas zu mageres Gesicht. Dunkel zusammengezogene Brauen verraten ernsthafte Konzentration.
Behutsam fügen ihre Hände in der Sandmulde Scherben zu

einem Tongefäß. Sie liebt dieses Puzzlespiel. Aus Bruchstücken wieder den Krug zu bauen, den ein Mädchen wie sie selbst vielleicht vor viertausendsiebenhundert Jahren zum Brunnen trug und gefüllt vom Brunnen wieder ins Haus. Bis der Krug eines schönen oder tragischen Tages zerbrach... Amira, die eigentlich Célestine heißt, lächelt und fügt ihn wieder zusammen, den Krug der Sumererin...

Sie freut sich, daß man sie hier Prinzessin nennt und daß die scheußliche Célestine in Paris zurückblieb. Überhaupt freut sie sich! Sie freut sich jeden Tag, seit sie die Einladung erhielt, an der Expedition in Südmesopotamien teilzunehmen. Für ein ganzes Semester ihren Büchern den Rücken zu kehren. Mochten die Bücher daheim verstauben – sie ist im Morgenland! Entschwebt auf dem Teppich – Prinzessin aus Tausendundeiner Nacht... Daß der fliegende Teppich eine viermotorige Air-France-Maschine war, tat ihrem Vergnügen keinen Abbruch.

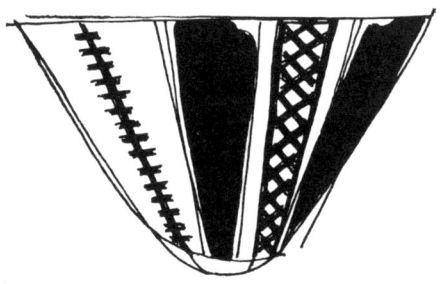

Keramikmalerei aus der Obed-Zeit, 5.–4. Jahrtausend v. Chr.

«*Dommage!*» Es fehlen noch einige Bruchstücke; das Spiel geht nicht auf. Aber die Form ist da. Amira nimmt die Lampe vom Tisch und geht zur anderen Seite des Raumes, wo das Licht über die mannigfaltigen Funde geistert, die ordentlich numeriert auf den Gestellen liegen. Nichts Besonderes bisher; Scherben und noch mehr Scherben, kleine Terrakotten aus neubabylonischer Zeit, Tontafelfragmente und ein Siegel aus schwarzem Stein, ebenfalls entzweigebrochen.

Das Licht wandert weiter die Ziegelmauer entlang und ruht endlich auf einer Schmalwand, die mit großen weißen Zeichenblättern behängt ist. Das Mädchen betrachtet die schematischen Darstellungen: Formen, Profile und Dekorationen von Tonkrügen. Keramik aus sieben Jahrtausenden. Die zu studieren ist hier ihre Aufgabe. Scherben sind für die Forschung fast so wichtig wie Schriftdokumente; in der Frühgeschichte noch wertvoller, weil es damals keine Schrift gab, und dann erst die archaische, womit die Philologen bisher wenig anzufangen wissen. Doch haben die Menschen Töpfe geformt, bevor sie schreiben lernten. Was auch vernünftiger war. Überall, wo es eine Kultur gab, sind heute die entsprechenden Scherben zu finden.
Amira hat viel darüber gelernt und auch im Louvre immer wieder die Tongefäße betrachtet, manche davon gezeichnet und die mannigfaltigen Ornamente kopiert. Aber hier ist alles anders. Erst hier, inmitten der riesigen Ruine, kommt ihr die Bedeutung der Keramik wirklich zum Bewußtsein. Sie findet eine lebendige Beziehung zu dem, was war, versteht die geheime Sprache, liest aus dem scherbenbesäten Wüstenboden...
Die Gelehrten reden von Kulturgeschichte. Eine Menschengeneration lebte, formte Töpfe, starb. Damit begann es; denn zuvor, die wandernden Hirten und Jäger, haben noch keine Krüge gebraucht. Erst mit dem Seßhaftwerden fangen die Menschen an, primitive Gefäße für Wasser und Getreidevorräte herzustellen.

Bald muß es schon so etwas wie eine langsam sich drehende Töpferscheibe gegeben haben. Und jede Generation erfand wieder neue Formen. Das ist das Wunderbare! Oder die Leute bemalten ihre Krüge, ritzten Muster in den noch feuchten Ton. Später erprobten sie leuchtende Glasuren.
Und hatten keine Ahnung, wie dankbar wir ihnen dafür sind! Alles ist heute schön nach Stufen geordnet: Tell Halaf – Samarra – Eridu – Obeid – Uruk... Alle Kulturepochen können mit einer kleinen Scherbe belegt werden.
Das Mädchen zieht einen Bleistift aus der Kitteltasche und folgt mit dem stumpfen Ende dem Profil eines Kruges auf dem Papier an der Wand, dann einem zweiten und kehrt wieder zum ersten zurück. Sie blickt hinüber zu ihrem Gefäß in der Sandmulde: «Das ist es wohl – höher und schlanker als die altbabylonischen Krüge. Auch die Tonqualität – grob und fast weiß... Müßte nochmals mit dem Beg über die Fundstelle reden, bevor ich das Ding datiere.»
Den Bleistift zwischen den Zähnen und in der Hand die Lampe, geht sie zum Arbeitstisch zurück. Dort, achtlos hingeworfen zwischen dem Werkzeug, liegt ihre Uhr. «*Mon Dieu* – bald Mitternacht und morgen Frühdienst!»
Amira säubert sich die Hände mit Aceton. Gleichgültig, wie früh man aufstehen muß, sie liebt die erste Stunde draußen; die Kälte, die Erwartung und den großen Augenblick, wenn die Sonne kommt. Sie liebt auch das wechselnde Licht des Tages und die Wüste – die Wüste, kahl und doch Spiegel des Himmels und der dahinziehenden Wolken.
Gewiß sollte man nicht nur die Sonne anbeten und holunderblauen Wolkenschatten nachträumen; es gilt ja, hauptamtlich auf hackende, schaufelnde und Körbe schleppende Araber aufzupassen. Für Amira eine liebenswerte Räuberbande, schalkhafte Jungen, Männer vom gefährlichen Aussehen Ali Babas und ein paar Alte, deren Kinderaugen nicht recht zu den Bärten pas-

sen wollen. Manchmal singen sie abends, wenn sie in die Dämmerung hinauswandern.
Das Mädchen verläßt den Raum und zieht die Tür hinter sich zu. Versucht den großen Schlüssel zu drehen, aber der will nicht. Noch nie ist es ihr übrigens gelungen, dem verflixten Schloß beizukommen. Hamid wird schelten.
Ganz leise – sie hat die Schuhe ausgezogen, um niemand zu wecken – steigt sie auf den Eckturm. Die Nacht ist mondlos. Aber die großen Sternbilder sind da, die Symbole der Götter, denen die sumerischen Priester auf dem Tempeldach geopfert haben... Amira, die eigentlich Célestine heißt, möchte überhaupt nie schlafen.

Erinnerungen

Der alte Mann findet keinen Schlaf, obwohl er sich zeitig zur Ruhe begab. Abends geht es schlecht mit dem Zeichnen; das Petrollicht ermüdet seine Augen, und oft fühlt er am nächsten Morgen noch das Brennen.
Aber er murrt nicht, er hat schon manche Nacht wach gelegen. Still schaut er in die Dunkelheit, wo sich fast unmerklich das kleine Fensterviereck abhebt. Da kommen die Erinnerungen. Ihm ist, als kämen sie durch das bläuliche Viereck herein wie durch ein Loch in der Schwärze. Und so unterhält er sich mit ihnen. Besonders mit den frühen Erinnerungen, aus der Zeit, da er als junger Mensch erstmals nach Uruk gekommen – als die Hügel noch unberührt und geheimnisvoll waren – da noch jede Scherbe, jede grünoxydierte Münze eine Sensation bedeutet hatte. Sie waren damals nur zu zweit gewesen und mußten das Abenteuer mit harter Arbeit bezahlen. Weit und breit noch keine Behausung – nur Wüste und die Hügel, manchmal ein Zelt.

Auch sie hatten ihre Nächte im Zelt verbracht, beim Licht der qualmenden Lampe, mit klammen Fingern zeichnend. Dann von Sonnenaufgang bis zur Dämmerung mit den Arabern draußen in der Grabung. Erst später zeigte es sich, daß ihnen die Kleider zu weit geworden waren. Das kümmerte sie wenig; denn der ganze Plan stand – der Stadtplan von Uruk war nach jenem ersten Grabungswinter fertiggestellt. Und er behielt seine Gültigkeit.
Oft hatten sie nachts im Zelt noch von all den Entdeckungen geredet, die sie in diesen Ruinen machen würden, und er besitzt noch immer die türkische Wasserpfeife, die er damals rauchte; Ismail hat sie durch zwei Kriege gerettet...
Zweimal hatte der Krieg die Arbeit in der Wüste unterbrochen, und man wußte nie, ob man je zurückkommen würde. Der erste Krieg war schon lang gewesen, aber noch schlimmer der zweite, und die bittere Zeit unmittelbar nachher. All die Jahre litt er am meisten unter der Sehnsucht nach dem Morgenland, einem hoffnungslosen Heimweh nach Uruk, hoffnungslos, weil er an keine Möglichkeit glaubte, jemals zurückzukommen.
Und dann hat man ihn doch zu den Ruinen zurückgeholt – lange nach Kriegsende –, nach einer tiefen, lichtlosen Ewigkeit. Der alte Mann hebt im Dunkeln beide Hände vor das Fensterviereck, wie um diese Jahre hinauszuschieben. Er kam zurück nach Uruk und zu seiner Mauer.
«Meine Mauer...», murmelt er. Die Mauer des Gilgamesch. Er hat sie zurückgewonnen. Mit dem Spaten, wie man so sagt. Er ist ihr Ausgräber. Was andere vor ihm erst vermutet und aus den Hügeln der Oberfläche geschlossen haben, konnte er beweisen. Die Mauer des legendären Königs von Uruk hat bestanden.
Es ist der älteste große Mauerbau, den die Geschichte kennt. Eine Stadtbefestigung von rund neuntausend Meter Länge, die ein riesiges Gebiet umgab, so wie es im Epos beschrieben ist.

Ein Sar der Stadt, ein Sar der Palmengärten,
Ein Sar der Flußniederung, dazu das (heilige) Gebiet des Ischtar-Tempels,
Drei Saren nebst dem (heiligen) Gebiet von Uruk umschließt sie!

In heutigen Flächenmaßen ungefähr sechs Quadratkilometer. Die Pläne von 1913 stimmten weitgehend, nur im Osten, wo die Dünen hereinwandern, mußten sie korrigiert werden.
Die Gedanken des Archäologen folgen weiter der Mauer, von den Dünen zum Nordtor, durch welches man früher die Stadt nach Nippur zu verließ. Nicht mehr überall wird der Mauerverlauf deutlich sichtbar. Im Westen beispielsweise ist kaum mehr eine Erhebung vorhanden. Nur wenn es geregnet hat, tauchen die Grundrisse wieder auf. Rundpfeiler und Ecktürme, wie ein Plan auf die Erde gemalt. Salpetergehalt im alten Ziegelwerk. Dadurch trocknen die verborgenen Mauerzüge schneller und heben sich hell von dem noch feuchten Wüstenboden ab.
Gegen Süden zu erscheint die Mauer wieder. Dort lag das Ur-Tor. Ur in Chaldäa, Nachbarstadt, gleich Uruk am Wasser gelegen – als die Ströme ihren Lauf noch nicht verändert hatten…
Nur eine Frage beschäftigt ihn, und man ist sich darüber bis jetzt nicht einig; die Stelle in dem Epos, wo Gilgamesch sagt:

Prüfe die Gründung, besieh das Ziegelwerk,
Ob ihr Ziegelwerk nicht aus Backsteinen ist!

Er hat die Gründung selber geprüft, das Ziegelwerk besehen – während Monaten die Mauer durchgraben bis zu ihren tiefsten Fundamenten – und festgestellt, daß ihr Ziegelwerk nicht aus Backsteinen ist. So wie die Ziegel fast aller archaischen Bauten, bestehen auch diejenigen der großen Mauer aus luftgetrocknetem Lehm. Auch wenn es je eine äußere Verschalung aus Backsteinen gegeben hätte, müßten heute noch irgendwelche Bruchstücke davon zu finden sein. Nun – für die Schriftenforscher, welche die elf Tafeln des Gilgamesch-Epos entzifferten, mochte es wohl schwierig sein, aus einem für «Ziegel» stehenden Zeichen festzustellen, ob es sich um einen gebrannten oder ungebrannten Ziegel gehandelt hatte...

Wie dem auch sei – ein grandioser Bau, und vor fünftausend Jahren zweifellos einmalig in seinen Dimensionen und sehr wohl prädestiniert, in die Legende einzugehen! Drei Suchgräben im Osten und ein tiefer Schnitt durch die höchste nördliche Hügelkette haben es ihm gezeigt.

Der große Schnitt durch sechs Meter erhaltener Mauerhöhe ist sein ganzer Stolz. Es war ein erbitterter Kampf gegen den Sand. Ständig weht der Wind dort draußen, kommt ungehindert von der weiten Ebene herangefegt und treibt, wie ein Hirt seine Herde, die wandernden Dünen vor sich her. Oft hat der Wind in einer einzigen Nacht den tiefsten Graben zugedeckt, und am nächsten Morgen mußte man sehen, wie man ihn wiederfand.

Doch ein lohnender Kampf! Denn Ziegel für Ziegel ließ sich noch alles erkennen: ein doppelter Mauerring, allein der innere Ring fünf Meter stark, dazu die vorgebaute, eineinhalb Meter dicke Verbrämung. Über neunhundert Festungspfeiler müssen es gewesen sein, die einem Ansturm getrotzt hatten.

Und diese Fundamente! Auch hier ließen sich alle Ziegelverbände klar ablesen, und der Mauerkern aus sogenannten «plankonvexen» Ziegeln wies eindeutig in die frühdynastische Zeit, der, nach den Königslisten zu schließen, auch Gilgamesch angehört haben muß. Keine andere Epoche hatte so merkwürdige Ziegel: flach auf der Unterseite und oben hochgewölbt, wie im Ofen aufgegangene Kuchen. Überhaupt mit so etwas zu bauen... Die Maurer haben nur Lehmmörtel verwendet. Doch wurde diese riesige Stadtbefestigung, die durch Jahrtausende bestanden hat, niemals neu gebaut, nur von einigen späteren Königen gelegentlich ausgebessert.

Oft wandert der alte Mann hinaus, um die Stelle wieder aufzusu-

chen, wo er so tief gegraben hat. Der Wind wehte mittlerweile viel Sand darüber hin. Nun mochten sie kommen, die Dünen – er weiß jetzt, was darunter liegt.
Er lächelt im Dunkel. Gleichgültig, was geschehen mag; er hat sein Teil zum Ganzen beitragen dürfen, und er ist dankbar, daß es die Erforschung dieser Mauer war. «Ob ihren Grund nicht legten die sieben Weisen...», klingt es ihm aus dem letzten Vers nach.

Der Verlassene

«Hast du sie fertiggestopft, ya Ma'yûf?» fragt der Beg, flüchtig vom Zeichenbrett aufblickend.
Lautlos kommt der kleine Araber aus der dunklen Zimmerecke, wo er, wie an vielen Abenden zuvor, auf seinen Fersen kauernd Zigaretten stopfte. Immer eine für den Beg und eine für sich selbst. Die dünnen Tüten kauft man im Basar von El-Chidr und auch den Tabak dazu. Ernst, eine steile Falte zwischen den Brauen, reicht er dem Mann am Tisch die Zigarette, zündet sie an, dann die andere, welche er für sich selbst gestopft hat, und zieht sich ebenso leise wieder in seinen Winkel zurück. Sanft streicht er über die seidene Schulter der Hündin, die sich im Schlaf regte und ihre Schnauze noch tiefer im Schaffell vergräbt.
«Warum gehst du nicht schlafen, mein Junge?» fragt der Beg aus dem Lichtkreis der Lampe, wie von weit her.
«Ich bin nicht müde, *ya abûyi*. Laß mich bei dir bleiben!»
Vater nennt ihn der kleine Araber, und der Archäologe freut sich über das kindliche Vertrauen, aber er kann ihn nicht davon abbringen, Zigaretten zu rauchen.
«Weißt du, ich will nur da sein, wo du bist, und für dich *sigârât* an-

zünden. Und ich will auch kein Wort reden, wenn du mich nur nicht wegschickst!» fleht der Junge.
«Schön – ich schicke dich ja auch nicht fort, obwohl du wirklich schlafen solltest...», der Beg ist schon wieder in seine Arbeit vertieft.
Ma'yûf mag zehn oder zwölf Jahre alt sein, genau weiß das niemand zu sagen. Er ist klein und unterernährt wie die meisten Kinder der Wüste. Vielleicht ist er noch schlechter dran als die anderen, weil er ganz allein ist und niemanden mehr hat, der sich um ihn kümmert.
Dem großen Mann hat der Junge einmal seine Geschichte erzählt; ein Schicksal, von den beduinischen Bräuchen bestimmt. Seine Mutter, von vornehmer Abstammung, war durch eine Blutrachegeschichte zum Stamm des Vaters gekommen und wurde nach der Hochzeit wieder aus dem Harem verstoßen. Sie gebar diesen ihren einzigen Sohn und mußte dann, solange sie lebte, als Dienerin in der Steppe Brennholz sammeln.
Sie sollte jedoch nicht lange leben. Alle Erinnerungen Ma'yûfs sind eng mit seiner Mutter verknüpft. Als er eines Tages schwerkrank wurde, sah sie ihr Kind große Schmerzen leiden und fragte, daran erinnert er sich noch genau: Willst du sterben, mein Sohn, oder willst du leben? Sie muß dem Leben nicht mehr Wert beigemessen haben als dem Tod. Aber Ma'yûf antwortete: Ich will leben, Mutter!
Was nun folgte, ist für Europäer schwer faßbar. Die Frau bereitete alles wie zum Begräbnis. Nach arabischem Brauch bedeckte sie das kranke Kind vom Kopf bis zu den Füßen mit Leinen, als wäre es schon tot. Danach schüttete sie drei Krüge Erde in drei Streifen über den Körper und kroch dreimal um das Lager. Zuletzt legte sie sich selber neben dieses «Grab» und starb.
Ma'yûf blieb am Leben und wurde gesund. Aber er blieb einsam. Sein Name bedeutet «Der Verlassene». Ob seine Mutter schon bei der Geburt dieses Schicksal voraussah?

Eines Tages kam dann der Junge zu den Ausgräbern nach Uruk. Er wollte arbeiten, und der Beg stellte ihn als Gehilfen ein. Seither gehört sein Herz dem großen Mann, dem er lautlos wie ein Schatten überallhin folgt. Stolz trägt er ihm Meßstab, Zeichenbrett und Markierungsnadeln nach und versucht, ihm jeden Wunsch von den Augen abzulesen. Doch diese glückliche Zeit ist kurz. Allzu schnell ist eine Kampagne vorbei, und durch den langen, glühenden südirakischen Sommer wartet er, bis im Winter die Ausgrabungen wieder beginnen und der Beg zurückkommt. Ma'yûf lebt nur für diese drei Monate.
Trotzdem ist nichts Sklavisches an dem kleinen Araber. Er würde nie betteln wie viele von den andern. Ja er gibt sich sogar fürstlich und läßt es sich nicht nehmen, dem Beg jedes Jahr ein Geschenk zu bringen. Obwohl er arm ist. Einmal war es ein gewobener Beduinenteppich, dann kam er mit einem Paar prächtiger Satteltaschen, und in diesem Jahr brachte er die Slugi-Hündin. Weil er wußte, daß der Beg sich lange schon ein Windspiel der Wüste wünschte. Wieder würde es schwierig sein, es dem Jungen zu vergelten; denn mit Geld ließ sich das nicht abmachen.
Der Mann am Tisch richtet sich auf. Seine Arbeit ist für heute beendet. Alle nivellierten Zahlen sind eingetragen, und die Messungen stimmen. Er ist zufrieden. Ein Blatt mehr kann er zu den vielen hundert Blättern legen, die sich schon dort im großen Überseekoffer stapeln. Da drin ist alles festgehalten und aufgedeckt vom einstigen Leben dieser Stadt, Schicht für Schicht der Vergessenheit abgerungen für die Wissenschaft.
Eine stille, glanzlose Arbeit ohne Lärm der Sensation. Lehm und Staub, statt Gold, Marmorsäulen und Pyramiden. Man lernt warten in dieser Ruine. Warten, bis sich die Rätsel behutsam lösen. Nicht immer findet sich eine Antwort, und er begehrt auch nicht alles zu wissen. Beispielsweise das Geheimnis des großen Hügels... Dort im Norden liegt er, Nufedji, der Patriarch von Uruk. Durch sein Fenster kann er den Hügel bei Tag sehen. Aber

jetzt ist es dunkel – Nacht, Stunde der Geister – der *Dschinne,* von denen die Beduinen am Feuer erzählen.

Als er erstmals zu dem Hügel ging, begleiteten ihn Ma'yûf und Ghazi. *Harâm!* warnten sie ihn; geh nicht hinauf – die Hügel sind Menschen! Beim zweiten Mal stiegen sie wohl mit ihm auf den Nufedji, ließen aber ihre Sandalen zurück.

Siehst du denn die Dschinne nicht? fragt Ma'yûf, als er einmal sein Zeichenbrett vergessen hatte und abends noch zur Zikurrat ging.

Nein – ich sehe sie wirklich nicht! antwortete er, und der Junge beschrieb ihm die Genien von Nimrud, obwohl er diese nie in seinem Leben gesehen hatte, beschrieb die Blume auf der Stirn als drittes Auge. Die Araber begleiteten ihn nur bis zu der Stelle, wo die Grenze des Eanna-Heiligtums liegt, und doch konnte nur der Archäologe wissen um diese Grenze, unsichtbar unter dem Sand... Der Forscher ist immer wieder gefesselt von diesen Dingen und von den Legenden dieser Wüste, die scheinbar nichts mit seiner Wissenschaft zu tun haben und für ihn damit doch in rätselhafter Verbindung stehen.

«Ma'yûf – weißt du noch jene Geschichte von den drei Hügeln?» versucht er sich einer dieser Legenden zu erinnern.

«Von Nufedji *wa al-Frehât*...» Wieder die steile Falte auf der Stirn, läßt er sich sinnend zu Füßen des Mannes auf der Matte nieder. Das Kinn in die Faust gestützt blickt der Junge in die ruhig wartenden Augen des Beg.

«Jetzt weiß ich sie wieder, *ya abûyi* – die Geschichte, die von einem großen König berichtet. Es war der König einer wunderbaren Stadt, welche hier lag, wo heute nur noch Hügel sind. Und an einem *Schatt,* so groß wie der Euphrat. Der *Malik* besaß eine schöne Frau und zwei kleine Söhne, die er sehr liebte. Eines Tages nun ritt er zur Gazellenjagd, und seine Königin versprach, ihm mit den Kindern entgegenzugehen, wenn er am Abend zu seinem Haus zurückkehre...»

«In sein Schloß?»
«Ja in sein *Qasr,* inmitten von grünen Palmengärten – so grün und voller Blumen und Vögel. Und nun höre, was sich begab! Als die Sonne zwischen Mittag und Abend stand, machte sich die Frau mit ihren Söhnen auf den Weg, um den König zu erwarten, so wie sie es versprochen hatte. Die Stunden vergingen, ohne daß Pferde und Jäger auftauchten. Währenddessen spielten die Kinder am *Schatt* und beschmutzten sich mit Schlamm. Da fand die Mutter nichts anderes als ein Stück von dem mitgebrachten Fladenbrot, um ihnen den Schmutz von Gesicht und Händen zu wischen. *Harâm!* Brot ist heilig – das durfte sie nicht tun!» Beschwörend hat der Junge seine schmächtige Hand erhoben.
«Und so wurde die Königin bestraft!» fährt er leise fort. «Als der König von der Jagd kam, fand er keine Frau und keine Söhne mehr. Die Königin und die beiden Prinzen wurden in drei Hügel verwandelt und müssen auf immer in der Wüste stehen – dort draußen, wo du sie heute noch siehst!»
Beide schweigen. Die Finger des Archäologen spielen mit einem der dünnen Eisenstäbe, wie er sie braucht, um die Nivellierungspunkte seiner Mauern zu fixieren.
«Wir werden einen der kleinen Hügel durchgraben!» unterbricht er die Stille.
«*Harâm...!*» flüstert der Junge, erschrocken mit großen Gazellenaugen zum Beg aufblickend.
«Du weißt doch – die *Dschinne* sind mir nicht gram», lächelt der Mann, «denn ich will nicht zerstören, ich suche eine Antwort.»
«Warum nur – warum fragt ihr so viel – ihr Leute *min al-Gharb?*»
Ja, warum haben wir so viele Fragen, wir aus dem Westen? Und die Menschen hier geben sich mit den Legenden zufrieden; sie grübeln nicht und lesen keine Bücher...
«Wirst du auch den großen Hügel durchgraben?» weckt ihn die Stimme des Jungen wieder aus seinen Gedanken.
«Nein – nicht diesen!» Die Markierungsnadel fällt klirrend auf

den Tisch, «nicht solange ich lebe... Nufedji bleibt unangetastet!»
Fürchtet auch er die Geister des Hügels? Jenes Hügels, über den sich so manche Vermutungen anstellen ließen. Der Grundriß, ein fünfzackiger Stern, die einzelnen Zacken auch nach der Höhe abgestuft wie nach einem bestimmten Plan... Ein Pentagon – vielleicht früheste Sternwarte der Geschichte?
Von Menschenhand wurde er geschaffen, das ist gewiß; denn in der grenzenlosen südmesopotamischen Ebene entstehen Hügel nicht von ungefähr. Oder ist es eine Königsgruft – ein archaisches Kriegergrab? Nufedji soll weiter sein Geheimnis hüten, der uralte Wächter von Uruk. Wegweiser der Beduinen, die mit ihren Herden durch die Wüste von Westen nach Osten ziehen...
Als der Mann am Tisch wieder aufblickt, ist der Junge verschwunden. Gut, daß er endlich schlafen ging.

Kleine braune Hände

Warum sind sie alle so klein?
Thomas hat sich eigentlich vorgestellt, daß richtige ausgewachsene Männer mit Hacke und Spaten in so einer Grabung arbeiten würden. Und nun diese Knirpse, die da in einer Reihe hocken wie eine Schar frierender Vögel.
Das muß man sich näher ansehen. Er klettert auf den langgezogenen Hügel, an dessen Flanke die kleinen Araber mit dünnen, zugespitzten Eisenstäben kratzen und ab und zu mit einem winzigen Besen aus Palmenstroh den Staub fortfegen. Merkwürdiges Handwerk.
Aber was zum Teufel soll das Ganze? Schon kniet Thomas selber auf dem Boden. Der Junge, ihm am nächsten und fast vollständig

unter einem wollenen Hirtenmantel vergraben, schaut verwundert auf. Große Augen, triefende Nase. Eilig wischt der Ärmel darüber hin. Und blitzschnell verschwindet das honigfarbene Gesicht, als der Fremde lacht.

Es bleiben nur noch die Hände, diese kleinen emsigen Hände. Sie graben eine Vertiefung um ein Viereck herum. Ulkig. Das Viereck ist aus Lehm und von genau derselben Größe wie ein anderes Viereck, welches daneben liegt. Neben dem zweiten liegt ein drittes, ein viertes und so weiter; eine ganze Reihe von Vierecken. Darüber noch eine Reihe, und darunter sind die Jungen dabei, eine weitere Reihe von ebensolchen Vierecken aus dem Boden zu pulen... Die berühmten Lehmziegel! geht Thomas ein Licht auf. Und reimt man sich alles zusammen: eine Mauer! Aus Lehm. Es muß sogar eine sehr beträchtliche Mauer sein, wenn man dem Verlauf des Hügels folgt. Aufmerksam beobachtet er wieder die kleinen braunen Hände, die da scheinbar ganz mühelos einen respektablen Bau aus der Erde holen.

Wenn er bloß wüßte... Diese Ziegel sind doch aus ungebranntem Lehm – demselben Material wie der Wüstenboden rundherum. Wie können diese Araberbuben nun die Lehmziegel vom Lehmboden unterscheiden? Verständnislos beginnt er selber mit einem kantigen Stein über die graugelbe Oberfläche zu kratzen. Sieht doch alles genau gleich aus...

«*Bonjour!* Bewundern Sie unsere Miniaturausgräber?»

Da steht das Mädchen, kaum erkennbar im Fellmantel und Beduinentuch. Ihre Augen, fast so groß wie die der Araber, nur heller, von einem warmen Braun, erinnern Thomas an byzantinische Heiligenbilder. Wohl weil ihr Gesicht so schmal und durchsichtig wirkt.

«Also doch kein Hirt!» lacht er. «Guten Morgen!»

«Es war bitter kalt vor Sonnenaufgang; da ist die *Färwa* so gut wie ein Kaffeewärmer. Ich hätte nie gedacht, daß die Temperaturunterschiede in der Wüste so enorm sind.»

«*Ya khâtûn – ya khâtûn...*», wird das Mädchen gleich von den Jungen in Beschlag genommen. Sie klauben winzige Kärtchen aus Kleiderfalten, Ledertaschen und Zigarettenschachteln, und Thomas stellt verwundert fest, daß Amira mit einer regelrechten Bahnschaffnerlochzange bewaffnet ist. Und schön der Reihe nach werden diese unbedruckten «Fahrkarten» geknipst.
«Unser Kontrollsystem», kommentiert die Französin. «Ein Loch morgens bei Arbeitsbeginn, am Abend das zweite, und zwölf Löcher muß die kleine Karte am Wochenende zum Zahltag aufweisen.»
Dann ruft sie weiter all die ungewohnten Namen auf: «Suchi, Nasir, Wadschid, Kamil, Mutair, Ruweiye...», bis der letzte kleine Araber sein kostbares Dokument wieder verwahrt hat und über den Ziegelreihen kniet.
«Kommen Sie nun, Mademoiselle», bittet Thomas, «ich muß unbedingt wissen, wie die das machen!»
«Die *Libn*-Jungen? Präparieren eine Mauer aus der Seleukidenzeit – Sie wissen, drittes Jahrhundert vor Christus...»
«Also nach Alexander... Aber was heißt *Libn*?»
«Das ist die arabische Bezeichnung für Lehmziegel.»
«Ich habe begriffen, daß diese *Libn*-Jungen eine Mauer präparieren; aber sagen Sie mir – wie können die Knirpse wissen, wo ein Ziegel aufhört und wo die Fuge sitzt? Soviel ich auch den Boden hypnotisiere – ich kann keinen Unterschied finden...»
«Alles Gefühl!» lacht Amira, und dann verfliegt der Schalk aus ihren Augen. «*Sérieusement* – sie machen das rein gefühlsmäßig. Daher finden Sie auch nur die Jüngsten bei dieser Arbeit, die ihnen eigentlich mehr Spiel ist. Nur kleine, sensible Hände spüren die Unterschiede, um die es hier geht. Solange sie nicht durch Wissen verdorben sind...»
«Brauchen überhaupt nicht zu wissen, wie so eine Mauer gebaut ist?»
«Das wäre sogar gefährlich. Der Beg erzählte uns eine hübsche

Begebenheit von einem, der zuviel wußte. Es war ein tüchtiger Junge, der sich sogar in archäologischen Fachausdrücken auskannte. Weiß der Himmel, wo er das mit dem ‹*Djemdet-Nasr*›-Mauerwerk aufgegabelt hat! Als davon die Rede war, wußte er sogleich, daß es sich um die besonders schmalen und doppelt so lang wie breiten Bauziegel handelte, ‹Riemchen› genannt, die um das Ende des vierten Jahrtausends vor Christus verwendet worden sind. Und er fabrizierte voller Hingabe solche Ziegel in den Wüstenboden, wo es in Wirklichkeit weit und breit keine Mauer gab – um dem Beg eine Freude zu machen!»
«Ein Archäologe scheint es in Uruk nicht leicht zu haben!»
«Nicht immer. *Mais venez* – Sie müssen noch unsere normalgroßen Fachleute kennenlernen! Wir haben nicht nur Kindergarten hier, sondern auch die dazugehörigen Väter und sogar einen Großvater da und dort.»
Thomas folgt dem Mädchen über einen Damm, auf dem schmale Eisenbahnschienen liegen. Die beiden müssen auch eilig zur Seite springen, weil mit Getöse ein breit ausladender Förderwagen angerasselt kommt. Hinterher trabt ein Mann, aus schwarzweißer Vermummung verwegen grinsend. «*Sabah al-khêr!*»
Amira gibt den Gruß zurück und erklärt dann: «Ein *Arabandschi*, der die weggegrabene Erde zum Schutthügel hinaustransportiert. Er gehört zu einer besonderen Zunft, deren Oberhaupt von uns feierlich Eisenbahnminister betitelt wird.»
Hinter dem Damm, vorher unsichtbar, arbeiten weitere Gruppen von Arabern. Männer in Normalgröße, wie Thomas feststellt. Sie haben auch ordentliches Werkzeug: Spitzhacken, breite Hacken und langstielige Schaufeln.
«*Et alors* – passen Sie auf – ich will Ihnen nun den Arbeitslauf explizieren! Der Reihe nach – wir haben leider am Ende begonnen...» Das Mädchen weist auf einen mit Spitzhacke bewaffneten Hünen: «Das ist der Meister dieser Gruppe, *Ustadh* nennt man ihn. Er hat die größte Erfahrung, hat das Handwerk schon

von seinem Vater gelernt. Der Meister muß verborgenes Mauerwerk sozusagen riechen können; die Spitze seiner Hacke darf keinen Ziegel verletzen. Nur ein kleiner Unterschied in der Härte des Lehms, und er legt sein Werkzeug weg.»
«Und was passiert dann?»
«Die *Marrâre* kommen nun an die Reihe. Sehen Sie dort, die Männer mit der Breithacke. Von denen gibt es mehrere in einem Zug. Sie hacken und kratzen die Erde weg bis auf die letzte dünne Schicht über den Ziegeln. Dann erst werden die *Libn*-Jungen auf die Mauer gesetzt, um sozusagen die letzte Feinarbeit zu leisten. Und wenn endlich alles bis ins Detail präpariert ist und jeder einzelne Ziegel klar zutage tritt, beginnt unsere eigentliche Arbeit: wir können das Ganze aufnehmen, das heißt vermessen, zeichnen und photographieren. Worum es hier archäologisch geht, muß Ihnen der Beg erklären...»

«Wie nennt man die Leute dort, die Körbe mit Erde zu den Förderwagen tragen?» fragt Thomas, der Prozession zum Bahndamm nachblickend.

«*Sambâle* heißen bei uns die Korbträger – die vierte Kategorie.»
Bedächtig kommen und gehen sie in ihren langen Gewändern, und die meisten tragen ihre Körbe in der Hand. Nur einer von ihnen balanciert seinen Korb auf dem Kopf und singt. Thomas sieht ihn, den singenden Korbträger, und er sieht wieder den bronzenen König im Museum. Auch der König von damals hat einen Korb auf dem Kopf getragen – Erde und Ziegel zum Bau des Tempels für seine Göttin...

Das zweite Begräbnis

«So, das wär's!»
Der junge Archäologe fegt die Radiergummikrümel von seinem Zeichenbrett. Das einundzwanzigste Grab in diesem Winter! Das erste war wohl noch ganz interessant, auch das zweite und dritte; aber dann allmählich begann ihn das Zeichnen von morschen Gebeinen in Tonkrügen zu langweilen, und jetzt könnte er die ganzen Bestattungssitten von Anno dazumal ins Pfefferland wünschen. Er möchte endlich wissen, was unter diesen Schichten liegt! Aber der Beg spricht von Verantwortung: nichts – kein Ziegel dürfe weggeräumt werden, bevor er aufgezeichnet sei...
Da sieht Leo das Mädchen mit dem Neuen kommen, gefolgt vom kleinen Schaf Semiramis. Er hat noch keine drei Worte mit diesem verrückten Kerl gesprochen, der da durch die Wüste lief, ohne den Weg zu kennen. Hätte ebensogut auf der Strecke bleiben können, wo's überdies auch keine Brunnen gibt. Es ist wohl schon so, daß Narren mehr Glück haben denn Verstand.
«Amira – ich bin soweit!» ruft er dann geschäftig, ohne Thomas weiter zu beachten. «Würden Sie die Güte haben, meine Babylonierin wieder beizusetzen?»

«*Bien sûr*. Das heißt – falls Sie mich beim Dienst ablösen; es ist gleich neun Uhr. Und wenn wir unsere Wüstensöhne aus den Augen verlieren...»
«...lassen sie Hacken und Körbe liegen und halten friedliches Palaver, bis die Sonne untergeht. Ich werde gleich nach dem Rechten sehen!» meint grimmig der Kleine Löwe.
Thomas betrachtet mittlerweile die Zeichnung. Ein guterhaltenes menschliches Skelett, mit angezogenen Knien ins Oval der beiden ineinandergeschobenen Krüge gebettet. Sonderbar.
«Warum liegen sie so – die Toten von damals?» fragt er.
«Man streitet sich über den Grund. Mag sein, daß diese sogenannte Hockerstellung magische Bedeutung hat; Gefangenschaft – Gefesseltsein in dem engen Sarg, damit der Geist des Verstorbenen nicht zu den Lebenden zurückkehre.»
«*Ça ne me plaît pas!*» widerspricht die Französin. «Ich bleibe bei der anderen Version: daß der Mensch, so wie er geboren wurde, zuletzt wieder in der Erde liegt, zusammengekauert, wie einst im Mutterleib. Vielleicht für eine Wiedergeburt – *Dieu le sait...*» Sie seufzt. «Und nun müssen wir das Grab zerstören, nur weil sich darunter noch ein Stück Tempelmauer befindet! Wo steckt übrigens Ihr Gehilfe?»
«Rasaq wird gleich da sein. Hoffe ich wenigstens – man weiß ja nie bei diesen Burschen... Ich habe ihn mit Werkzeug ins Haus geschickt, und es sollte mich nicht wundern, wenn er sich nebenbei in der Küche ein Gläschen Tee organisiert hätte!»
«Kann man ihm auch nicht verargen, kalt wie es heute früh war. Bei der Präparierarbeit müssen die Finger ja vollkommen steif werden!» setzt sich das Mädchen für den abhanden gekommenen Araber ein.
«Nur keine Sentimentalität! Wo kämen wir hin, wenn unsere zweihundert Leute alle aus der Grabung liefen, um Tee zu trinken?» argumentiert der Kraushaarige. «Dort kommt er übrigens.»

Mit fliegenden Schößen seines blauen, wohl von irgendeinem Archäologen ererbten Mantels kommt der Junge über den Bahndamm gefegt. Da steht er nun, keuchend, ein paar Schweißtropfen auf der Oberlippe und die Augen unruhig unter dichten Brauen. Etwas Trotziges liegt in diesem hageren Arabergesicht. Vielleicht erweckt auch die Narbe schräg neben der geraden, weitnüstrigen Nase diesen Eindruck. Einen seltsamen Kontrast dazu bilden seine mädchenhaft langen Haare, nur teilweise verdeckt von dem schwarzweißen Beduinentuch.
«*Schîl* – nimm weg!» befiehlt Leo unwirsch.
Rasaq wirft den Strohkorb neben die Grube und beginnt sorgsam die Gebeine aus dem festen Staub zu lösen. Porös und brüchig zerfallen sie ihm fast unter den Händen.
«*Schûf...!*» der Junge hält inne. Der Kleine Löwe fährt herum und liegt so schnell auf den Knien, daß Amira hell herauslacht. Dann konzentrieren sich alle auf das Loch. Dort, wo ein Stück von der Topfwand weggebrochen ist, wühlt Leo eifrig wie ein Foxterrier Erde heraus. Endlich springt er auf, schmutzig, strahlend, Kostbares in der Hand. Zwischen Daumen und Zeigefinger hält er den hellroten zylinderförmigen Stein gegen das Licht.
«Ein Siegel – ein richtiges echtes Rollsiegel aus Karneol!»
«Und vollkommen unbeschädigt!» anerkennt die Französin respektvoll; «darf ich's einmal anfassen?»
Zögernd, wie einem unbedachten Kind, reicht ihr der junge Archäologe den Fund.
«Herrlich! Ein Mensch – ein Tier – ein Baum. Darüber ganz fein gezeichnet die Mondsichel...»
Thomas steht und staunt. Er ist erstmals dabei und sieht, wie wieder ans Licht kommt, was da durch Jahrtausende begraben lag. Ein Mensch, wohl die Babylonierin, hat das Siegel in der Hand gehalten – so wie das Mädchen es jetzt in seiner warmen lebendigen Hand hält!
«Tragen Sie das Ding gleich ein», Amira reicht ihrem Kollegen

das Fundbuch, «ich werde mittlerweile die Gebeine ein zweites Mal zu Grabe legen. *Yallah, ya Rasaq!* Kommen Sie mit?»
Diese Frage ist an Thomas gerichtet, der aus seinen Gedanken erwacht und «Ja» sagt.
Der Junge nimmt den Korb mit den Skelettresten, und dann machen sie sich auf den Weg, weiter dem Bahndamm folgend bis zur äußersten Schutthalde. Eine sonderbare Prozession, denkt Thomas: diese längst verstorbene Bewohnerin von Uruk, der Araber, die Europäerin und das leise blökende Schaf.
Dort, am Ende der hoch über die Wüste ragenden Halde, pflegt man aus Pietät die Relikte urukäischer Gräber nochmals beizusetzen, damit sie nicht in der ganzen Ruine verstreut werden. Amira hat diese Aufgabe ehrenamtlich übernommen, und außer Rasaq als Träger steht ihr noch ein Totengräber zur Verfügung. Der alte Abdal Nebi, einer von den Großvätern. Der kann nicht mehr so schwere Arbeit tun; hockt den ganzen Tag da draußen, wartet, bis die *Arabânen* angerollt kommen und entleert werden, worauf er mit seiner Schaufel den Schutt verteilt. Dann läßt er sich wieder im Windschutz des aus Backsteinbrocken geschichteten Mäuerchens nieder, dreht sich eine Zigarette und schaut ins Weite. Bis der nächste Förderwagen kommt.
«*Sabah el-khêr, ya khâtun! Schlônitsch el yom?*» begrüßt er die Archäologin.
«*Kullisch zyên-al-hamdu-lillâh!*» erwidert sie; «Onkel, du mußt mir ein Loch graben!»
«Schon wieder einer von den früher Gestorbenen – *Harâm*...» Bekümmert nimmt der Alte seinen Spaten.
«*Hâdha khâtun* – es war eine Dame!» erklärt das Mädchen. «Sie besaß nämlich sehr schönen Schmuck.»
«*Dhahâb...?*»
«Nein – kein Gold. Aber Perlen aus roten und blauen Steinen und ein wunderbares Siegel, das sie wohl um den Hals gehängt trug...»

«Wenn sie kein Gold besaß, war es keine vornehme Frau!» beharrt Abdal Nebi und wirft verächtlich eine neue Schaufel Erde wadiwärts. «*Schûf* – ich bin ein armer Mann, aber meiner Tochter Suad habe ich dennoch ein Gehänge und Armspangen aus purem Gold zur Hochzeit gegeben!»
«Dein Schwiegersohn Fahad mußte auch einen hohen Brautpreis zahlen! Sag ehrlich – wie viele Schafe hast du für deine Tochter bekommen?»
Rasaq grinst verständnisvoll, während der Alte ärgerlich in seinen Stoppelbart brummt und plötzlich sehr intensiv mit Graben beschäftigt ist. Diese Fremden brauchen doch wahrhaftig nicht alles zu wissen...
Bald ist auch das zweite Grab der Babylonierin wieder zugedeckt. Und vielleicht zur Versöhnung bekommt Amira eine Handvoll Datteln geschenkt, die sie sogleich unter die Trauergemeinde verteilt. Sie erwidert die Gabe mit einigen Zigaretten, welche Abdal Nebi beglückt in seinem Gewand verschwinden läßt. Dann wandern die drei zum Expeditionshof zurück, und das kleine Schaf zockelt mit baumelndem Fettschwanz hinterher.

Aus der Expeditionsküche

«*Khalâs aschkorak* – nur wenig Aprikosen für mich!» dankt der alte Archäologe, und Hamid wandert mit seiner Schüssel weiter zu Amira, die ganz tüchtig schöpft.
«Nichts Köstlicheres als *Mischmisch!*» behauptet sie. Der Kleine Löwe schließt sich ihrer Ansicht an, während der Baghdadi eher Zurückhaltung an den Tag legt.
Erheitert überblickt der Beg seine Tafelrunde: «Aus dem Apriko-

senkonsum läßt sich leicht abschätzen, wie lange einer schon hier ist! Zuerst herrscht zumeist große Begeisterung, die dann so allmählich abnimmt wie das Kompotthäufchen auf dem Teller.»
«Und warum gibt es hier jeden Tag Aprikosen?» möchte Thomas wissen, dem sie übrigens gut schmecken.
«Das ist ein altehrwürdiger Brauch im Expeditionshaus und soll gut sein gegen Skorbut; denn irgend jemand kam zur Überzeugung, daß man in der Wüste unter Vitaminmangel leide...»
«Außerdem fördert Sand die Verdauung!» fügt der Assyriologe hinzu, unter dessen Löffel es hörbar knirscht. «Unser Koch fabriziert das Kompott aus getrockneten Aprikosen, und der Sandzusatz hängt wohl von den Füßen ab, welche einstmals die Früchte in Kisten gestampft haben.»
«Schon möglich», meint die Französin gelassen, «doch würde es mich interessieren, wie lange deutsche Ausgräber in diesem Land schon Aprikosen essen?»
«Seit achtzehnhundertneunundneunzig – als Koldewey mit den Ausgrabungen von Babylon begann!» lächelt El-Schêch. «Sein Mitarbeiter Andrae berichtete, daß sie schon unterwegs, auf dem Ritt von Aleppo nach Baghdad, angefangen hätten, gedörrte Aprikosen zu kauen...»
«Das nennt man Tradition!»
«Nichts gegen *Mischmisch* und die Ausgräber von Babel!» warnt der Beg hinter der allerkleinsten Portion. «Es hätte auch keinen Sinn, sich über sauberen Sand im Teller aufzuregen, so wie ich es auch seit etlichen Jahren vorziehe, mich nicht mehr um die Küche zu kümmern. Wohl waren im Laufe der Zeiten allerlei Leute hier: Ingenieure, Diplomatengattinnen und Philologen, die sich bemühten, Kadhim mitteleuropäische Kochkünste beizubringen. Und unser Küchenchef ist auch heute noch überzeugt, bayrische und preußische Gerichte herzustellen, obwohl sie sich seither so sehr gewandelt haben, daß keiner sie wiedererkennt. Dafür erhielten seine Kreationen wunderschöne Namen, von den

‹Lieblosen Hammelknochen› bis zum ‹Großen und Kleinen Erstickungstod›.
Es sollte auch niemand versuchen, an den guten alten Bräuchen zu rütteln; weder die traditionellen Aprikosen noch die sonntäglichen Hühner sind hier wegzudenken...»
«Geräuchert und gedörrt!» brummt Peter.
«Ja diese schrecklichen Fellachenhühnerchen aus Haut, Sehnen und Knochen!» Die Prinzessin schüttelt sich.
«Aber Kadhim läßt sich nicht davon abbringen, diesem jämmerlichen Geflügel am Sonntagmorgen um fünf Uhr die Hälse umzudrehen. Sogleich wird gerupft und gebraten, und spätestens um acht steht das Mahl fixfertig auf dem Herd. Steht auf dem warmen Herd, bis mittags um zwölf Uhr serviert wird: Hühnerbraten hart und trocken, daß man husten muß.»
«Das wäre der dritte Erstickungstod – klingt nach Kriminalroman!» stellt Martin fest, den's selten kümmert, was auf seinen Teller kommt.
«Einmal – es ist schon lange her», erinnert sich der Expeditionschef, «habe auch ich mein Glück in der Küche versucht. Ein Gast war aus Baghdad gekommen und hatte uns zwei prächtige Blumenkohlköpfe zum Geschenk gemacht. Das bedeutete eine große Sensation; denn damals, ohne Auto und ohne erreichbaren Markt, kam nur selten frisches Gemüse auf den Tisch. Durch all die Monate gab's Linsen und gedörrte Bohnen...
Also beschloß ich, zur Feier des Tages selber zu kochen. Ziemlich bald fand ich in der herrschenden Düsternis einen passenden Topf, setzte ihn mit Wasser gefüllt aufs Feuer und legte den kostbaren Kohl hinein. Nach der gebührenden Zeit sollte die Sache geprüft werden, und ich bat den Koch um eine Gabel. Doch in der ganzen Küche existierte keine Gabel. Kadhim wunderte sich sehr über meine Ratlosigkeit, steckte seinen Finger in den ersten Kohl, dann in den zweiten Kohl und verkündete strahlend: ‹*Mistwî* – sie sind weich!›

Früher gab es noch keinen Tisch in der Küche. Wozu auch? Unser Koch kauerte auf dem Boden, um auf einer alten Zeitung den Blätterteig zu einem Gebäck zu kneten, welches ‹Klosettdeckel› genannt wurde. Doch der Fortschritt kam auch zu uns in die Wüste, und mit ihm ein Küchentisch. Kadhim war auf die neue Errungenschaft ungeheuer stolz! Ja, und als ich ihn daraufhin in der Küche besuchte, thronte er höchstvergnügt auf seinem neuen Tisch und knetete Teig. Als Unterlage diente ihm dieselbe alte Zeitung...»

Um die Zikurrat

Von Norden her lief er auf den Turm zu.
Sie sind schon früh draußen bei dem kleinen Hügel gewesen, wo die Grabungsarbeiten begonnen haben. Und dann hat der alte Archäologe ihm die Mauer gezeigt. Die Stelle bei den Dünen, wo er am tiefsten zu den Fundamenten vorgedrungen war. Ein großer Augenblick für Thomas. Gilgameschs Mauer, zugeweht mit Sand. Und von der Mauer im Norden lief er zurück zum Turm, der sich weithin sichtbar im Süden über die Ruinen erhob. Der Weg durch die von Wadis zerfressene Mondlandschaft des einstigen Stadtgebietes war lang und mühsam, weil die Füße im feuchten, salzhaltigen Boden versanken.
Nun geht er zwischen Tempelmauern rund um die Zikurrat, sie von allen Seiten zu betrachten. Das hat er schon gestern getan und auch vorgestern, ohne hinaufzusteigen. Dieser zentrale Bau des Eanna-Heiligtums erscheint ihm nicht eigentlich turmhaft. Mehr breit als hoch ist der Hügel, durch Jahrhunderte – Jahrtausende verwittert. Wind und Winterregen und die Archäologen sind hier am Werk gewesen. Verwittert, doch eindrucksvoll steht

die Silhouette vor dem tiefen Horizont der Wüste. «*E-anna, Haus des Himmels*» las Thomas irgendwo...
Löcher sind in diesen Mauern, gleich großen Toren die einen und die andern klein wie Schießscharten. Und dort auf halber Höhe bewegt sich etwas in einem mittelgroßen Loch. Ob die Zikurrat bewohnt ist? Nichts davon gehört. Beduinen vielleicht, denkt er, oder ein Tier.
Da, ein Pfiff – ein Ruf: «Riha...» Aufgeregt, mit lichtbefiederter Rute fegt die falbe Slugi-Hündin den Hügelhang hinunter. Zum Beg, der dort steht.
«Kommen Sie mit – vielleicht können wir von oben das Wasser und die Spiegelung von Larsa sehen!» fordert der Expeditionschef seinen Gast auf. Die Hündin bemerkt, daß ihr Meister den Weg fortsetzt, und läuft zu dem Loch zurück.
«Was mag sie dort wohl suchen; gibt es Räume in der Zikurrat?» fragt Thomas.
«Nein, der Bau ist massiv und hat keine Innenräume. Riha interessiert sich lediglich für die Hyäne, die dort oben residiert. Sie sehen die vor der Höhle verstreuten Knochen... Ursprünglich war dies ein sogenanntes ‹Ankerloch›; wir fanden noch Reste von Schilftauen darin, die durch das ganze Massiv liefen.»
«Taue aus Schilf in dem Lehmziegelbau... Wozu?» fragt der junge Mensch verständnislos.
«Als Architekt wird Sie die Konstruktion interessieren! Was haben Sie über Statik gelernt?» Streng wie im Examen klingt das.
«Nun – ich – ich denke – schon eine ganze Menge...»
«Gut, sehen Sie sich das einmal genau an – diesen massiven Bau aus luftgetrockneten Ziegeln, und bedenken Sie, daß er schon gute fünftausend Jahre da gestanden hat und noch immer steht!»
«Eigentlich müßte ja das ganze Massiv unter dem eigenen Gewicht längst geborsten sein...», überlegt Thomas.
«Wenn es nicht armiert gewesen wäre!»

«Im dritten vorchristlichen Jahrtausend – welche Armierung hätte durch so lange Zeit bestanden?»

«Dort oben sieht man's noch deutlich...» Sie steigen höher zur Südflanke der Zikurrat, wo eine Kante heruntergestürzt ist und die Ziegelschichten wieder deutlich zutage treten. Und was dazwischen liegt.

«Stroh!» ruft Thomas verblüfft.

Der Beg lacht leise. «Die Araber haben uns erzählt, daß sie diese Zikurrat *El-Buwêrye*, die Stroherne, nennen. Weil eben Stroh – genauer: Schichten von Schilf, die Armierung gewesen waren.»

Respektvoll berührt Thomas die harten grauen Halme: «Ob von unseren herrlichen Eisenbetonkonstruktionen wohl im Jahre siebentausend noch so viel übrig sein wird?»

«Schon möglich, daß wir nicht so genial sind, wie wir glauben.»

«Wie lag nun das Schilf im Aufbau?»

«Im unteren Teil fanden wir erst geflochtene Schilfmatten, darüber Ziegelschichten und wieder Matten; so viermal in ein bis zwei Meter hohen Abständen. Was Sie hier sehen, sind Lagen von kreuzweise übereinanderliegenden Schilfstengeln. Wobei die oberen losen Schichten zum Bau König Schulgis gehören und die tieferliegenden Schilfmatten in die Zeit von dessen Vater Urnammu, der im zwanzigsten Jahrhundert vor Christus die Zikurrat erneuert hat.»

«Urnammu – der kleine Korbträger im Museum?»

«War in diesem Land ein mächtiger König!»

«Aber wie konnten Sie erfahren, daß es dieser Urnammu gewesen ist, der hier gebaut hat, und nicht sein Sohn Schulgi oder einer von all den anderen Königen?»

▶

Sobald eine Mauer von den Arabern freigelegt und präpariert ist, kann die eigentliche *Arbeit des Archäologen* beginnen: Photographieren und Zeichnen, Ausmessen und Nivellieren. Hier trägt der Architekt die gemessenen Zahlen auf das Blatt ein, welches sein kleiner Assistent für ihn bereithält.

«Er hinterließ uns nicht nur jene kleine Bronzefigur mit der steinernen Gründungsurkunde, sondern auch seinen Stempel auf Tausenden von Bauziegeln!»
«Wie jener unter der Tür meiner Kammer...»
«Auf diese Weise pflegten sich die Herrscher damals zu verewigen, was uns heute sehr nützlich ist. Denn der Stempel trug den Namen des Königs und des von ihm regierten Reiches mit einer Widmung an die Göttin. Urnammus Stempel wurden nicht nur in Uruk gefunden; auch in Nippur, Larsa und Lagasch zeugten sie von der Macht dieses großen Bauherrn, des ersten und glanzvollsten Königs der dritten Dynastie von Ur.»
Sie steigen das letzte Stück hinauf zum Turm. Die Hündin ist vor ihnen dort, erwartungsvoll, die Nase im Wind. Ihre hochbeinige Gestalt mit dem leichtgeschwungenen Rücken scheint aus der weiten Landschaft herausgewachsen.
«Wie schön sie ist!» sagt Thomas, obwohl er eigentlich für die schrecklich dünnen Windhunde nie viel übrig hatte.
«Wußten Sie, daß der Slugi zu den ältesten Hunderassen der Welt gehört? In einem Grab von Eridu aus dem vierten vorchristlichen Jahrtausend entdeckte man neben dem menschlichen Skelett dasjenige eines Tieres; wie es sich dann erwies, waren es die Überreste eines Slugi. Die erstmals aufgefundene gemeinsame Bestattung von Herr und Hund verlieh dieser Rasse eine besondere Bedeutung. Eine Bedeutung, die sich offensichtlich in diesem Land bis heute erhalten hat. Noch erstaunlicher bei den Arabern...»
«Wenn es Mohammedaner sind, müssen Hunde ihnen doch als unrein gelten?»
«Nur der Slugi macht da eine Ausnahme – jedenfalls in der Wü-

◀
Ungezählte Stunden verbringt der Archäologe mit Maßstab und Zeichenbrett in der Ruine, um die freigelegten Mauern Ziegel um Ziegel aufzunehmen; eine minuziöse Arbeit, die vor allem bautechnische Beobachtungsgabe erfordert.

ste. Der Beduine braucht ihn zur Gazellenjagd, füttert ihn mit den schönsten Leckerbissen und läßt ihn sogar neben sich im Zelt schlafen, was bei einem anderen Hund undenkbar wäre.»
Riha ist schon wieder davongejagt und setzt mit unvergleichlicher Schnelligkeit über Hügel und Gräben – wohl auf einer neuen, erregenden Fährte.
«Jetzt kann man im Westen bis zum Euphrat sehen!» Der Beg beschattet seine Augen, sich nach Osten wendend: «Und dort – die schwebende Insel – Larsa, widerspiegelt als Fata Morgana!»
«Uruk zwischen Euphrat und Fata Morgana...», denkt Thomas, «und was ist mit Larsa?»
«Unsere alte Nachbarstadt – *Tell* –, Ruine auch sie.»
«Liegt sie am Tigris?»
«O nein – bis zum Tigris ist es noch sehr viel weiter. Aber das war nicht immer so. Durch die Jahrtausende haben die beiden großen Ströme ihr Bett mehrmals verlassen und neue Wege genommen.»
«Und die Städte blieben auf dem Trockenen?»
«So scheint es. Die alten Städte des Zweistromlandes müssen am Wasser gelegen haben; noch immer können wir die früheren Flußläufe in der Wüste verfolgen. Besonders bei tiefstehender Sonne, wenn jede geringste Unebenheit Schatten wirft, erkennen Sie zuweilen die Kanäle eines wunderbaren Bewässerungssystems und oft sogar die Gemarkungen der einstigen Felder.»
«Damals...» Thomas blickt über die weite vegetationslose Fläche und dann auf den Mann, der da redet, so selbstverständlich, als habe er gestern erst hier gepflügt. «Wenn das Land tatsächlich so fruchtbar war – warum wird es heute nicht mehr bebaut? Euphrat und Tigris bringen doch vermutlich nicht weniger Wasser zum Persergolf als früher?»
«Daran sind die veränderten Flußläufe schuld und die von den Menschen vernachlässigten, durch Generationen versandeten Kanalanlagen; und da gibt es noch ein anderes, schwer zu lösendes Problem: Salz. In diesem nahezu flachen Land ziehen die

Ströme nur träge dahin und bewegen sich im Sommer oft kaum mehr. Der Irak gehört zu den heißesten Gebieten der Erde. Das Wasser stagniert, und mit der starken Verdunstung wird der Salzgehalt immer konzentrierter. Damit versalzt auch der Boden, und die Pflanzen verkümmern, manchmal sogar die Palmen mit ihren tiefreichenden Wurzeln.»

«Läßt sich denn heute, mit modernen Methoden nichts gegen die Versalzung tun?»

«Moderne Methoden?» Vergnügt blitzen die hellen Augen unter buschigen Brauen. «Im Gegenteil! Hier haben sich ausnahmsweise einmal die ratlosen Techniker mit den Archäologen zusammengetan – um die alten Kanalanlagen und Dämme freizulegen.»

«Was sollen die biblischen Einrichtungen im zwanzigsten Jahrhundert?»

«Man möchte daraus erfahren, wie es die Leute früher gemacht haben, weil alledem heute nichts Besseres entgegenzusetzen ist.»

«Mit unserer ganzen raffinierten Technik...?»

«So sieht es aus. Selbst Ziegel werden biologisch unter die Lupe genommen, um nach Samen von Pflanzen zu forschen, die möglicherweise auch in salzhaltiger Erde gedeihen.»

«Phantastisch! Dann wird sich vielleicht doch die Lösung finden – eine Zauberformel, um das Paradies ins Zweistromland zurückzubringen!» meint Thomas voll grüner Illusionen.

Aber noch ist das Land leer; nur die Hügel sind da, die Ruinen der alten Städte: Nippur – Schuruppak – Larsa – Lagasch – Ur – Eridu...

«Und Uruk war wohl die größte von allen?»

«Zweifellos war Uruk eine der größten sumerischen Städte», erwidert der Archäologe, «und hat die sumerische Zeit noch um Jahrtausende überlebt. Indessen veränderte sich ihre Bedeutung mit den Dynastien, und nicht immer war das ganze Stadtgebiet besiedelt. Auch die Wohnquartiere verschoben sich periodisch, und wir müssen annehmen, daß die Stadtmauer Gärten mit eingeschlossen hat, wenn wir den Keilschrifttexten glauben wollen.»

«Ja, ‹*Die Palmengärten, die Flußniederungen und das Heilige Gebiet*›, wie Gilgamesch dem Urschanabi erklärt... Und hier, wo wir stehen, lag wohl der Schwerpunkt, im heiligen Gebiet von Eanna?»

«Es war das Heiligtum der Innin-Ischtar. Alles, was Sie sehen, ist gewachsen und hat sich verändert; selbst die große Göttin wandelte sich, damit der Kult und ihre Tempel. Und die Zikurrat... Aber davon will ich Ihnen später berichten, wenn Sie mehr über urukäische Mauern erfahren haben.»

Der Beg blickt auf. Zwei große, etwas schwerfällige Vögel ziehen im Licht über der Wüste. «Enten», sagt er.

Thomas zweifelt: «Enten – was haben Enten hier zu suchen?»

«Sie wohnen in der Zikurrat.»

«Bei den Hyänen?»

«Nein, eine Etage höher.»

«Aber wie kommen Wasservögel in die Wüste...?»

«Das Wasser ist zurzeit nicht allzu weit von hier. Dort im Süden, vor El-Chidr können Sie es glänzen sehen!»

«Die Überschwemmung! Konnte ich mir einfach nicht recht vorstellen. Gibt es das jedes Jahr?»

«Wohl seit Noahs Flut. Was aber nicht jedesmal eine Katastrophe bedeutet. Die erste Flut kommt mit dem Winterregen, die zweite im Frühjahr. Die Flüsse, angeschwollen vom Schmelzwasser des Zagrosgebirges, treten im Tiefland über die Ufer und überschwemmen weite Flächen. Viele Fellachen warten auf diese einzige Bewässerung ihrer Felder, und sobald die Flut zurückgeht, beginnen sie zu pflügen.»

«Wird die Überschwemmung noch näher an die Ruinen herankommen?»

«Vielleicht. Manchmal liegt Uruk wie eine Insel im Meer. Ein Meer allerdings, das leicht zu durchwaten ist. Und zur Flutzeit

nistet fast immer ein Entenpaar in der Zikurrat. Das soll schon lange, bevor wir Ausgräber hierherkamen, so gewesen sein. Die Araber erzählten mir eine Legende von den Enten, die mit dem Fuchs ein Abkommen geschlossen hatten. Dazu muß ich erwähnen, daß der Fuchs ebenfalls in dem Gemäuer wohnt, außerdem einige Schlangen und zuoberst die Tauben...»
«Hyänen, Tauben, Füchse, Enten, Schlangen; wenn die sich nicht alle gegenseitig auffressen, müssen hier ja geradezu paradiesische Zustände herrschen!»
«Man arrangiert sich. In unserer Geschichte jedenfalls geschah das Auffressen nur teilweise. Das Entenpaar hatte jedes Jahr ein Gelege von drei Eiern. Und weil die Enten Schlangen noch mehr fürchten als den Fuchs, stellten sie diesen als Kindermädchen an. Er mußte sich verpflichten, Eier und ausgeschlüpfte Entchen zu behüten, indem er Schlangen, Schakale und anderes Getier fernhielt, und dafür gehörte ihm ein Junges.»
«So gibt es auch in Arabien einen La Fontaine!»
«Ungezählte Legenden wurden von Generation zu Generation überliefert, aber heute geht all dies allmählich verloren», meint der Archäologe bekümmert. «Bald ist das Radio im letzten Zelt zu finden; fasziniert lauschen die Beduinen der Stimme aus dem Äther, und bald wird keiner mehr dasein, der Poesie vorträgt und Märchen erzählt...»

Gespräche am Abend

Hamid schenkt den Tee ein. Der Alte mit der großen Nase und den Triefaugen hat etwas von der gütigen Fürsorge einer Großmutter und der Feierlichkeit eines Zeremonienmeisters. Er achtet streng auf die Rangordnung und kennt die Gewohnheiten der

Expeditionsleute. Der Beg wünscht seine Tasse nur halb gefüllt, und auch diese bleibt aus Vergeßlichkeit oft unberührt, was den alten Diener sehr bekümmert. Mit Sorge erfüllt ihn auch der Umstand, daß Amira keinen Zucker mag, wohingegen dieser kraushaarige junge Kerl seinen *Tschai* süßer trinkt als jeder Araber, und das will etwas heißen! Bedachtsam bringt Hamid die Zuckerdose außer Reichweite.

Thomas ist wohl der andächtigste Zuhörer bei den abendlichen Gesprächen am Kupfertisch. Nicht daß er selber da mitzureden hätte; kaum wagt er es, eine Frage zu stellen. Doch während die anderen diskutieren und die Probleme des Tages erörtern, gehen ihm viele Lichter auf in dieser für ihn noch recht fremden, dunklen Archäologenwelt.

Soviel hat er gemerkt: hier ist die Forschungsarbeit nicht sturer Ernst. Neben gewichtigen Fragen werden auch Erinnerungen ausgetauscht und Anekdoten erzählt. Oder man vergleicht die Wasserschöpfräder des heutigen Bauern mit den hölzernen Rädern, deren ächzende und knarrende Musik schon vor Jahrtausenden über dasselbe weite Land geklungen hat. Und es besteht auch eine lebendige Beziehung zwischen dem Archäologen, der von Türmen und Enten berichtet, und den Wüstensöhnen, die da singend ihre erdgefüllten Körbe von Ruinenhügeln tragen.

Amira unterhält sich mit dem Beg eingehend über eine Scherbe, welche an einer Stelle gefunden wurde, wo sie offenbar nicht hingehörte.

«Warum soll sie nicht dorthin gehören?» fragt Thomas leise den rothaarigen Assyriologen neben ihm.

«Weil die Mauer dort zweitausend Jahre älter ist als die Scherbe!» flüstert der tiefernst zurück.

«Kompliziert – was?»

Peter grinst. «Die Ausgräber würden sich entsetzlich langweilen, wenn es für sie nicht immer wieder Nüsse zu knacken gäbe!»

Das Mädchen legt die umstrittene Scherbe in eine Zigaretten-

schachtel und beginnt zu spinnen. Das hat sie bei den Wächtersfrauen im Harem gelernt. Anlaß dazu war der antike Wirtel, den sie zwischen dem Schutt fand, und Martin, für alle handwerklichen Fragen zuständig, fabrizierte ihr daraus eine Spindel, die genauso schön schwirrt wie vor einundzwanzighundert Jahren.
«Nun, Beduinenmädchen – ist das Vlies bald aufgesponnen?» erkundigt sich der Schriftenforscher.
«Ich fürchte, das wird ewig dauern», seufzt Amira, «ich wußte auch nicht, daß ein Schaf rundherum so viel Wolle hat!»
«Ein ausgewachsenes orientalisches Fettschwanzschaf ist natürlich keine Kleinigkeit; aus der Wolle werden Sie tausend Kilometer Faden produzieren...»
«Und was dann mit all dem Garn?» entsetzt sich der Photograph, der gerne alles wörtlich nimmt.
«Strick' ich Pullover für meine Beduinchen! Die frieren nachts, weil sie nichts Ordentliches anzuziehen haben. Sommer und Winter dasselbe dünne Hemd, und schlafen zumeist auf dem bloßen Boden. *Pauvres petits...*» Bekümmert kneift sie ihre Lippen zusammen, während die Spindel noch eiliger auf und nieder gleitet.
«Und wie steht es draußen beim kleinen Hügel?» wendet sich der Expeditionschef an den alten Archäologen, der mit Adnan die Grabung im Norden betreut.
«Noch immer nichts als Schichten von aufgeschütteter Erde.» Nachdenklich dreht er das Mundstück der Wasserpfeife zwischen seinen Fingern. «Der *Ustadh* meinte zwar kurz vor Feierabend unter seiner Hacke Backstein zu spüren, doch ließ ich nicht mehr weitergraben. Vielleicht erreichen wir morgen die Gruft. Außerdem...»
«Sie haben recht. Wenn einmal die Hoffnung auf einen Fund besteht, könnte es einem Schatzgräber einfallen, nächtlicherweile zurückzukommen.»
«Wir werden wohl Wachen aufstellen müssen, wenn es soweit ist...»

«Wenn es wirklich eine Gruft zu bewachen gibt, wie wir vermuten. Nur fürchte ich, daß unsere Wüstensöhne keine großen Helden sind. Vielleicht wäre es gut, wenn einer von uns mit draußen bliebe!»

Begeistert wird der Vorschlag von den jungen Leuten angenommen. Jeder möchte in der Wüste biwakieren.

«Nachtwache im Königsgrab – Verteidigung des sensationellen Goldschatzes... Ich werde mir das antike Gewehr von Hussein borgen und damit sämtliche vierzig Räuber Ali Babas in Schach halten!» verkündet der Kleine Löwe. Endlich ein Abenteuer; das ist eher nach seinem Geschmack als die dämlichen babylonischen Doppeltopfgräber.

«Mein kurdischer Krummdolch wird den Eindruck auch nicht verfehlen!» fügt der Rothaarige grimmig hinzu, «ist zwar etwas rostig, aber ich werde ihn morgen tüchtig schleifen...»

«Wäre es vielleicht nicht besser, die *Färwa* mitzunehmen, die Nächte sind kalt», empfiehlt freundlich der Baghdadi.

«Kinder, wir werden ja sehen», lacht der Beg. «Noch haben wir die Gruft nicht entdeckt und auch keinen Schatz, der uns gestohlen werden könnte!»

Thomas hat aufmerksam zugehört. Nur eine Sache wundert ihn: «Warum sagen Sie, daß die Araber nicht mutig seien? In der Wüste sind sie doch Gefahr gewöhnt...»

«Und fürchten sich im Dunkeln wie die Hühner!» meint El-Schêch maliziös über seine gurgelnde *Nargîle* hinweg. «Voriges Jahr schrien nachts unsere tapferen Wächter von Wölfen und Hyänen, die den Hof bedrohten, und als sie dann mit schußbereiter Waffe mutig um die Ecke spähten, war's unser Kater Sinkaschid, der friedlich von der Mäusejagd heimkehrte.»

Gedankenverloren streicht die Hand des Beg über den Kopf seiner Hündin, welche neben ihm auf der Bank leise im Traum japst. «Mutig die einen und die andern von der Angst verfolgt und abergläubisch. Auch über die Schlangen erzählen sie sich

sonderbare Dinge. Die Geschichte von dem Mann, den eine Schlange durchbohrt, kommt immer wieder vor.»
«Donnerwetter – ein Loch querdurch?» staunt Martin.
«Hinein durch den Magen und im Rücken hinaus, wie mit der Kugel geschossen! Beweis, daß die Sache nicht ganz stimmen kann.»
«Gibt es keine Schlangen in der Gegend?»
«Eine ganze Menge; vor allem die sehr giftigen kleinen Sandvipern. Wir haben schon einige davon ausgegraben, doch im Winterschlaf sind sie steif und ungefährlich. Selbst in der warmen Jahreszeit kommen Bisse selten vor, weil Schlangen ja normalerweise vor den Menschen das Weite suchen.»
«Warum dann die nächtliche Furcht?»
«Sie fürchten sich vor Dschinnen – und ihresgleichen! Der schlimmste Fluch ist die Blutfehde...»
«Noch immer?»
«Leider. Ein Fluch, der sich oft über Generationen erstreckt. Bevor wir mit den Ausgrabungen beginnen, gilt es solche Fehden zu beenden oder doch einen Waffenstillstand zwischen den verfeindeten Stämmen zu vermitteln, sonst hätten wir hier in den Ruinen Mord und Totschlag.»
«Gehören sie denn nicht zum selben Stamm, alle, die hier arbeiten?» wundert sich Thomas.
«Es sind sogar drei Stämme, die sich untereinander nicht unbedingt lieben: die Towbi, Dschuabir und Ghanem. Für Geld und gute Worte schließen sie dann auf drei Monate Frieden, dem allerdings nicht immer zu trauen ist. Daher müssen wir ihnen auch das Waffentragen verbieten. Natürlich trennt sich der stolze Wüstensohn höchst ungern von Dolch und Schießeisen...»
«Heute hab' ich einen Wagenschieber mit dem *Khanschar* unter seinem Mantel erwischt!» prahlt Leo.
«Diese Probleme sind komplizierter, als wir glauben, und es ist oft tragisch, was sich daraus ergibt», fährt der Beg fort. «Man müßte

mehr über Stämme wissen... Wohl am längsten sind die Towbi hier; Uruk gehört zum alten Stammesgebiet der Dschuabir.»
«Die ganze Ruine?»
«Früher wohl; heute verfügt die Regierung über Ruinen. Jedenfalls waren es die Towbi, die Loftus bei den ersten Grabungen geholfen und die berühmten Sarkophage nach El-Chidr transportiert haben. Sie gehören zu den ärmsten Stämmen des Südens, sind aber unabhängig. Einst zogen sie bis nach Innerarabien und haben dann bei einem *Ghazu*, dem traditionellen Raubzug in der saudischen Wüste, ihre Herden verloren. Die Dschuabir, seit einiger Zeit am Euphrat seßhaft, begannen schon, Äcker zu bestellen. Sie sind, so wie auch die zahlenmäßig kleinste Gruppe der Ghanem, vom Stamm der Beni-Ehtschem abhängig.»
«Wie kommt es aber zu dieser Abhängigkeit? Sind die Bewohner der Wüste nicht vollkommen frei?»
«Jeder von ihnen ist frei, könnte aber allein, auf sich selbst gestellt, nicht existieren. Er lebt in der Sippe, im Stamm, und der Stamm hat so etwas wie ein soziales Gefüge, wenn auch labil und für uns nicht leicht faßbar.
Hauptsächlich gilt es, zwischen dem Großstamm, den eigentlichen Beduinen, zu unterscheiden und den Halbnomaden, die sich '*Arab* nennen. Die *Badu* ziehen mit ihren Kamelherden jährlich oft über tausend Kilometer weit, bis in die nahezu vegetationslosen Sand- und Steinwüsten Innerarabiens. Die kleinen Stämme der '*Arab* halten Schafe, Ziegen und Esel, die, von der täglichen Tränke abhängig, nur in den Randgebieten existieren können. Die Halbnomaden bauen schon etwas Weizen an und vertauschen das Zelt gelegentlich mit einer Lehmhütte. Unsere Towbi ziehen auch zur Ernte auf die Felder der Großgrundbesitzer und bekommen dafür Brotgetreide, von dem sie das ganze Jahr über leben.»
«Gibt es auch noch Räuber in der Wüste?» möchte Martin wissen.

«Nicht offiziell. Früher galt Raub als vornehm und ritterlich...»
«Will heißen, daß man ungestraft Pferde stehlen konnte...?»
«Auch Kamele – vorausgesetzt, daß dabei die sehr strengen Spielregeln beachtet wurden!» unterstreicht der Beg. «Denn Raub war keinesfalls mit Diebstahl gleichzusetzen. Ein *Ghazu* mußte unter Einsatz von Mut, Klugheit und Leben geritten werden, wobei Frauen und Kinder unangetastet blieben. Ein großer Räuber vor Allah wurde in den Heldengeschichten besungen und selbst vom Feind anerkannt. Sich jedoch kampflos etwas anzueignen, etwa ein entlaufenes Herdentier, hätte als Diebstahl gegolten, zur Schande für den ganzen Stamm.»
«Geraten sich die umherstreifenden Nomaden nicht auch anderweitig in die Haare, etwa im Frühling um eine fette Weide?»
«Sie ziehen nicht so planlos durch die Wüste, wie es scheint. Jeder Stamm hat seine Sommer- und Winterweideplätze und überlieferte Rechte auf bestimmte Brunnen. Der Beduine kennt die Grenzen seiner *Dirah* sehr genau. Was nicht ausschließt, daß diese Gebiete sich oft überschneiden und befreundete Stämme zu verschiedenen Zeiten dieselben Weiden und Wasserstellen benützen. Aber wehe, wenn es sich um einen feindlichen Stamm handelt...»
«Da hat sich schon manch erbitterter Kampf abgespielt. Wie damals bei den Budûr, den Todfeinden unserer Towbi!» erinnert sich der alte Mann.
«Worum ging es da?»
«Um ein Stück ganz und gar vegetationsloser Wüste. Und seither herrscht Blutfehde.»
«Was geschieht, wenn nun ein Towbi in die Budûr-*Dirah* reitet?»
«Er muß riskieren, erschossen zu werden. Den Blutfeind zu töten ist Ehrensache; der friedlichste Araber hat hier keine andere Wahl. Er muß seinen Bruder rächen und ist dabei fast sicher, daß er selbst oder einer seiner Familie das nächste Opfer sein wird. Die Ehre zu verlieren wäre schlimmer für ihn.»

«Ist denn einer Blutfehde niemals ein Ende gesetzt...?» Amira hat die Spindel sinken lassen.
«Da ist oft die Rede von den sieben Jahren – doch Sieben gilt als unbestimmte Zahl... Wenn der Vater getötet wurde, bekommen die unmündigen Kinder seine Waffen!»
«Damit sie ihn rächen?»
«Und es ist nicht nur symbolisch gedacht!» wirft Peter, nun ernst geworden ein. «Faisal erzählte mir von einem Stamm im Süden, wo die Blutrache alle Männer einer Sippe gefordert hatte. Ein zwölfjähriger Junge blieb als einziger übrig. Auch er hatte die Waffen seines Vaters bekommen. Und er schleppte, so klein er war, ständig das Gewehr mit sich herum. Es muß im vorigen Monat gewesen sein; er stand bei den Schafen auf der Weide, als plötzlich seine Mutter rief: dort reitet der Mörder deines Vaters! Ohne zu zögern, riß der Junge sein Gewehr hoch und erschoß den Mann.»
«Das ist doch unmenschlich!» ruft das Mädchen. «Kann denn niemand etwas dagegen tun? Die Regierung muß diese sinnlosen Fehden verbieten!»
«Die Regierung hat es wohl verboten. Auch das Waffentragen. Aber in der Wüste reicht ihr Arm nicht weit; die herumziehenden Nomaden sind schwer greifbar. Und wenn schon: ein stolzer Wüstensohn geht lieber ins Gefängnis, als seine Ehre im Stamm zu verlieren. Es gibt nur eine Möglichkeit der Beilegung: Blutgeld. Die Familie des Opfers fordert eine hohe Summe als Sühne, in der Regel eine beträchtliche Anzahl von Herdentieren. Und oft wird versucht, durch eine Heirat zwischen Angehörigen der beiden Stämme den Frieden zu sichern.»
Über den Beduinengesprächen ist es spät geworden. Amira windet das letzte Stück gesponnener Wolle auf die Spindel, und Hamid beginnt geräuschvoll, die Tassen wegzuräumen. Ein unmißverständliches Zeichen, daß er gedenkt, Feierabend zu machen.
«Ich habe noch zu zeichnen», verabschiedet sich der Beg, und Ri-

ha springt von der Bank. Jeder hat noch etwas zu tun. Martins Filme liegen noch im Fixierbad, das Inventarbuch wartet auf die Französin und die deutsche Grammatik auf den Baghdadi. Und etliche Briefe wollen außerdem geschrieben werden.
Auch Thomas steht bald in seiner Kammer. Noch immer verwirrt von all dem Neuen, blickt er sich um in dem Raum, der aus dem warmen Lichtkreis der Petrollampe und dunklen Ecken besteht. Tisch, Stuhl, Bett und vier Wände, deren Ziegel Königsstempel tragen. Klösterlich, für die Arbeit gedacht und für verdiente Ruhe.
Doch da, auf der gelben Bettdecke, liegt etwas Dunkles. Nicht seine Jacke. Es streckt sich – schwarzes Fell mit Pfoten. Der Kater Sinkaschid.
«Du bist also der berühmte Araberschreck und hast dir heute mein Bett als Ruhestatt ausgesucht», meint der junge Mensch respektvoll. Das Tier verharrt, eine Tatze ausgestreckt bis zu den Krallen und die andere eingezogen, starrt ihn aus großen, gelbumrandeten Pupillen an. Augen von einer fast unheimlichen Tiefe – sie scheinen in diesem Moment den ganzen Raum zu beherrschen. Dann werden sie wieder zu schmalen Schlitzen und schließen sich. Die Pfote bleibt lässig ausgestreckt, aber man sieht die Krallen nicht mehr. Sinkaschid geruht, Thomas einen Teil seines Lagers zu überlassen. Und draußen bellen die Hunde.

Die Nachtwache

Es dauerte doch länger, als man gedacht hatte.
Zwei weitere Tage gruben sie in den Hügel, trugen endlose Körbe mit Erde heraus. Immer tiefer durchschnitt der Graben den Tumulus im Norden der Stadt. Fünf Meter – sieben Meter unter der

Kuppe – noch immer nichts als Lehm. Schon war das Niveau der Wüste nahezu erreicht. Warum haben Menschen in dieser grenzenlosen Fläche einen Hügel aufgeschüttet? Man mußte weitergraben. Tiefer.
Und dann? Was würde man finden? Das Skelett eines namenlosen Königs, eines Kriegers? Und wenn nichts mehr unter dem Hügel lag? Thomas steckte voller Fragen, während er den *Sambâlen* beim Erdetragen zusah und dem *Ustadh*, der wieder seine Hakke nahm und die Spitze behutsam tiefer dringen ließ. Noch tiefer. Er hatte begonnen, die andern beim Grabungsdienst abzulösen, machte Kontrollen und trug Funde in das Buch ein, exakt mit Angabe des Planquadrats. Und all dies war gar nicht so kompliziert, wurde bald Selbstverständlichkeit. Gehörte er schon ein wenig dazu? Zu den Ruinen in der Wüste und zu den Ausgräbern. Und wenn – wohin sollte es führen? Er war ein Außenseiter, hergelaufen...
«Die Gruft – wir haben die Gruft!» Adnan rief es, und der sanfte Baghdadi war ausnahmsweise aufgeregt. Siebeneinhalb Meter unter der Hügelkuppe lag die Gruft aus Backstein. Nun wuchs die Spannung, und selbst die *Sambâle* wanderten mit ihren Körben schneller hin und zurück.
«Ein verhältnismäßig junges Grab», vermutete El-Schêch.
«Was bedeutet in Uruk jung?» fragte Thomas verwirrt.
«Bedenken Sie zwei oder zweieinhalb Jahrtausende, wenn man daneben siebentausend Jahre tief gräbt...», lächelte der alte Mann.
Die Gruft lag noch unberührt. Der Eingang war zugemauert und sorgsam mit Gips verputzt. Man konnte ihn an diesem Tag nicht mehr freilegen. Leo und Adnan wurden zur Nachtwache bestimmt und zwei Stammesleute der Dschuabir. Aber offensichtlich gab es keine Abenteuer zu bestehen, und die beiden jungen Ausgräber gaben zu, daß sie unter ihren Fellmänteln ausgezeichnet geschlafen hätten.

Postament und Krüge
in der Gruft des Hügelgrabes

Endlich lag der Grabeingang frei. Bedachtsam taten der Beg und der alte Archäologe, was zu tun war. Jedes Detail mußte gemessen, aufgenommen und photographiert werden, bevor man die dünne Wand aufbrach. Dumpf polterten die Ziegel in die dunkle Gruft, einen kleinen Raum, in dem kein Mensch aufrecht stehen konnte. Die Augen gewöhnten sich ans Dunkel, vermochten aber keinen Glanz zu entdecken. Keine Schätze, weder Gold noch Lapislazuli, nicht einmal ein Skelett war vorhanden.
Lediglich Verputzreste lagen über den Boden verstreut, wohl von Gewölbe und Wänden gebröckelt. In der Mitte erhob sich ein Sockel, von einer schwarzglänzenden Asphaltschicht bedeckt; darüber weiße Asche. Wahrscheinlich von Blumen, meinte der Beg. Außerdem standen da drei Tonkrüge, auch diese mit Asche gefüllt – mit der Asche verbrannter Leichen, wie es sich herausstellte. Kalzinierte Knochenreste erbrachten den Beweis. Dies erstaunte die Archäologen am meisten, weil in Uruk bisher noch nie eine Feuerbestattung gefunden worden sei.
Noch immer durfte keiner die Gruft betreten. Sorgfältig untersuchte der Forscher nochmals Staub und Asche und entdeckte darin Fragmente von Blattgold und Spuren von Holz und Geweben; das Grab mußte kostbar ausgestattet gewesen sein. Bückte er sich nicht plötzlich tiefer, als gälte es da noch etwas genauer zu betrachten? Doch dann wandte er sich ab und trat wieder heraus. Geblendet vom Licht der Wüste.

Er befahl, Meßgeräte und Zeichenbrett zu bringen, und verbrachte den Rest des Tages mit minuziösen Bestandsaufnahmen. Darauf wurde die zweite Nachtwache bestellt: der Assyriologe, der übrigens seinen wunderbaren Dolch vergaß, und Thomas. Außerdem Faisal, ein Meister, und dessen Sohn Naim.
Thomas bekam vom Beg den riesigen Schaffellmantel geliehen und fühlte sich damit schon recht bedeutungsvoll. Zudem noch mit Wolldecken ausgerüstet, zogen sie nach dem Abendessen vergnügt zu ihrem Biwak hinaus. Die Araber hatten zwischen den Lehmwänden ein Feuer angezündet, und es sah wundersam aus, wie der Hügel von innen beleuchtet in der Dämmerung lag.
Leo war noch da, froh, abgelöst zu werden; denn er hatte Hunger. Schien überhaupt schlechter Laune. «Ich sehe nicht ein, was wir unsere Zeit hier mit Wachen vertun, wo es in der Gruft nichts weiter als Töpfe voller Asche gibt!» murrte er, bevor er zum Expeditionshaus zurückging.
Es wurde rasch dunkel. Faisal erbot sich, Tee zu kochen, und Naim holte den Wassersack. Die beiden schienen an alles gedacht zu haben; ein verrußter Teetopf war vorhanden, auch Zucker und die kleinen arabischen Teegläser. Thomas wunderte sich, wo sie wohl das Brennmaterial aufgetrieben hatten; so weit er sah, wuchs kein Strauch. Drüben, bei den Brunnen von Hassíye, mußte es besser sein, aber dort war er noch nicht gewesen.
Peter lehnte behaglich rauchend am Grabeingang, seine langen Beine auf die Färwa gestreckt. Er bot auch seinen Begleitern Zigaretten an. Die beiden Araber wollten aber erst den Tee fertig kochen, was übrigens erstaunlich lang zu dauern schien. Obwohl das Wasser längst brodelte, wurde der Topf immer wieder ins

▸

Während er zeichnet, erstehen die großen Tempel von Uruk wieder vor den Augen des Archäologen. Das Bild zeigt einen *Grundrißausschnitt des freigelegten Tempels C.* (Vgl. Zeichnung S. 210.) Erbaut um die Wende des vierten zum dritten vorchristlichen Jahrtausend. (Aufnahme Warka-Expedition)

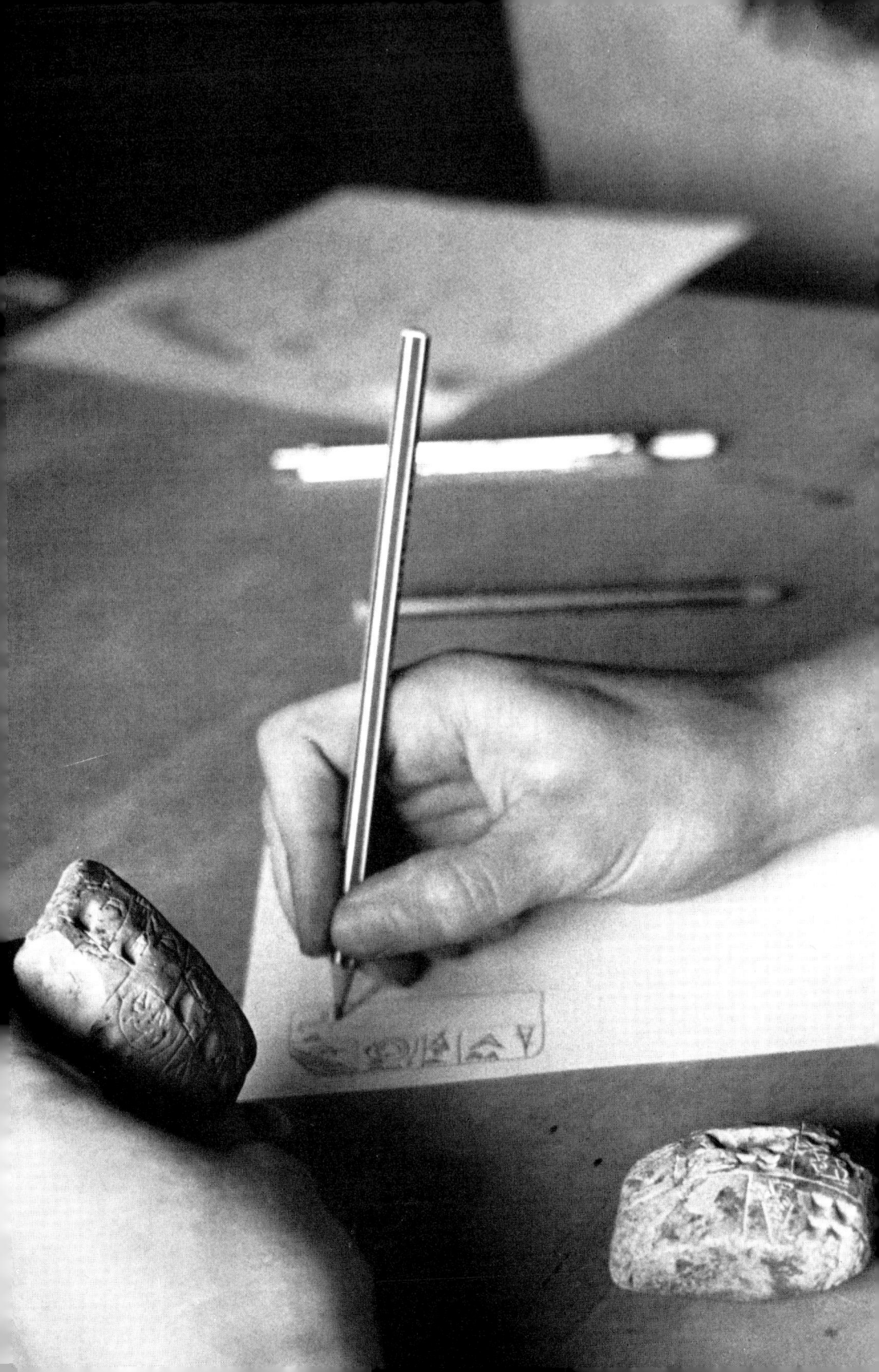

Feuer gestellt. Und das Teekraut kochte mit, eine bittere Vorstellung! Doch diese Bitterkeit wurde alsdann mit Zucker aufgewogen, das halbe Gläschen voll davon. Thomas schauderte, und als Naim ihm das Gebräu reichte, nippte er sehr vorsichtig daran. Es schmeckte gar nicht so schlecht, und er ließ sich gleich nachfüllen. Der Rothaarige war schon beim dritten Glas. Faisal und Naim hatten sich an der gegenüberliegenden Lehmwand niedergelassen, schlürften Tee und rauchten schweigend. Das Feuer warf seinen zitternden Schein auf die beiden Gesichter. Das des Vaters mit der schmalen, nur leicht gebogenen Nase, der charakteristischen tiefen Falte unterhalb der Backenknochen bis zum Kinn und den starken Lippen sah nicht so aus, als ob dieser Mann sich nachts in der Wüste fürchte. Der Sohn hatte noch kindlich weiche Züge und weit auseinanderliegende Augen. Fast immer strahlten diese Augen, und der Junge schien überhaupt von einer unverletzlichen Heiterkeit. Und doch, wie Thomas bemerkt hatte, einer von denen, die sich am meisten einsetzten. Aber auch die Arbeit schien für Naim nicht mühevoll – mehr Freude am Tun, Ausdruck seines Lebensgefühls.

War der junge Mensch berauscht von dem starken Tee, vom Duft des Reisigfeuers, von der stillen Nacht, die nun den Grabhügel dicht umhüllte? Seit er vom Euphrat her nach Uruk kam, hatte die Welt für ihn alle Realität verloren. Wunschlos einerseits und erfüllt von seiner neuen Umgebung, und gleichwohl oft von einer unbestimmten Angst befangen, wußte er nicht, wo alles hinführen, wie sein Abenteuer enden sollte.

◀

Wertvollste ergänzende Forschung zur Archäologie leistet der *Assyriologe* mit dem Entziffern der Keilschrifttexte. Jede dieser brüchigen Tafeln aus zumeist ungebranntem Ton muß zuerst behutsam gereinigt, dann gebrannt und schließlich, um ihm das zersetzende Salz zu entziehen, noch gründlich gewässert werden. Erst jetzt kann der Schriftexperte mit Kopie und Transkription der geheimnisvollen Zeichen beginnen.

Es gab aber auch Momente wie diesen hier am Feuer mit dem Europäer und den beiden Arabern, da er nicht mehr fragte, einfach da war und dem fremden Boden verwurzelt, wie ein Tamariskenstrauch.
Peter unterhielt sich mit Faisal und Naim. Er spricht gut Arabisch, das hat er schon an der Universität gelernt. Nur sei es nicht mehr ganz die Sprache des Korans, was die hier im südlichen Irak reden. Thomas verstand jedenfalls nichts von dem Gespräch. Doch da wandte sich der Assyriologe an ihn: «Die Leute fragen, ob du in Uruk bleibst oder wieder weiterziehen wirst?»
«Ich bleibe hier!» antwortete Thomas mit einer Bestimmtheit, die ihn selber überraschte; denn über diese Frage war er sich bisher noch nicht klargeworden.
Der andere gab die Antwort weiter und die Araber nickten. «*Tamâm!*» sagte Faisal, und Naim lächelte, wie es wohl nur ein Kind der Wildnis vermag. Thomas war dankbar für dieses «*Tamâm*». Als der Teetopf leer und das Feuer heruntergebrannt war, bestimmten sie den Meister zur ersten Wache und streckten sich unter ihre Fellmäntel. «Nur über meine Leiche...!» schwor Peter vor dem Eingang der Gruft und schob sich in Ermangelung eines Kopfkissens die Schuhe in den Nacken. Thomas lachte leise und sah, daß mittlerweile der Mond aufgegangen war. Außerhalb des Hügelschattens leuchtete die Wüste unwirklich weiß. So hell, daß er sich die Färwa über die Augen zog. Da war es gut und warm wie in einem Zelt und roch ein wenig nach Schaf.
Er erwachte, als der Araber neben ihm das Gewehr entsicherte. Der Mond stand jetzt direkt über dem Hügel. Nufedji ragte gespenstisch, aus Schlagschatten in die lichte Nacht gebaut. Der Patriarch.
Naim hatte wohl mittlerweile die Wache übernommen und stand draußen, das Gewehr unter dem Arm. Nun trat Faisal neben ihn; sie verharrten unbewegt. Was zum Teufel bedeutete das? Thomas mochte den Gefährten nicht wecken, der noch im-

mer friedlich unter seinem Fell lag. Auf den Socken lief er hinaus.
Nun sah er die Kamele. In einer Reihe schritten sie, fünf beladene
Tiere. Ein langgewandeter Mann ging voraus, und ein zweiter
zockelte mit komischer Eile hinter der Karawane her.
Faisal rief sie an.
Einer antwortete. Der eigenartig hohle Ruf hing da in der Stille,
solange ein Atemzug währt. Vermutlich gehörten diese Kamelführer nicht zum feindlichen Stamm der Budûr; denn Faisal und
Naim machten keine Anstalten zu schießen. Sie riefen noch etwas
in die Nacht hinaus, was mit «Allah» endete, und wieder kam
eine Antwort, die friedlich klang. Dann zog die kleine Karawane
weiter.
Verdammt – wenn er doch diese Sprache verstünde, fluchte er.
Konnte nicht einmal herausfinden, wer die nächtlichen Wanderer waren, woher sie kamen und welches ihr Ziel war... Peter
mußte ihm unbedingt ein paar Brocken Arabisch beibringen!
Damit schlief Thomas unter seinem schweren Fellmantel weiter.
Er träumte den Traum von der Mauer. Einen Traum, dem er in
verschiedenen Variationen durch Jahre immer wieder begegnet
ist. Immer wieder diese Situation; einmal war es eine Felswand,
an die er sich klammerte, dann der Rand eines Hausdachs oder
ein Kirchturm. Aber niemals stand er oben, sondern hing. Er
hing vor dem drohenden Fall und kämpfte verzweifelt, während
die Kraft ihn verließ.
In dieser verrückten Mondnacht mußte es die Stadtmauer von
Uruk sein, an die er sich krallte – eine gewaltige, ins Unermeßliche wachsende Mauer aus sehr brüchigen Lehmziegeln. Unter
ihm der Festungsgraben, gleich einer unergründlich schwarzen
Schlucht. Und wie zuvor an Felsen, Hauswänden und Kirchtürmen, suchte er sich an der Mauerkrone festzuhalten, aber die Ziegel bröckelten ab und wurden zu Sand unter seinen Händen. Er
griff in den Sand und versuchte zu rufen, doch niemand hörte
ihn. Obwohl sie oben auf der Mauer standen: Der Beg, der alte

Mann, der statt seines Stocks einen Spaten in der Hand hielt, dann der Assyriologe, dessen rote Haare in der Sonne brannten. Auch Vater war da, irgendwie nebelhaft und nur halb so groß wie die andern.

Im Traum selbst erinnerte er sich all der früheren Träume – wußte, daß niemand ihm helfen konnte, und ließ sich fallen. Während er fiel, rieselte mit ihm noch mehr Sand herab, und er sah, daß neben den Lehmziegeln in der Mauer ein heller Stein zum Vorschein kam – ein weißleuchtendes Gesicht mit großen, wunderbar geschnittenen Augen. Die Menschen waren verschwunden. Er sah nur noch das Gesicht der Unbekannten – noch lange leuchtete es, während er fiel – schwerelos ins Dunkel fiel.

Lehmverschmiert erwachte er unter dem Schaffell. Die Sonne war da. Peter, damit beschäftigt, seine Brille zu putzen, lachte ihn aus. Die Araber schürten ein sympathisches kleines Feuer, und der Teetopf stand im knisternden Reisighaufen.

«Du hast geschlafen wie ein Maulwurf, während wir wachten und die Räuber fernhielten!» prahlte Thomas, sobald er sich aus seinen Decken geschält und der nächtlichen Ereignisse erinnert hatte.

«Warum sollte ich mich stören lassen, wenn friedliche Muntefik-Beduinen mit ihren Dromedaren an Nufedji vorüberziehen, so wie es eh und je Brauch gewesen ist in dieser Wüste? *I am not crazy!*» meinte der Rothaarige, gelassen seinen Tee schlürfend.

Gold und eine Scherbe

Der Archäologe hat geschwiegen. Heute betritt er die Gruft wieder und hebt eine vierte, wohl auch mit Asche bedeckte Urne auf, die hinter den Sockel gefallen war.

Und jetzt hält er den Kranz in seinen Händen. Den fürstlichen Totenkranz aus purem leuchtendem Gold! Er ist aus goldenen Olivenzweigen geflochten, jedes Blatt naturgetreu nachgebildet, und dazwischen glänzen kleine Früchtekugeln. Es fällt schwer, zu glauben, daß dieses Kunstwerk nicht geradewegs aus der Goldschmiedewerkstatt kommt, sondern jahrhundertelang in einer Gruft gelegen hat. Aber Gold verändert sich nicht unter der Erde, während Silber sich zersetzt und Bronze oxydiert.

Bei näherem Betrachten zeigt sich, daß einige Blätter von den Zweigen abgebrochen sind; jemand muß den Kranz getragen haben. Wer war der hier Bestattete gewesen? Ein Stadtkönig von Uruk oder ein fremder Eroberer, der vielleicht hier gefallen und außerhalb der großen Mauer beigesetzt worden ist...?

Auf «fremd» scheint die Betonung zu liegen. Gold, das kostbare Material, kümmert die Ausgräber heute wenig. Sie diskutieren die handwerkliche Arbeit und vor allem das ungewöhnliche Motiv. Denn im südlichen Zweistromland wachsen keine Ölbäume. Wo also kommen die Olivenzweige her? Vom Mittelmeer? Hellenistischer Einfluß? Oder kam der Kranz aus dem Osten? Wer brachte ihn? Wann?

Der Forscher prüft nochmals all die kleinen Dinge, die da aus Staub und Asche geborgen wurden: vier vergoldete «Strigiles», wie sie die antiken Ringkämpfer vor dem Bad zum Reinigen des Körpers benutzt haben, ein Schmuckstück aus Golddrähten, drei Bronzeringe und eine Menge winziger Goldperlen. Dann die Scherben eines Vorratskruges. Nachdenklich nimmt er auch nochmals Scherbe um Scherbe in die Hand und legt sie wieder hin. Bis auf die eine Scherbe mit der Zeichnung, die ihn zu faszinieren scheint. Es ist der Abdruck eines Siegels – Mondsichel und Stierhörner –, vor dem Brand in den noch feuchten Ton geprägt. Ein bekanntes Motiv: sassanidisch!

Wieder einmal ist es eine unscheinbare Tonscherbe, die am meisten auszusagen weiß. Das Hügelgrab in der Wüste muß demnach zwischen 230 und 620 nach Christus entstanden sein. Wie der alte Archäologe vermutete, Spätzeit in Uruk, da die Stadt ihre einstige Bedeutung verloren hatte.

Kaum daß der wunderbare Fund das Sonnenlicht erblickte, ging auch schon die Freudenbotschaft von Hügel zu Hügel über das ganze weite Ruinenfeld.

«*Dhahäb* – Gold – *al-hamdu-lilläh!*» lachen die Araber. Und trotz der großen Entfernung zwischen den nördlichen Hügeln und dem Eanna-Heiligtum im Zentrum des Stadtgebietes werfen da wie dort die Arbeiter fast gleichzeitig ihre Hacken und Körbe weg und beginnen nach uraltem Beduinenbrauch zu singen und zu tanzen. Der Wind trägt ihren Gesang weit in die Wüste hinaus – vielleicht bis zum Ufer des Euphrat oder ostwärts zu den persischen Bergen. Von wo jener Fürst, der den Goldkranz trug, wohl einstmals gekommen war...

Adnan strahlt den ganzen Tag. Er freut sich am meisten über den glänzenden Fund, weil er bei der Ausgrabung mit dabei war; er wird seinen Freunden in Baghdad märchenhafte Dinge erzählen können, und das Geschmeide wird im Museum zu bewundern sein. Und alle, die das Grab bewachten, sind stolz, daß der Schatz nicht geraubt wurde. Nur, als der Beg Ma'yûf wieder einmal nach der Legende von den drei Hügeln fragt, weiß der Junge sie nicht mehr.

Hyänen

«Ein zweifelhaftes Glück!» sagt Amira und blickt bekümmert in die Tiefe. Sie sitzen zu dritt auf dem flachen Dach des Expeditionshauses, das Mädchen, Thomas und der Assyriologe. Unten zieht eine fröhliche Prozession in den Hof. Trupp um Trupp

kommen die Araber in groteskem Tanzschritt singend von der Grabung her. Sie haben heute neuen Grund zur Freude: Wochenende – Zahltag – *Flûs!*
Unter der gestrengen Oberaufsicht Ismails stellen sich die quecksilbrigen Wüstensöhne in mehr oder weniger ordentlicher Reihe vor dem offenen Tor auf, wo der Beg mit der Geldschatulle und dem großen Buch sitzt. Er ruft Namen um Namen und zählt jedem seinen Lohn in knisternden Dinarscheinen und klingender Münze aus.
Thomas wollte wissen, ob er sich noch nie verrechnet habe, bei den fast zweihundert Leuten, von denen ja wohl nicht alle – Meister und *Libn*-Jungen – gleich viel verdienten.
«Das kann immer einmal vorkommen», antwortete der Beg gelassen.
«Wenn ich einem zu wenig gegeben habe, muß ich oft lange nach dem Fehler suchen. Hat aber einer zuviel erhalten, brauche ich mich nicht zu sorgen, denn er bringt das Geld noch vor dem Abend zurück!»
«Die Pferdediebe von gestern...?»
Raub sei eben nicht dasselbe wie Diebstahl und Betrug!
Jetzt hocken die einen schon gemütlich im Kreis und zählen ihr Vermögen, um es dann sorgsam in Lederbeuteln und Blechschachteln aufzubewahren; die weniger Wohlhabenden wickeln es einfach in irgendwelche bunte Lappen. Dabei legen sie alle eine gewisse andächtige Feierlichkeit an den Tag. Geld ist ein neuer Wert, den der Araber in der Wüste früher nicht kannte.
«Was tun sie nun eigentlich mit all den verdienten Dinaren?» fragt der Neuling. «Ich meine, abgesehen von den Lebensmitteln, die sie ja wohl brauchen...»
«*Don't worry* – keine Sorge, daß die ihr Geld nicht durchbringen! Da gibt es viele Projekte», erklärt Peter mit großer Sachkenntnis. «Beispielsweise Herdentiere. Ghueli möchte sich in diesem Jahr zwei oder drei Mutterschafe erwerben.»

«Und Musa redet von einer neuen Jacke zum Ende-Ramadan-Fest, und vielleicht wird er sich sogar ein Paar Schuhe anschaffen!» weiß das Mädchen zu berichten.
«Das bedeutet sozialen Aufstieg, weil hier nur wirklich feine Leute Schuhe tragen...»
«Ja, und weil die vornehmen Schuhe offensichtlich schmerzen, trägt man sie am liebsten unter dem Arm!» erinnert sich Thomas.
«Man schont sie!» lacht Amira. «Übrigens hat der Meister Auwad mir unter dem Siegel der Verschwiegenheit verraten, daß er sich eine neue Frau kaufen werde.»
«Ist seine erste Frau gestorben?»
«Nein, die erste Frau ist nicht gestorben und auch die zweite befindet sich bei bester Gesundheit; Auwad gedenkt eine dritte Frau zu ehelichen! Was ihm als Mohammedaner niemand verwehrt.» «Bemitleidenswerte Geschöpfe... Ich dachte, die Vielweiberei sei heute nur noch bei einigen Ölscheichs in Gebrauch?»
«In der Stadt sind mehrere Frauen für einen Mann meist zu kostspielig geworden», erläutert die Französin, zuständig für Haremsfragen. «Hier bei den Stämmen sind zwei oder drei Gemahlinnen keine Seltenheit. Einerseits geht es um die Arbeitsteilung, dann aber soll auch kein Mädchen unverheiratet bleiben. Außerdem sind sie gar nicht so schrecklich zu bedauern; der Zeltherr hat nämlich im Harem nicht allzuviel zu sagen! Je mehr Frauen vorhanden sind, um so schwieriger wird seine Stellung...»
«Wie das? Er ist doch Gebieter über seine Weiber, die er für teures Geld erstanden hat?»
«Was aber kann der arme Mann tun, wenn sich zwei, drei oder in manchen Fällen vier Gattinnen gegen ihn verschworen haben?» meint maliziös die kleine Französin.
«*Well – I think* – ich werde doch lieber nicht Mohammedaner», resigniert Peter.
Im Hof unten sind die *Libn*-Jungen an der Reihe. Von Reihe kann nicht eigentlich die Rede sein; ein wilder Haufe von sich

balgenden und tanzenden Derwischen ist's, der sich da vor der Türe drängt. Bis Ismail wie ein Habicht zwischen sie fährt, eines der Bürschchen im Genick packt, schüttelt und wieder auf den Boden stellt.

Thomas mag sie, die dunkeläugigen Schelme, und hat von ihnen schon manchen Namen und auch ein paar Brocken südirakisches Gebrauchsarabisch gelernt. Wobei Peter zumeist die Haare zu Berge stehen. Merkwürdig übrigens, wie fröhlich singend die Leute herkamen und wie still, fast verstohlen, sie den Hof verlassen! Als hinge irgendein Verhängnis in der Luft.

«Was meinten Sie eigentlich mit dem zweifelhaften Glück?» erinnert er das Mädchen an seine Bemerkung.

«Sehen Sie die Männer dort draußen beim Wächterhaus?»

«Die waren schon heute Mittag da; sie sehen anders aus als unsere Araber...»

«Hyänen sind's!»

«Was bedeutet das?»

«Händler. Sie kommen zu jedem Zahltag von El-Chidr und Samawa, um bei den Stammesleuten Schulden einzutreiben.»

«Welche Schulden?»

«Die Lebensmittelschulden vieler Monate zumeist. Vor allem die Dschuabir, welche bei El-Chidr wohnen, und auch die Towbi beziehen im Basar den ganzen Sommer über Mehl, Reis, Tee und Zucker. Wir zahlen im Winter, wenn wir wieder Geld verdienen, sagen sie, und die Händler geben ihnen die Ware auf Kredit.»

«Dann ist es ja auch deren gutes Recht, das Geld zu fordern!»

«Es wäre ihr Recht, wenn... Aber es sind Wucherer, Blutsauger – *des sales filous!*» ereifert sich Amira. «Denn sie fordern für die einfachsten und lebensnotwendigsten Dinge den doppelten und dreifachen Preis von dem, was man in Baghdad bezahlt. Und unsere Leute sind hilflos, weil es für sie keinen anderen Markt gibt. Ich fürchte, Ghueli wird nicht einmal seine Schafe kaufen können...»

Auch Peter scheint bekümmert: «Es ist wirklich hoffnungslos. Wenn unsere Arbeiter bei den Ausgrabungen im Winter auch verhältnismäßig gut verdienen, so daß sie das ganze Jahr über sorgenfrei leben könnten, kommen sie doch niemals aus den Schulden heraus. Viele von ihnen haben auch noch bei den Geldverleihern geborgt, deren Wucherzinsen sich mit der Überforderung der Händler durchaus messen können. Eine Generation wird oft nicht fertig damit, und die Söhne müssen weiter die Schulden ihrer Väter bezahlen.»

Der Hof ist leer. Auch die Jungen sind davongejagt, den Hügel hinunter und in die Ebene hinaus; heim zu den Zelten, wo frischgebackenes Brot auf sie wartet. Sie machen sich heute noch keine Sorgen um morgen abzutragende Schulden.

Die Aufgabe

Von der Zikurrat her strahlen weitgeschwungene Pfauenfedern zarter Wolkentupfen über den ganzen Himmel. Es ist warm und still in den Ruinen von Uruk. Die barfüßigen Araber mit ihren Erdkörben machen wenig Lärm. Nur wenn der *Ustadh* ab und zu ein Stück harten Lehm weghackt, geht ein dumpfer Ton durch den trockenen Boden.

Und ein leiser, freundlicher Wind ist's, der manchmal etwas Staub auf dem Zeichenblatt deponiert. Fühlt sich rauh an unter den Händen. Aber Staub ist überall. Zerfallenes Gemäuer aus Staub, Staub auf dem Tisch und auf der Bettdecke. Staubgeruch überall. Ein guter Geruch. Wüste.

Da zeichnet er, der junge Architekt; zeichnet die quadratischen Lehmziegel der Seleukidenmauer auf sein Blatt, schön ordentlich einen neben dem andern, so wie die *Libn*-Jungen sie aus dem Bo-

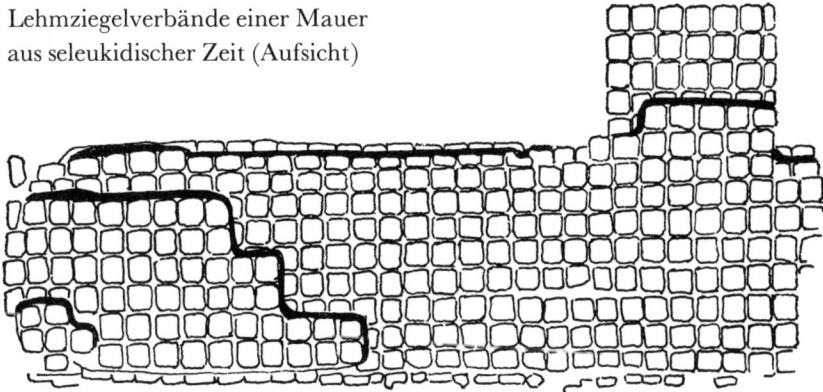

Lehmziegelverbände einer Mauer
aus seleukidischer Zeit (Aufsicht)

den gekratzt haben. Seine Aufgabe. So hat es sich ergeben, fast ganz von selbst, scheint es ihm.

«Ich brauche Sie!» sagte der Beg, «ich habe keinen, der die Mauer zeichnet, und Sie sind immerhin Architekturstudent...»

Da hat Thomas ein Blatt auf das Brett genagelt, Stifte und Maßstab genommen und zu zeichnen begonnen. Seither kommt er sich etwas weniger unnütz vor.

«Warum zeichnet man in der riesigen Ruine jeden Ziegel?» wagte er einmal schüchtern zu fragen, «es müssen Millionen sein...»

«Es ist der einzige Weg, das komplizierte Gebiet zu erforschen; nur an der Mauer selbst lernen Sie beobachten. Mit errechneten Außenmaßen erfahren wir so gut wie nichts!» Und der Beg fügte hinzu: «Vergessen Sie nicht, daß diese Stadt sehr lange gelebt hat – ununterbrochen durch viertausend Jahre. Ein Bau ist hier aus dem anderen herausgewachsen, und die Schichten liegen so dicht übereinander wie Zwiebelschalen.

Und wir tragen die Verantwortung, daß nichts, auch nicht das für uns Unscheinbare, verlorengeht. Einmal ungeschützt der Witterung ausgesetzt, zerfallen Lehmmauern rasch, auch wenn sie vorher jahrhundertelang unversehrt unter der Erde gelegen haben. Daher müssen wir sie mit dem Stift und allen uns zur Ver-

fügung stehenden Mitteln festhalten, bevor sie der Wissenschaft endgültig verloren sind.»
Darüber hat Thomas inzwischen nachgedacht.
Er zeichnet den nächsten Ziegel mit einem prüfenden Blick auf den großen schwarzweißen Maßstab, der vor ihm auf der Mauer liegt. Denn sie sind nicht alle genau gleich. Manche Ziegel haben eine abgebrochene Ecke, andere liegen schief, oder eine Fuge dazwischen ist breiter als die vorhergehende. Das muß genau festgestellt werden. Es könnte sich um eine Ausbesserung handeln, um einen Umbau der Mauer, vielleicht sogar, daß damals gerade ein neuer Stadtfürst an die Macht gekommen war...
Das hat der Beg wohl mit dem Beobachten gemeint. Und dies gelingt nur, wenn man in Ruhe dasitzt und zeichnet, Stunde um Stunde. Die verschiedenen Bauperioden können manches bedeuten: Krieg, Zerstörung, Regierungswechsel – ein Stück Geschichte. Nur ein kleines Stück vielleicht, denkt Thomas; aber eben doch ein Teil von der großen Geschichte. Eine Lücke ist gefüllt. Die Arbeit unter der steilen Sonne bekommt ihren Sinn.
Das ist noch nicht alles. Man sollte eigentlich annehmen, daß besagte Bauschichten – bei dieser Mauer allein müssen es neun Stufen sein – alle hübsch der Reihe nach und ihrem Alter entsprechend übereinanderliegen. Tun sie aber nicht. Wenn man den Fugen folgt, befindet sich plötzlich jüngeres Mauerwerk tiefer als das ältere, weil für den späteren Bau ein Fundamentgraben in die schon bestehenden Ziegelschichten eingetieft worden war. Noch schlimmer, wenn ein Baumeister keine neuen Ziegel fabrizieren ließ, sondern diejenigen seiner Vorgänger wiederverwendete...
Ein Knäuel von Komplikationen!
Und doch, je länger Thomas zeichnet, um so mehr fesselt ihn die Sache. Die ganze freie Zeit neben Zeichnen und Grabungsdienst verbringt er mit dem Lesen von Berichten früherer Expeditionen. Gott, wie trocken sind diese wissenschaftlichen Ausgräberrapporte. Aber wie ungeheuer spannend, wenn man die Pläne stu-

dieren und dann wieder hinauslaufen und die Spuren an Ort und Stelle verfolgen kann! Zuweilen verrennt er sich auch ganz tüchtig und weiß nicht mehr aus und ein. Kein Wunder bei einer so langen und intensiven Bautätigkeit auf ein und demselben Hügel. Und so wenig Erfahrung.

Achtzehn archaische Hauptschichten in Uruk sind zu einem Maßstab für die mesopotamische Archäologie geworden, weil lückenlos nachgewiesen wie nirgends sonst. Soweit ganz schön, denkt der junge Mensch; wenn es nicht daneben noch diese verflixten Unterstufen A, B, C, D und so weiter gäbe und parallellaufende Bezeichnungen, die oft dasselbe und dann wieder etwas anderes bedeuten...

Manchmal konnte der Beg helfen. Oft mahnte er zur Geduld. Thomas wagte auch nicht, immer Fragen zu stellen, die vielleicht töricht waren. Noch fühlte er sich als Außenseiter und beließ es zumeist beim Zuhören. Paßte auf wie ein Sperber, wenn sie draußen in der Grabung oder abends in der *Tschaikhâne* diskutierten, und fand manchmal mittendrin die Antwort auf eine brennende Frage.

Oder der Beg forderte ihn auf mitzukommen, dies und jenes anzusehen. Das konnte einmal Glück, dann wieder tiefe Verzweiflung bedeuten. Glück, wenn er begriff und es sich um logische, greifbare Dinge handelte; Verzweiflung, wenn er zu verstehen suchte und es ihm nicht gelang, weil vieles unsichtbar war und der Forscher in anderen Dimensionen sah und dachte.

Das Eanna-Heiligtum zu Füßen der Zikurrat bleibt für ihn ein riesiges geheimnisvolles Labyrinth. Einen Teil davon nannte der Beg selber so und gab zu, daß nur er sich darin auskennt. Dabei kam er Thomas wie ein Zauberer vor.

«Hier die Zingelmauer des Heiligtums, deren Räume von außen nicht betreten werden konnten... Und dort die Wohnung der Priesterinnen, wo unter der Schwelle die Geschmeide lagen... Im Tempelhof die Opferstätten... An dieser Stelle muß der *Abzu* ge-

wesen sein – Asphalt deutet auf eine Wasseranlage hin – wurde aufgefüllt mit Schutt aus späteren Brennöfen – auf dem Grund fanden wir noch Reste von Fischen... Und da hat es nach der großen Zerstörung von Eanna gebrannt – rätselhaftes Feuer ohne Asche...
Das Tor zum Tempel – von den Fluten des Wadi fortgeschwemmt...»
Und dann, es klang wie ein Befehl: «Sie gehen hier hinein, wenden sich zur Rechten – ohne Sicht auf den Kultraum... Sie gehen weiter – immer steht eine Mauer im Blickfeld... Dort der Altar! Drüben das Treppenhaus, wahrscheinlich Rampen, die hinaufführten zum Tempeldach, wo nach den Ritualen beim Aufglänzen der großen Sternbilder nächtliche Opfer stattgefunden haben...» So ging der Archäologe durch nicht mehr vorhandene Tore und Räume; wie ein Priester von damals durchschritt er das Heiligtum – seine Tempel. Mit hellen Augen schien er durch die Lehmhügel in die Tiefe, in eine andere, versunkene Zeit zu blicken, und die Mauern wuchsen wieder zu ihrer einstigen Höhe, in leuchtender Farbe erstand die Mosaikwand...
Der junge, unerfahrene Mensch versuchte ihm zu folgen, sich das Gewesene vorzustellen, und schwieg, wenn unter seinen eigenen Augen Lehmhügel Lehmhügel blieben; fürchtend, mit einer unvermittelten Frage eine gläserne Wand zu zertrümmern.
Dann kam es doch einmal so, daß er traurig gestand: «Ich komme mir hier wie ein Analphabet vor, niemals werde ich diese Dinge begreifen! Zeit für mich, heimzureisen und, wie Vater sagt, etwas Vernünftiges zu tun!»
Da lachte der Beg und war plötzlich nicht mehr so fern und unnahbar; er kannte solche Not: «Noch immer ungeduldig? Werden Sie bescheiden, und fangen Sie mit den Ziegeln an!»
Seither zeichnet Thomas Ziegel. «Die ganze Seleukidenmauer gehört Ihnen!» hat der Expeditionschef gesagt. «Folgen Sie der Spur Ihrer Vorgänger, die hier am Werk gewesen sind. Dann ler-

nen Sie ‹lesen›, verstehen... Außerdem», fügte er hinzu, «es ist momentan wirklich keiner da, der die Arbeit machen kann. Leo muß noch draußen den Grabhügel aufnehmen, das Mädchen hat mit Inventar und Keramik alle Hände voll zu tun, und ich weiß nicht, wie ich in Eanna fertig werde.»
Die Gewißheit, nützlich zu sein, beglückte Thomas, und seine Mauer wuchs Tag für Tag. Sie wuchs unter den emsigen Händen der *Libn*-Jungen aus dem Hügel heraus und dann nochmals auf seinem Blatt, Maßstab eins zu hundert, wunderbar sauber mit schwarzem Stift gezeichnet. Sein ganzer Stolz.
«Komm – *khalâs, baidos!*» mahnt eine sanfte Stimme hinter ihm. Naim, sein Meßgehilfe. Jeder hat hier seinen kleinen Trabanten, der Utensilien besorgt, Stative aufbaut und Meßlatten gegen den Wind hält. Nach der Nachtwache beim Hügelgrab hat es sich so ergeben, daß Faisals Sohn bei ihm diesen Posten übernahm. Fast scheint es dem Europäer, als habe der kleine Araber ihn zu seinem Meister bestimmt und nicht umgekehrt.
Die Ruinen sind tatsächlich ausgestorben. Auch Adnan, der heute Grabungsdienst hat, ist verschwunden. Wohl schon Essenszeit. Thomas steht auf und bläst den Staub von seinem Blatt.
«*Na'am akil!*» bestätigt der Junge und nimmt resolut das Zeichenbrett. Er scheint sich in vielen Belangen für Thomas verantwortlich zu fühlen und bemüht sich auch um dessen arabisches Vokabular. Mit allerlei Anschauungsunterricht, Pantomime und Zeichnungen in den Sand hat er schon gute Erfolge erzielt.
Sie wandern durch das flimmernde Mittagslicht dem Expeditionshaus zu, wo ihnen wie gewöhnlich eine Meute buntscheckiger Hunde geifernd entgegenbellt. Merkwürdige Hunde, mit denen man sich nicht unterhalten kann. Dumm die einen, mißtrauisch und verschlagen die andern. Arabische Hunde, als unrein verachtet und ihr Leben lang nur mit Fußtritten und Steinen bedacht.

Beim Hofeingang, als der Junge ihm das Brett zurückgeben will, entdeckt Thomas die Flöte.
«*Ana schûf?*» fragt er ungeschickt. Der Araber zieht das kleine Instrument aus seinem Hemd und reicht es ihm. Es ist eine sechslöchrige Doppelflöte aus Bambus, die beiden Teile primitiv mit Erdpech zusammengeklebt.
«Kannst du sie spielen – *ta'rif hâdha?*» Er weiß nicht, was spielen auf arabisch heißt, aber Naim hat verstanden.
«*Mu hassa – ba'ad dhuhr!*»
Am Nachmittag, das Wort ist Thomas bekannt, und er nickt.
«*When* – wo denn?»
«Dort – *ma'a al-aulâd* – hinter dem Hügel!»
«Ich werde kommen!»
Glücklich jagt der Junge davon.

Naims Flötenspiel

Das Ruinenfeld liegt menschenleer unter der steilen Sonne, als Thomas wieder hinauswandert, auf der Suche nach seinem arabischen Freund. Einsam steht der große tönerne Wassertopf auf seinem Hügel. Doch dort, hinter dem Damm, entdeckt er die Stammesleute bei der Mittagsrast.
Naim springt sogleich auf, nimmt Thomas bei der Hand und führt ihn in den Kreis wie einen hohen Gast. Der Fremde hat sein Versprechen gehalten und ist gekommen, um Naims Flötenspiel zu hören. Er kam wohl später, als sie erwarteten, aber er kam. Diese Leute aus dem Westen essen viel, wie man von Hamid in Erfahrung gebracht hat, und dazu brauchen sie mehr Zeit als der *Arab'* für sein Stück Fladenbrot und eine Handvoll Datteln.
So denkt Naim und strahlt, während er seine Abaya für Thomas

auf die Erde breitet und sich dann selber mit verschränkten Beinen im Kreis niederläßt. Neben ihm sitzt Faraj, einer der kleinsten *Libn*-Jungen, der unter seinem Beduinentuch hervoräugend alles verfolgt hat.
Nun zieht Naim die Flöte aus seinem offenen Hemd, bläst erst lautlos durch die beiden losen Mundstückteile, steckt diese dann fest und beginnt zu spielen. Etwas heiser, zirpenden Dudelsacktönen vergleichbar und doch seltsam ergreifend ist für den Europäer der Klang dieser Hirtenflöte. Zeitlos. Überall auf der Welt seit Menschengedenken haben Hirten Flöte gespielt...
Fremd und von unbestimmter Traurigkeit scheint ihm die Melodie, als käme sie mit dem Wind von weit her. Sie bricht ab und wiederholt sich. Sie wiederholt sich wie eine zwingende Aufforderung. Thomas betrachtet die spielenden Finger – sensible, fast mädchenhaft schmale Hände. Viele Araber haben solche Hände, das fiel ihm schon auf. Die langen Wimpern sind gesenkt und werfen Schatten auf die braunen staubgepuderten Wangen.

Doch der Flötenspieler blickt nicht in sich hinein; durch den Vorhang seiner Wimpern fixiert er den Jungen neben sich. Er neigt sich Faraj zu und wiederholt die Weise nochmals, beschwörend, als müsse nun eine Kobra zu tanzen beginnen.
Unbeweglich sitzt der Kleine und lauscht, wie ein etwas zerzauster Engel im Gebet versunken. Er lauscht und lauscht, bis sich endlich seine Lippen öffnen und die Knabenstimme hell und

zaghaft den Flötenton erreicht. Sie klingen zusammen und schwingen sich fort, eins geworden Spiel und Gesang – alles mitumfassend wie Ringe im Wasser zu unbeschwerter jubelnder Freude.
Schon sind die Zuhörer alle miteinbezogen, quecksilbrige Jungen und bedachte Männer; sie wiegen sich im Rhythmus, lachen und schlagen mit harten Händen den Takt. Dann springen sie auf, fassen sich von Schulter zu Schulter im Kreis und beginnen mit bloßen Füßen den dumpfdröhnenden Boden zu stampfen.
Immer wilder der Wechselschritt, die tollen Sprünge! Was als bezaubernd innige Melodie begann, ist zum beduinischen Kriegstanz geworden. Schweiß glänzt auf den Gesichtern, und der tobende Kreis dreht sich schneller, mit flatternden Gewändern vor und zurück und den Staub aufwirbelnd zu dichten Wolken...
Die Flöte – wo bleibt die Flöte? Flöte und Engelstimme sind untergegangen – entschwebt irgendwohin... Und plötzlich ist alles stumm. Die Tänzer erstarrt. Einer hat ihn entdeckt, den alten Mann dort oben. Wie lange steht er schon, auf seinen Stock gestützt? Lächelnd.
«*Yallah – yallah!*» Naim der Flötenspieler sprang als erster auf, fühlt sich verantwortlich, daß man die Arbeit vergaß. Auch Thomas ist beschämt; er hätte auf die Uhr sehen sollen. Außerdem hat er ja Grabungsdienst!
Der Archäologe ist nicht ärgerlich. «Kinder...», murmelt er. Und fragt dann, während sie hinter den laufenden Gestalten hergehen: «Wissen Sie, daß Naim überhaupt nicht zu uns kam, um zu arbeiten?»
«Aber er arbeitet doch und ist von den Jungen einer der tüchtigsten!» widerspricht Thomas.
«Das hat sich so ergeben, nebenbei. Denn eigentlich kam Naim nur, weil er mit Suweli Flöte spielen wollte. Ganz scheu kam er, wie eine Gazelle aus der Steppe.»
«Noch immer kommt er mir irgendwie gazellenhaft vor – ich mag

ihn gern. Er hat so eine grade Art ... Übrigens saß Suweli auch im Kreis – warum spielte er wohl nicht mit?»
«Suweli war der beste Flötenspieler. Doch vor einem Jahr hat er eine Frau genommen, und ein verheirateter Mann darf nicht mehr Flöte spielen.»
«Wie schade! Wenn Naim einmal eine Braut findet, wird er auch nicht mehr spielen, und hier heiraten die Leute ja so jung», meint Thomas bekümmert.
«Dann wird er seine Flöte wohl Faraj geben, dem Jungen, der sang.»

Ur in Chaldäa

Durch die Wüste von Samawa kamen sie wieder zum Euphrat. Sie fuhren weiter südwärts den Strom entlang nach Ur. Der große Strom bewegte sich kaum; doch Thomas fand es wunderbar, spiegelndes Wasser zu sehen, das keine Fata Morgana war. Und Felder, grün, märchenhaft grün, Luzerne und Weizen. Die Höfe und Hütten aus Lehm und Schilf gebaut und von Mauern umgeben. Schafherden. Träge schwarze Wasserbüffel im Schlamm sich suhlend. Und am Ufer die knarrenden Schöpfräder.
«So muß es damals gewesen sein; das Land hat sich kaum verändert», sagte der Beg, als erinnere er sich einer Zeit vor zwanzig oder dreißig Jahren. Doch dachte er dabei an Sumer, an die steingeschnittenen Bilder der Rollsiegel. Und sie sahen die große Kultvase von Uruk vor sich, aus Scherben wieder zusammengefügt zu Darstellungen von Fluß und Land, Menschen und Tieren.
Damals, da der Strom noch die alten Städte verband ... Nur die Dörfer leben heute noch, oftmals von der Flut zerstört und von

den Menschen immer wieder ans Wasser gebaut. Die Städte sind versandet. Auch die Ruinen von Ur liegen abseits, nach Westen zu in der Wüste. Dort, weithin sichtbar ragt noch die Zikurrat des Königs Urnammu.

«Die Beduinen nennen sie ‹Pechhügel›», erläutert der Assyriologe. «Da ist die dreiteilige Treppenanlage mit den Bastionen, und es gibt Leute, die behaupten, daß auf den Zikurratterrassen Blumen wuchsen...»

«Muß hübsch gewesen sein – aber wie kommt der Turm zu diesem Namen?» möchte Thomas wissen.

«Warum die ‹Stroherne› in Uruk?» gibt Peter zurück.

«Weil rundherum noch das Schilfstroh herausguckt, soviel ich weiß...»

«*That's it.* Nun sieh dir diese Mauern an!»

«Backstein. Gebrannte Ziegel in Asphalt verlegt... Erdpech! Wo haben die das hergeholt?»

«Aus Hit, wo es schon gebrauchsfertig in den Erdlöchern brodelte. Wurde ja dann auch durch alle Zeiten zum Verpichen der Boote verwendet. Erst sehr viel später sind Geologen dieser Sache nachgegangen und haben, wie dir bekannt sein dürfte, das glorreiche Erdöl entdeckt.»

«Und von dem verborgenen Millionenglück hat der arme Urnammu keine Ahnung gehabt!»

«Dann müßten Sie Ihr Mitleid ebenfalls auf Hammurabi und Nebukadnezar und Harun al-Raschid ausdehnen...», lacht Amira, die zugehört hat. «Und daß man zwar schon sumerische Wagenräder und später fliegende Teppiche, aber noch keine benzinfressenden Cadillacs erfunden hatte, war auch so schrecklich traurig!»

Sie reden weiter Unsinn und klettern über die Mitteltreppe zum Turm hinauf. Dort steht, das Gewehr umgehängt, ein kleiner, wettergegerbter Araber, düster auf die legendäre Stadt Abrahams blickend. Hassan, der alte Wächter von Ur.

«*Wallah...!*» sein Gesicht leuchtet auf, als Peter nach Sir Leonard Wolley fragt. Natürlich kannte Hassan den *Inglîzî*, der während zwölf Jahren hier gegraben hat. Aber mehr als zweimal zwölf Jahre sind vergangen, seit er fortgezogen ist und nicht wiederkam. Mittlerweile wanderte viel Sand von der Wüste herein und liegt über Tempeln, Gräbern und Palästen wie ein großes dickes Tuch. Über den Königsgräbern und dem Palast Urnammus, über den Tempeln des Mondgottes Nanna und seiner Gemahlin Ningal.

Herrliche Lieder wurden gesungen auf Nanna-Suen, der hier oben gethront und die Ströme mit Wasser gefüllt hatte.

«*Wenn du in Ur das heilige Schiff besteigst,*
Wenn dich Herr Nudimund hegt,
Wenn du in Ur das heilige Schiff besteigst,
Herr, Vater Nanna, wenn man dich hegt,
Bist du ein goldener Hochsitz, der in Sumer errichtet ist,
Bist du ein silberner Hochsitz, der sich in Sumer erhebt.

Herr, wer ist größer als du, wer mißt sich mit dir,
Großer Held, wer ist größer als du, wer mißt sich mit dir,
Herr Nanna, wer ist größer als du, wer stellt sich dir gleich,
Wenn du deinen Blick erhebst, wer kann dir entfliehen,
Wenn du ausschreitest, wer entweicht dir da?

Wenn du dein Wort über das Meer ausbreitest, wogt das Meer,
Wenn du dein Wort über die Marsch ausbreitest, stöhnt die Marsch,
Breitet sich über Euphrat und Tigris aus,
Mit Wasser füllt das Magur-Schiff die Marsch,
Meer und Festland sind mit Fischen und Vögeln erfüllt...»

(Aus dem Ersemma-Lied auf den Mondgott Nanna-Suen, übersetzt von A. Sjöberg.)

Nun ist der Beg da, auch El-Schêch und die andern sind heraufgekommen, zuletzt wie der Sturmwind Riha, die sich bei einer aufregenden Fährte verspätet hat. Dem Beg ist Ur vertraut, Nachbarstadt, wo er auch den britischen Ausgräber besuchte. Die jungen Leute sind begierig, mehr über diese Ruine zu erfahren, die schon vor Uruk durch Abraham, die Sintflutlegende und sensationelle Goldfunde weltberühmt war...

Sie rätseln über die alten Könige, deren Namen und Taten noch im dunkeln liegen. Bekannt ist Meschanepada, der um 2400 vor Christus die erste Dynastie von Ur begründet haben muß und dem dann, wie Peter sagt, zwei Herrscher folgten, die Meskiangnuna und Balulu hießen.

Amira ist entzückt von den Namen. Über die zweite Dynastie sei kaum mehr bekannt, als daß sie irgendwie existiert haben muß, weil es da eine Lücke von etwas über hundert Jahren gibt, bis dann in der Königsliste um 2100 der glanzvolle Urnammu als Gründer der dritten Dynastie genannt wird.

Und damit werden auch die Beziehungen zu Uruk lebendig, mochten sie nun freundlich oder feindlich sein. Denn eben darüber streitet man sich. Die einen behaupten, Urnammu sei ein Emporkömmling, weil er vorerst lediglich als *Schagin*, Statthalter, figuriert und sich dann vermutlich selbständig gemacht und gegen König Utuhengal von Uruk aufgelehnt habe, denn es heißt da: «*...von unten nach oben geradewegs lenkte er seinen Schritt!*», und dazu ergänzend in der Königsliste: «*Uruk wurde mit der Waffe geschlagen, und sein Königtum ging über auf Ur.*»

Die andern setzen dem entgegen, daß der große Urnammu möglicherweise als Sohn Utuhengals angesehen werden könne. Denn in den damaligen Verwaltungstexten wird Uruk vielfach als «*Ort der Königin*» bezeichnet. Und die Kronprinzen werden dort im *Egipar* erzogen und bekommen hohe Ämter als Priester und Gouverneure, bevor sie den Thron besteigen. So der *Schagin* Urnammu...

Es gibt noch eine andere, ideelle Beziehung zwischen Ur und Uruk, und da horcht Thomas auf. Urnammu und sein Sohn Schulgi bezeichnen sich als Söhne der Ninsun; Gilgameschs Mutter soll sie in ihrer Königswürde legitimieren!
Nach Schulgi kommt Amarsuena auf den Thron und dann der «göttliche Schusin», von dem es heißt, daß er den beiden Naditu-Priesterinnen des großen Heiligtums von Uruk kostbares Geschmeide geschenkt habe. Und eine dieser Priesterinnen, Kubatum hieß sie, wird später die Gemahlin des Königs von Ur.
Von Ibbisîn, dem fünften und letzten Herrscher dieser Dynastie, wissen wir, daß er nacheinander in Ur, Uruk und Nippur gekrönt worden ist. Diese drei Städte von höchstem Ansehen müssen in enger Verbindung miteinander gestanden haben. In Uruk befand sich Eanna, das alte Heiligtum der Himmelsgöttin, in Nippur wurde Enlil, der höchste der damaligen Götter, verehrt und in Ur dessen Sohn Nanna-Suen.
Ein sumerisches Lied beschreibt, wie der Mondgott seiner Mutter Ninlil gedenkt und im Boot von Ur nach Nippur reist, wo er empfangen und bewirtet wird und Vater Enlil um den Segen für sein Haus und seine Stadt und um Reichtum für Fluß, Feld und Herden bittet.
«Aber die Geschichte endet tragisch!» sagt der Assyriologe. «Bei Ibbisîn half kein Bittgang mehr; denn Enlil hatte den Untergang der Königsstadt beschlossen. Ein gewisser Untertan, Ischbierra, wurde im Norden mächtig, und die Völker im Süden standen auf, wie im Omen prophezeit: ... *als das Land sich gegen Ibbisîn erhebt.* Ur wird zerstört und der letzte König nach Elam in die Gefangenschaft geführt. Uns bleibt die Ibbisîn-Klage als ergreifende Dichtung der Trauer über den Untergang von Sumer, die noch bis in babylonische Zeit nachklingt...»

Die Ibbisîn-Klage

Die Zeit zu ändern, die Regeln zu vernichten,
Frißt das böse Wetter alles wie ein Orkan.

Die Ordnung Sumers umstürzen,
Daß seine «gute Regierungszeit» sich von ihm wende,
Die Städte zu vernichten, die Häuser zu vernichten,

Die Hürden zu vernichten, die Pferche zu packen,
Daß die Rinder in den Hürden nicht stehen,
Daß die Schafe in den Pferchen sich nicht vermehren,

Daß die Kanäle bitteres Wasser bringen,
Daß die guten Getreidefelder (nur) Gras wachsen lassen,
Daß die Steppe «Wehkraut» hervorbringe,

Daß die Mutter die Kinder nicht besorge,
Daß der Vater die Gattin nicht mit dem Namen rufe,
Daß die Nebenfrau sich im Schoß (des Mannes) nicht freue,
Daß die Kinder auf ihren Knien nicht heranwachsen,
Die Amme sie nicht in Schlummer singe,

Daß der Sitz des Königtums geändert werde,
Daß die kluge Entscheidung gebunden werde,
Die Königschaft aus dem Land Sumer hinweggetragen werde,
Daß es (gefügig) auf ein feindliches Land schaue,
Daß das Wort An's und Enlil's, die Regeln vernichtet werden –

Als An alle Länder zornig angeschaut hatte,
Als Enlil den Blick auf das feindliche Land gerichtet hatte,
Nintu ihre Schöpfungen gebunden hatte,

Enki Euphrat und Tigris (in ihrem Lauf) verändert hatte,
(da haben An und Enlil dies) als Schicksal bestimmt:

(Daß die Menschen) in ihren Sitzen nicht wohnen (blieben),
Daß sie nach einem (feindlichen) Land (weggeführt werden),
Daß Subräer und Elamiter, die feindlichen Menschen sie (erreichten),
Daß Sumers König von selbst sich erhebend den Palast verlasse,
Daß Ibbisîn ins Land Elam (gehe),
Vom Zabu-Berg, der Brust des Gebirges, bis zum Ende von Anschan gehe,
Daß er wie ein Vogel, dessen Stätte verwüstet, wie ein Fremder in seine Stadt (nicht zurückkehre).
Daß Euphrat und Tigris an den veröden Ufern böses Kraut wachsen lassen.
Daß niemand den Fuß auf die Landstraßen setze, niemand eine Reise unternehme,
Daß die Städte, in denen Menschen wohnen, zu Ruinen werden,
Daß das Volk der «Schwarzköpfigen» in seinen Wohnstätten hingemordet werde,
Daß die guten Getreidefelder nicht mit der Hacke bearbeitet werden,
Daß der Hirte, der die Schafe weidet, nicht in die Steppe gehe,
Daß die Rinder in den Hürden keine Milch und kein Fett bringen, die Mutterschafe nicht werfen,

. . . .

Daß das Getier der Steppe verringert, die Lebewesen vernichtet werden,
Daß die Vierfüßler Sakan's keine Ruhe finden,
Daß im Teich die . . . . keinen «Namen» erhielten,
Daß das Röhricht das «Rohr mit dem bösen Kopf» hervorbringe, die Anpflanzungen dort vernichtet werden,
Daß Obstpflanzungen und Gärten, in denen keine jungen Bäume sind, von selbst vergehen,
. . . . ., das durch sich selbst mächtig ist,

........................., das an reinem Ort gebaut ist,
Seine ...... umzuwerfen, seine .... zu binden,
(Haben An und Enlil, der König aller Länder) als sein Schicksal
    bestimmt.
(Das Wort An's) – wer stürzte es um,
(Gegen den Beschluß Enlil's – wer ginge dagegen an?
(Das Land Sumer ....) fürchtet sich, die Menschen zittern,
(Der König .....) ... seine Untertanen veranstalten Klagen,
(.....................................) zu beten,
(.....................................) ging dahin.

(Nach A. Falkenstein, WdO 1947–1952, S. 377)

Begleitung ins Jenseits

Thomas stößt mit den Füßen Backsteinbrocken vor sich her. Die andern sind zum Tempel der Mondgöttin vorausgegangen. Wie hieß sie schon? Ningal! Und der Mondgott wurde Nanna-Suen und später Sîn genannt, so sagte der Assyriologe. Aber all die anderen Götter, die Götter des Himmels und der Unterwelt – wie sollte man sich da je auskennen – wenn sie von Sumer über Akkad bis Babylon ständig ihre Namen wechselten... Auch von Königen und Dynastien ist ihm ganz wirr.
Martin blieb ebenfalls zurück. Er hat sein Stativ aufgestellt und photographiert die Zikurrat von der Ostseite her. Er wird sie bestimmt auch von Süden und von Norden aufnehmen, mit der ihm eigenen Gründlichkeit. Nur um Götter und Könige kümmert sich der Photograph nicht. Wozu sollte er? Da gibt's kein Bild. Es sei denn von einem zurückgelassenen Siegel.
Thomas folgt den andern zum zweigeteilten Tempel der unzähli-

gen Räume, wo der Gottkönig verehrt worden war. Er folgt ihnen weiter zum westlichen Hafen – da liegen keine Schiffe, und die Fischer von Ur ziehen ihre Netze nicht mehr auf den Sand. Und verlassen auch dort draußen die Stadt aus der Larsa-Zeit. Nur der alte Wächter wandert noch zwischen emporragenden Lehmziegelmauern durch die winkligen Gassen – durchwandert dunkle Schatten und blendende Lichtstreifen. Fast glaubt man sich in einem Euphratdorf, aber kein Hahn kräht, und kein Esel klagt – alles ist still, fast gespenstisch, selbst unter der Sonne.

Sie gehen noch weiter bis zum Königsfriedhof.

«Seht, wie tief der *Inglîzî* hier gegraben hat!» Hassan weist stolz auf das große Loch. Die Leute aus Uruk stehen am Rand der gewaltigen Grabung und finden auf dem Lehmgrund ihre Schatten wieder. Kleine Schatten kleiner Menschen.

Dann steigen sie zu den Königsgrüften hinunter. Zweitausend Gräber gewöhnlicher Sterblicher und sechzehn steingebaute Grüfte von Fürstlichkeiten hat Woolley durch all die Jahre freigelegt. Doch waren vor ihm die Grabräuber schon am Werk gewesen, und es sah vorerst nicht so aus, als ob es da noch irgendwelche Funde gäbe. Nur manchmal eine winzige verlorene Goldperle...

Und doch sollte sich seine Arbeit lohnen; denn es gab noch unversehrte Grüfte – Entdeckungen, die den Forscher schaudern ließen! Noch nie zuvor hatte man von einer ähnlichen Bestattung gehört.

Die ersten fünf Skelette lagen in einem abfallenden Graben, daneben Kupferdolche, aber sonst nichts, was zu einem Begräbnis gehört. Noch tiefer fand der Ausgräber die Gebeine von zehn Frauen in Reihen nebeneinander, geschmückt mit Gold, Lapislazuli und Karneol. Aber auch sie besaßen außer dem Schmuck keine eigentlichen Grabbeigaben. Alles blieb mysteriös.

Dann entdeckte Woolley die Harfe – die herrliche goldene Stierharfe von Ur! Obwohl das Holz längst zerfallen war, konnte er die Abdrücke davon noch genau erkennen. Unberührt lagen auch die Verzierungen aus rotem und blauem Stein und Muscheln, auch die goldköpfigen Nägel, an denen die Saiten befestigt gewesen waren. Aus der Front des Schallkastens wuchs der prachtvolle, goldgetriebene Stierkopf mit Augen und Bart aus

Kopf der Stierharfe von Ur

Lapis. Über den Trümmern der Harfe ruhten die Gebeine einer goldgekrönten Harfenspielerin.
Darauf wurden die Reste von kostbar verzierten Wagen in der Tiefe gefunden, daneben die Knochen der Zugtiere und diejenigen der Wagenlenker... Der Rätsel wurden immer mehr.
Der Archäologe mußte noch tiefer dringen, bis er endlich auf eine Grabkammer stieß. Doch diese war erbrochen. Kurz darauf fand er eine zweite Kammer, die Aufschluß geben sollte. Die Wände entlang lehnten wiederum Frauenskelette, reich geschmückt auch sie. Königliche Wächter mit Speeren hatten den Eingang gehütet. Da lagen Grabbeigaben aus Gold und das silberne Totenboot. Nur die hier beigesetzte Hauptperson fehlte. Der König. Ein Siegel verriet seinen Namen: Abargi.

Woolley forschte weiter. Und endlich, hinter der Königsgruft entdeckte er die dritte steingebaute Kammer; die, wie er vermutete, später entstanden sein muß. Diesmal hatte er Glück, weil ihm gleich ein Rollsiegel aus Lapislazuli in die Hände fiel. Nin-Schubad hieß die hier beigesetzte Königin, und ihre Gruft war unberührt.

Wieder mußte dieselbe Zeremonie stattgefunden haben. Zu Häupten und zu Füßen ihrer Herrin zusammengesunken lagen die Skelette der Dienerinnen und rundherum verstreut Grabbeigaben ohne Zahl. Und von unerhörter Pracht war das königliche Geschmeide, welches Kopf und Oberkörper der Toten bedeckte – noch nie zuvor hat der Ausgräber von Ur ähnliches erblickt.

Gewiß, die Funde waren herrlich – aber wie kam es zu dieser Bestattung, für die es keine Parallele gibt? Warum lagen die vielen Skelette auf dem Weg zu den Königsgrüften? So viele Menschen konnten nicht gleichzeitig eines natürlichen Todes gestorben sein... Und doch gab es nichts, was auf Gewalt hingewiesen hätte! Die persönlichen Diener und Dienerinnen der Bestatteten, Musikanten und Wächter in der Kammer; davor das übrige Gefolge, alle geschmückt wie zum Fest, sie wirkten so, als wäre jeder an seinem Platz eingeschlafen.

Hing diese Begräbniszeremonie mit der Vergöttlichung der sumerischen Könige zusammen? Daß der ganze Hofstaat dem Gottkönig folgte, um ihm im jenseitigen Leben weiterzudienen, in dem festen Glauben, der Tod sei nur ein Übergang – ein Tor, das zu durchschreiten war? Haben darum die Dienerinnen leuchtende rote Kleider getragen, wie Woolley aus kleinen Fragmenten schloß?

Im Stoff eines Kleides fand der Archäologe noch verknotetes Silberzeug; er stellte fest, daß eine der Dienerinnen in der Eile vergessen hatte, ihren Schmuck anzulegen! Vielleicht wäre das Mädchen doch lieber im Diesseits der heiteren Stadt am Euphrat geblieben...

Kaffee und Neuigkeiten

Sie gleichen sich alle, die Tage in der Wüste. Grabungsdienst, Stunden der Arbeit im Staub und lange Abende beim Petrollampenlicht. Ein gutes Gleichmaß. Wie viele Tage, wie viele Nächte schon? Thomas hat sie nicht gezählt.
Aber nun sind da die Briefe. Ein ganzer Stapel liegt auf dem Kupfertisch. Ismail brachte sie von Samawa mit. Auf einmal ist die Welt wieder da; jene andere, schon fast vergessene Welt ist hereingebrochen in die Stille, wo man wie auf einer abgeschiedenen Insel gelebt hat. Freude – Spannung – Sorge... Noch liegen sie unberührt, die bunten Briefe aus Deutschland, Frankreich, England. Ob Vater wohl geschrieben hat? fragt sich Thomas.
Dumpfes Klopfen dröhnt aus der Küche herüber. *Khabar* – Neuigkeiten bedeuten viel bei den Arabern, und Kadhim, ebenfalls hochbeglückt von dem Briefsegen, hat heute seinen fürstlichen Tag. Er befahl, Kaffee zu stampfen.
«Kann man sicher bis zu Nufedji hören!» mutmaßt Martin.
«In den Zelten hat das Kaffeestampfen seine besondere Bedeutung», sagt der Beg.
«Wie das Tamtam im Urwald?»
«Vielleicht. Kaffee, eine Kostbarkeit in der Wüste, wird hauptsächlich für Gäste zubereitet; zumeist vom Zeltherrn persönlich vor dem anwesenden Gast. In den oft weitverstreuten Nachbarzelten horchen alle auf, weil der Stampfrhythmus verrät, wer gekommen ist. Vier starke Schläge beispielsweise, unterbrochen durch Schleifen des Stößels am Mörserrand, verkünden einen vornehmen Besucher, vielleicht den Schêch eines befreundeten Stammes oder gar Provinzgouverneur, und es besteht Hoffnung auf Hammelbraten.»
«Und ein weniger angesehener Mann – ein armer kleiner Beduine...?»

«Der kriegt bloß zwei Schläge und zwei ‹Ringe› oder auch nur einen. Aber Aufnahme im Zelt und ein gastliches Mahl findet jeder nach dem beduinischen Gesetz.»

«Dann verdient Post aus Europa mindestens drei Schläge und drei ‹Ringe›!» freut sich Leo, der schon etliche Briefe mit seinem Namen erspäht hat.

«Und du schlachtest den Hammel!» empfiehlt der Schotte.

Nun ist Schweigen geboten, weil Kadhim erscheint, die langschnablige Messingkanne in der linken Hand und in der Rechten ein halbes Dutzend klirrender Porzellanschälchen. Der kleine Alte mit dem weißen Bärtchen und Lachfalten um die Kulleraugen ist von einer wunderlichen Feierlichkeit.

Er hebt die Kanne zum schwungvollen Strahl, haargenau in einen der porzellanenen Fingerhüte zielend, läßt noch leise wie zur Krönung den Messingschnabel an den Rand des Schälchens klingen und reicht es dann dem Beg. Der verweist lächelnd auf die Dame zu seiner Rechten. Auch dies hat sich schon oft wiederholt. Daß die *Khâtûn* vor dem Herrn des Hauses bedient werden soll, will dem Araber nicht recht in den Kopf. Der Beg bleibt der Beg. Mochte dieses junge Geschöpf noch so gescheit sein und lesen und schreiben können, so blieb es schließlich doch nur eine Frau, die von Rechts wegen in einer Männergesellschaft nichts zu suchen hat!

Nicht daß Kadhim etwas gegen das Mädchen hätte. Alle im Haus und in der Küche mögen Amira gern. Er hegt sogar fast väterliche Gefühle für sie und findet, da ist er mit Hamid einig, daß sie zu mager sei und viel zuwenig esse. Außerdem hat sie bei den Wächtersfrauen im Harem spinnen gelernt. Etwas Vernünftigeres als die Sache mit den Scherben; vielleicht wird man sie doch noch verheiraten können.

Die Kaffeeschalen gehen reihum. Dreimal bekommt jeder eingeschenkt, nicht mehr und nicht weniger; denn der Alte achtet sehr streng auf das Protokoll. Thomas ist ganz froh, nicht mehr als drei Schluck von dem fürchterlich starken, ungesüßten und mit Kardamom gewürzten Gebräu trinken zu müssen. Es schmeckt wie bitterste Medizin.

Von den Segnungen der Ausgräber begleitet, verläßt Kadhim den Raum. Nun kommt der ungeduldig erwartete Moment, nach der Post zu sehen. Keiner geht leer aus. Thomas findet den erhofften Brief, schiebt ihn in die Tasche und steuert über den Hof, seiner Kammer zu.

Nun steht er da und dreht unschlüssig den blauen Luftpostumschlag zwischen seinen Händen. Er betrachtet die vertraute Schrift. Stehen diese Buchstaben so sicher da wie sonst? oder hat sich etwas verändert? Mit der Schrift oder etwas zwischen ihm selbst und seinem Vater?

Zwei Monate ist es her, daß er fortging... Berlin, das Studium und seinen Vater verließ. Eigentlich ohne Erklärung. Nur weil man eben jung war und seine Umgebung – das schöne geborgene Leben – satt hatte wie eine üppige Süßspeise. Und glaubt dann alles gutzumachen mit einem netten, versöhnlichen Brief... Vater hätte wohl das Recht, sehr verärgert zu sein.

Entschlossen reißt Thomas den Umschlag auf, setzt sich rittlings auf seinen unbequemen Stuhl und beginnt zu lesen. Liest hastig, fast mißtrauisch das Blatt überfliegend, als erwarte ihn Ungutes in irgendeiner Zeile. Aber Vater ist doch gut und hat ihn immer verstanden, so wie nur wenige Väter ihre Söhne verstehen... Das weiß er von seinen Kameraden.

▶

Die *Zikurrat* ist der zentrale Bau im alten *Eanna-Heiligtum,* wo die große Göttin Innin verehrt worden war. Kein anderer der mesopotamischen «Türme» wurde so exakt untersucht. Davon zeugt noch der Eingang zu einem der fünf Stollen (Bildmitte), die durch das Lehmziegelmassiv gelegt wurden und den Archäologen ermöglicht haben, unter der Zikurrat von Uruk sechs frühere Anlagen festzustellen. Ein bedeutender Schritt zur Antwort auf die alte Frage nach dem biblischen Turm.

Plötzlich ertappt er sich, nicht richtig gelesen, nur auf den Brief blickend nachgedacht zu haben. Was steht denn da eigentlich?
«War etwas überraschend all dies...» Was meint er damit? Ein Vorwurf?
«Glaubst Du wirklich, Dein Glück liege in der Wüste begraben? Ist Deine Reise nicht nur Flucht vor alldem, was getan – was einmal zu Ende geführt werden sollte? Dein Studium!»
Vielleicht hast du recht, Vater – wenn ich es nur selber wüßte! denkt Thomas unglücklich und liest weiter.
«Überlege es Dir, und schreibe wieder...» Das klingt nach Vergebung. Aber hier: «Es geht mir momentan nicht sehr gut... Und da sind die Aufträge... Glaub mir, ich wäre froh, Dich bald wieder hier zu haben!»
Was bedeutet: es geht mir nicht gut...? Was ist mit Vater – die Schrift verändert – was steckt dahinter?
Thomas sieht seinen Vater vor sich, der für ihn immer der große starke Mann gewesen war; weißhaarig, seit er sich erinnern kann, aber energisch und allen Situationen gewachsen. Nun sieht er über das Mittelmeer hinweg den Vater in seinem Berliner Arbeitszimmer mit den altmodischen hohen Fenstern – sieht ihn über Pläne gebeugt, Zigaretten in übervollen Aschenbechern ausdrücken... Sieht auf einmal, daß dieser Mann alt ist und allein. Zentnerschwer fällt der Vorwurf auf ihn. Diesmal sein eigener. «Ich verdammter Egoist! Wenn er nun krank ist und sich niemand um ihn kümmert...? Ich muß heim, morgen schon – zu-

◂

Details aus dem Zikurratbau zeigen *Schichten von losem Schilf;* es war die Armierung der sumerischen Baumeister, welche sich durch mehr als viertausend Jahre bestens erhalten hat. Eisenhart ragen die grauen Halme noch heute aus dem alten Mauerwerk.
Besonders deutlich zeigt die untere Aufnahme drei verschiedene Schilflagen zwischen den einzelnen, knapp ein Meter hohen Lehmziegelverbänden. (Vgl. Gesamtansicht der Zikurrat S. 137.)

rück nach Berlin! Es gibt ja die Bahn: Baghdad – Stambul – Saloniki – Belgrad... Fliegen wäre besser...»
Da fällt sein Blick auf das Zeichenbrett, das neben dem Tisch an der Wand lehnt. «Und meine Mauer? Der Beg wäre enttäuscht, wenn ich die Mauer nicht mehr fertigzeichnete; sagte er doch, daß er keinen andern für die Arbeit hat... Himmel, kann ich denn nicht ein einzigesmal in meinem Leben eine Arbeit zu Ende führen! Und Vater? Ich muß ihm schreiben – muß wissen... Wenn nur der Weg nicht so weit wäre!»
Die ganze Zeit über hat er mit sich selber geredet. Nun hält es ihn nicht mehr im engen Raum, und er läuft in die Nacht hinaus. Läuft aus dem Hof, ostwärts, dem höchsten Hügel zu, der schwarz und unverrückbar mit vom Wind zerfressenen Kanten vor einem sonderbar hellen Himmel steht.
Der junge Mann kennt nun den Aufstieg zur Zikurrat und findet ihn auch nachts. Von oben sieht er, woher das seltsame Licht kam. Über Larsa hängt ein großer, noch etwas unförmiger Mond, wie eine goldene Pflaume.
Auch damals, als sie beim Grabhügel draußen Wache hielten, schien der Mond. Lange ist das her. Und er, Thomas, hat hier wie auf einer verwunschenen Insel gelebt. Ohne sich Gedanken zu machen um die Welt, die er verließ, und um seinen Vater, der niemand mehr hat außer ihm. Lief in die Wüste, um eine Mauer zu zeichnen, die vermutlich einer von Alexanders Generälen gebaut hat.
Ist das nun eine heroische Leistung? Und was kommt dann, wenn alle Ziegel auf dem Blatt und alle Blätter im Überseekoffer des Beg eingeordnet sind? Was dann...? Hat all das überhaupt einen Sinn? Wäre es nicht doch besser...
Er starrt in die Tiefe, wo die Ruinen unwirklich leuchten, als hätte der Mond das Heiligtum verzaubert, als wüchsen die alten Tempel kristallen wieder aus Lehm und Sand. Und die Mauern scheinen von lautlosem Leben erfüllt, wie von Menschen, die bar-

fuß über weiße Fliesen gehen... Wie viele Priester und Priesterinnen müßten in Eanna auferstehen? Ob sie wohl mit unter ihnen wäre, die hellgesichtige Unbekannte mit den großen Augen? Nachdenklich kauert Thomas auf der Zikurratkuppe, einen brüchigen Lehmbrocken zwischen seinen Fingern zerkrümelnd. Dort unten müssen sie das marmorne Bildnis gefunden haben, irgendwo im Staub.
Oder könnte dieses Gesicht Bildnis der Göttin selbst sein – der Innin, Gebieterin über Uruk – der Ischtar, die sich mit Gilgamesch stritt und den Himmelsstier auf die Stadt herabbeschwor. Wieder kehren seine Gedanken zu Gilgamesch zurück, zu seinem Helden, der die große Mauer baute... Der mit Enkidu zum Zedernwald zog, und dann, als der Freund tot war, einsam zur Mündung der Ströme, wo Utnapischtim ihm das Geheimnis der Unsterblichkeit auch nicht verriet, in diese Stadt zurückkehrte und seinem Begleiter die Mauer zeigte: *Stein, einmal, Urschanabi, auf die Mauer von Uruk, geh fürbaß...*
Thomas steht auf und wirft den verbliebenen Rest des Lehmbrockens in weitem Bogen nach der goldenen Himmelspflaume. «Ja – was suche ich hier? Sie haben mich behext, diese verwunschenen Mauern – die schöne Unbekannte – und auch du, Mond...» Da sieht er die irrlichternde Laterne, die über die Hügel näher kommt. Vielleicht der Wächter.

Zwei Maulwürfe

«Noch ein Mondsüchtiger.» Gutmütiger Spott funkelt in den Brillengläsern des Assyriologen.
«Ich mag Mondnächte, besonders in der Wüste, wo der Himmel so unerhört groß ist!» sagt Thomas andächtig. «Am liebsten

würde ich jetzt gleich nach Larsa wandern... Warst du schon dort?»

«*Not much to see there.* Französische Ausgräber haben da einmal gegraben, aber seit mehr als drei Jahrzehnten ist die Ruine wieder versandet. Die Reise lohnt sich also kaum. Wie wäre es, wenn wir statt dessen in die Unterwelt stiegen?»

«Du meinst – hier – unter die Zikurrat...?» fragt der Jüngere unsicher.

«Das meine ich. Ein Stollen ist noch gut zugänglich, obwohl etwas mit Sand zugeweht.»

«Der Beg sprach doch von Einsturzgefahr, heute, mehr als zwanzig Jahre nach der Grabung!»

Peter lacht: «Wird schon nicht gleich zusammenfallen, *don't worry!* Mich stört höchstens der verdammte Kadavergeruch. Aber es soll da noch schöne Mosaiken geben, die ich besichtigen möchte.»

«Mich hat's auch schon gewundert, ob es all das wirklich gibt, wovon sie hier reden. Manchmal, wenn der Beg im Heiligtum all die Bauten unter unseren Füßen beschreibt, kommt er mir eher wie ein Magier vor denn ein Professor der Altertumskunde...»

«Glauben tu ich schon, was er erzählt; es ist ja auch alles genau aufgezeichnet. Trotzdem, bei dem Drunter und Drüber der Schichten fällt das Begreifen nicht immer leicht. Da bleibe ich lieber bei meinen Tontafeln, auch wenn ich die Bruchstücke aus den Museen von Chicago, Baghdad und Konstantinopel zusammentrommeln muß... Aber nun kommt, sonst werden uns die Wächter mit Laternen suchen, von Ismails Donnerwetter ganz zu schweigen!»

Sie klettern und rutschen über den Südgrat ins Tempellabyrinth hinunter. Der Zikurratmauer folgend erreichen sie auch bald den Stollen. Da liegt allerdings eine so hohe Sanddüne, daß einer nur kriechend hineingelangen kann.

«Riecht ganz schön nach Zoo!» konstatiert Thomas.

«Koldewey pflegte in solche Löcher hineinzuschießen, um vor wilden Tieren sicher zu sein. Aber wir wollen die Füchslein, Hyänen und all die kleinen Untermieter nicht unnötig erschrekken...» Damit liegt der lange Mensch auf dem Bauch und rudert durch das Loch, bis nur mehr seine Füße zu sehen sind. Dann ist er vollends verschwunden.
«Komm nach – ich leuchte dir!» tönt es hohl von innen heraus. Thomas beginnt sich ebenfalls wie ein Maulwurf durch den Sand zu wühlen. Es geht leichter, als er dachte, weil die Düne bloß den Eingang versperrt und dann sanft in den Stollen abfällt. Von unten her sieht er das gewaltige Ziegelmassiv. Gott, welches Gewicht lastet über dieser Höhle! denkt er, und dabei ist ihm nicht recht geheuer. Aber er schweigt und geht geduckt hinter dem Assyriologen her, tiefer in den Lehmziegelberg hinein.
Der Kadavergeruch ist fürchterlich. Während sie Schritt für Schritt weiterstapfen, leuchten Mauervorsprünge auf und verschwinden wieder in der Schwärze. Nachdem der hereingewehte Sand verebbt ist, können sie sich wieder aufrecht bewegen. Es gibt auch seitliche Höhlen, die sich beim Hineintasten des Laternenstrahls vertiefen. «Da schau...!»

Muster von Stiftmosaiken

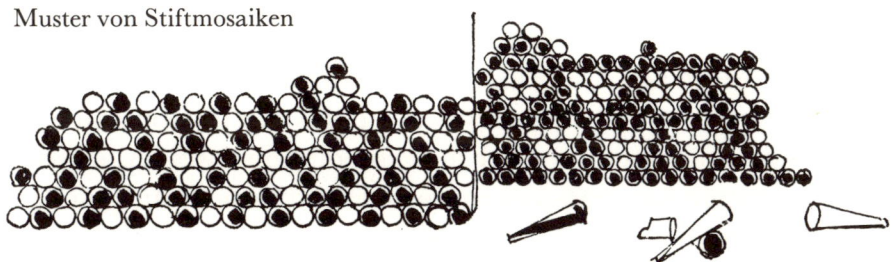

«Die Mosaiken – eine ganze wunderbare Fläche!»
Die Wand besteht aus verschiedenfarbigen Tupfen, zu Dreieck- und Rautenmustern geordnet. Die Tupfen stecken jedoch wie Nägel in der Wand, Nägel aus gebranntem Ton. Thomas fand

schon solche runde, nach der einen Seite spitz zulaufende Stifte in den Ruinen verstreut, konnte sich aber nicht erklären, wozu sie gedient haben mochten.
«Mit diesen komischen Dingern haben sie also Wände dekoriert!»
«Sicher eine der merkwürdigsten Dekorationen», meint Peter, «die Stifte waren wohl aus verschiedenen Ausgrabungen in Mesopotamien bekannt, doch nur hier gibt es sie bisher *in situ*. In diesem Heiligtum wurde ein Hof mit einer Pfeilerhalle freigelegt, deren ungeheuer dicke Säulen und Halbsäulenwände solchen Stiftmosaikschmuck trugen. Ein Teil davon steht heute im Baghdader Museum, der andere in Berlin. Der Engländer Loftus hat sich auch schon über dieses Kuriosum gewundert, weil er sich nicht erklären konnte, wie man aus dem komischen Tonzeug eine Mauer baute; denn dahinter war nur Lehm...»
«Hatte von Lehmziegeln natürlich noch keine Ahnung!» meint Thomas.
«So klug wie du mit deiner Seleukidenmauer kann er sicher nicht gewesen sein!» foppt der Schotte. Er scheint von seiner Entdeckung noch nicht ganz befriedigt und tappt suchend weiter durch den unterirdischen Gang. Einmal müssen sie über einen heruntergestürzten Ziegelberg klettern. Später mündet ein zweiter Stollen ein.
«Fünf verschiedene Gänge müssen es sein, nach den Plänen zu schließen – vielleicht ist mittlerweile der eine oder andere verschüttet...» Das Laternenlicht geistert über rissiges Gemäuer, und an manchen Stellen sieht es wirklich so aus, als wären die Ziegelschichten stark durchgesunken.
«Über diesen Hohlräumen wird bei dem gewaltigen Gewicht der Ziegelmassen bald alles zusammenbrechen!» überlegt der junge Architekt.
«Wahrscheinlich», erwidert der andere trocken. «Vermutlich aber nicht heute nacht. Ich schätze, daß wir bald in der Mitte

sind. Viel weiter kann es nicht mehr gehen, und die anderen Gänge sind von außen zugeschüttet. Nur die schönsten Mosaiken, von denen der Beg erzählt hat, möchte ich noch finden!» Er leuchtet behutsam nach allen Seiten, um keine Vertiefung zu übersehen.
«Hier – hier sind sie... Wunderschön, sieh dir das an!»
Im Lichtkegel steht eine neue Nischenwand; verschiedene Muster, in bestimmten Abständen durch Querstreifen von schmalen gebrannten Tonplatten getrennt.
«Seltsam, die vielen Variationen Zickzackmotive und Dreiecke – haben sie wohl einen bestimmten Sinn? Nirgends gibt es in dem Mosaik eine senkrechte Linie.»
«Hängt wohl technisch mit dem Aufbau der runden Stifte zusammen, die versetzt übereinanderliegen müssen; daraus ergibt sich notwendigerweise die Schräge. Man sucht auch eine Vorlage in den Flechtmustern von Schilfstrohmatten, die ja durch alle Jahrtausende von den Bewohnern des südlichen Zweistromlandes verwendet worden sind. Weißt du – eigentlich sollten wir einmal die Dörfer im *Hôr* besuchen – dort gibt es heute noch aus Schilf gebaute Häuser wie auf den sumerischen Siegeln...»
«Schön, aber erst möchte ich doch lieber an die frische Luft», sagt Thomas, denn der Gestank wird immer schlimmer.
Peter leuchtet in die nächste Höhle zu seiner Rechten und fährt zurück: «Well – sehen vielleicht doch besser zu, daß wir hier 'rauskommen!»
«Was war's denn...?» Thomas hat Mühe, dem langbeinigen Assyriologen zu folgen. «Ein Biest!» ruft der über die Schulter zurück. «Grausige rotgelbe Augen...»
«Auch Zähne?»
Gelächter hallt durch den Stollen. «Ja Zähne – die waren respektabel, kann ich dir sagen! Vorwärts – nein, hier rechts, sonst kommen wir zum zugeschütteten Ende. Da ist der Ziegelhaufen... 'rüber! Und dort die Düne!»

Die beiden Abenteurer arbeiten sich wieder durch den Sandberg und sitzen dann keuchend und lachend und sandbedeckt im Mondschein.
«Was muß die arme Hyäne sich gefürchtet haben – *poor thing*...» reflektiert der Schotte, «hockte dort in der hintersten Ecke mit gefletschten Zähnen und Höllenglutaugen, wie der Leibhaftige!»
«Ich denke, so bald werden wir sie auch nicht wieder stören...» Thomas atmet erleichtert die kühle Nachtluft.
«Übrigens wird es wohl nichts mit den Dörfern im *Hôr*», meint er dann. «Ich muß bald zurück!»
«Zurück – wohin?»
«Nach Europa. Der Brief meines Vaters – weißt du – er schreibt, daß es ihm nicht gut geht...»
Peter schiebt seine Brille hoch und mustert besorgt den Jüngeren:
«Du grübelst zu viel – überstürze nichts!»
«Da ist auch noch mein Studium.»
«Dein schlechtes Gewissen! Daran läßt sich wohl nichts mehr ändern; das Semester ist ohnehin verloren.»
«Meinetwegen. Aber ich mache mir Sorgen um Vater.»
«Ist er krank?»
«Davon schreibt er nichts. Nur, daß er froh wäre, mich wieder dazuhaben...»
«Trotzdem scheint mir, ein Telegramm wäre nützlicher, als Hals über Kopf heimzureisen.»
«Du hast recht», sagt Thomas wieder zuversichtlich, «will ich gleich morgen tun!»
«Und nun überschlaf das Ganze! Außerdem...», schon wieder ist Spott in seiner Stimme: «Vergiß deine Mauer nicht!»
«Ja, die Mauer müßte ich wohl erst fertigzeichnen...»

Der große Regen

Es war die Sintflut. Schon tags zuvor hing der Himmel wie eine bleierne Glocke über der Wüste. Und etwas dünkte Thomas sonderbar; er hatte es noch nirgends gesehen. Im Grau des Himmels stand ein riesiger heller, doch farbloser Halbkreis. «Nebelbogen», nannte der Beg die Erscheinung.

«*Bab al-Matar* – durch dieses Tor kommt der Regen!» sagten die Araber. Es war ein unheimliches Dräuen den ganzen Tag. Lautlos ohne Donner und Blitz. Auch der Abend lastete dumpf, als habe die Welt den Atem angehalten. Dann, mitten in der Nacht erwachte Thomas, und er dachte an die Beschreibung von der Flut: «*Das Land, das weite, zerbrach wie ein Topf...*»
Erst liefen die Tropfen wie eilige Katzenpfoten über das Lehmdach. Dichter und schwerer klatschte der Regen herab und wurde zur gewaltig-rauschenden Flut. Morgen würde die Grabung unter Wasser stehen. Und die Mauer – meine Mauer –, was wird aus ihr...? bangte der junge Mensch, bevor er wieder einschlief.
Am Morgen lag wirklich alles unter Wasser, soweit sich das vom Turm des Expeditionshauses abschätzen ließ. Hinauszugehen habe keinen Sinn, meinte der alte Archäologe, der ebenfalls prüfend auf dem Ausguck stand. Man richte in dem aufgeweichten Lehm bloß Schaden an.
Als die Araber kamen, mit über den Kopf gezogenen Abâyen, schickte der Beg sie wieder heim zu ihren Zelten. Ob sie wohl dicht hielten, die grobgewobenen Ziegenhaarzelte, dachte Thomas. Aber das schien die Leute wenig zu kümmern.
«*Mâku Schughl el-yôm – al-hamdu-lillâh – al-hamdu-lillâh!*» sangen die *Libn*-Jungen, tanzten durch die Pfützen und ließen genießerisch den Lehmschlamm zwischen ihren Zehen heraufquellen.
«Die Araber müssen am Regen ein besonderes Vergnügen finden!» wunderte sich Thomas.

«Sie kennen auch die andere Seite! Den südmesopotamischen Sommer; sechsundfünfzig Grad im Schatten und dazu Staub, so dicht wie der Nebel in London... Haben Sie das schon erlebt?» fragte El-Schêch. Nein, das hatte Thomas noch nie erlebt, und es regnete weiter den ganzen Tag. Er machte sich Sorgen wegen der Grabung; daß die Flut nun alle Arbeit zunichte mache. Und natürlich sorgte er sich am allermeisten um seine Mauer, die er ja noch nicht fertiggezeichnet hatte. Wenn nun die sorgsam präparierten Ziegel aufgeweicht und fortgeschwemmt waren...? Der Beg beruhigte ihn. Zumeist sei alles nicht so tragisch, wie es scheine. Große Winterregen habe es ja seit Noah immer wieder in diesem Land gegeben, und doch hätten die Menschen durch Jahrtausende ihre Wohnhäuser, Paläste und Tempel aus Lehm gebaut. Denn Lehm absorbiert die Nässe nur bis zu einem gewissen Grad, und wenn die äußerste Schicht einmal gesättigt ist, wirkt sie wasserabstoßend; der Ziegelkern selbst wird von der Feuchtigkeit nicht mehr angegriffen. Ein Lehmbau kann sich also durch Generationen erhalten, solange der Verputz regelmäßig ausgebessert und erneuert wird.

Das interessierte den jungen Architekten, und er dachte daran, wenn er heimkäme, ein Haus aus *Libn* zu bauen. Oder einen Lehmziegelpalast! Daheim... Ja – er hat weitergezeichnet an seiner Mauer, nachdem der verhängnisvolle Brief aus Europa gekommen war. Peter behielt recht. Das Telegramm ging ab von Samawa, und drei Tage später kam die Antwort: «Mach Dir keine Sorgen – Brief folgt!» Das war vorläufig alles. Thomas blieb, zeichnete und wartete auf den versprochenen Brief.

Er wartet noch immer; denn jetzt im Regen kommen keine Autos durch die Wüste, und Uruk ist von der übrigen Welt abgeschnitten. Er lebt wieder auf seiner Insel, der Verantwortung enthoben, weil er selber ja auch keine Möglichkeit hätte, fortzukommen. Selbst wenn er wollte...

Und weil man draußen nicht arbeiten konnte, las er wieder in

dem Buch von den Türmen. Schon oft hat er darin gelesen; ein schwieriges Buch. «Die Entwicklung der Zikurrat» ist sein ordentlicher Titel. Immer wieder gerieten Zeiten und Kulturschichten durcheinander, wenn er diese Abhandlung studierte. Man hätte eben Archäologe sein, auch baugeschichtlich mehr Erfahrung haben müssen. Aber was dahinterstand, faszinierte ihn: die Idee des babylonischen Turmes! Und eine uralte Gottesvorstellung.
Da war die Bibel und der Grieche Herodot; da waren all die Dichter und Maler des frühen Mittelalters, und Peter Breughel mit seinem gewaltigen runden Turm, der die Wolken durchstieß. Alle diese Menschen erfüllt von dem Gedanken, Türme in den Himmel zu bauen. Eine Idee, die uns wohl nie loslassen wird.
Er hat nun schon manches über die Türme erfahren; sah den Graben von Etemenanki in Babylon, Koldeweys Beweis für den biblischen Turm, und er stand auf dem von Sir Leonard Woolley freigelegten Stufenturm von Ur. Und der Beg hat ihm erklärt, wie die Zikurrat von Uruk armiert gewesen war. Aber er müßte noch mehr über das erfahren, was unter diesem Bau liegt, dann könnte er auch all die komplizierten Pläne in dem Buch besser verstehen.
Eines ist sicher, es gab nicht nur den Turm der Bibel; solche Türme haben vielerorts im Zweistromland gestanden. Möglich, daß die späten Babylonier mit der höchsten aller Zikurrati den Größenwahn hatten, denkt Thomas. Bei den Sumerern war dies gewiß noch nicht der Fall gewesen.
Oder war die Flut schuld – vielmehr die Überschwemmungen durch Jahrhunderte –, daß die Menschen begonnen hatten, für ihre Götter Lehmziegelberge in die Ebene hinein zu bauen, die das weite Land überragten gleich mächtigen Altären...
Himmelhügel – Göttertore – die Idee begeisterte ihn. In dem Buch aber stand da einfach: «Stätte der Verehrung durch den Menschen». Das war noch nicht Babel.

Nach der Flut

Der Regen hat aufgehört. Die Sintflut ist vorbei.
Das Land liegt wie am ersten Schöpfungstag. Eine seltsam leere Welt. Wasser rundherum, darüber dichte Dunstschleier, wie Vulkanrauch, durchbrochen von den gleißenden Strahlen einer unsichtbaren Sonne. Die Erde steigt heraus und trennt sich vom Wasser. Uruk, die Insel. Stadt Gilgameschs. Hat ihm nicht Utnapischtim erzählt, wie es war nach der Flut?

«Wie nun der siebente Tag herbeikam,
Schlug nieder der Südsturm die Sintflut, den Kampf,
Nachdem wie eine Gebärende sie um sich geschlagen.
Ruhig und still lag das Meer,
Der Orkan war aus und die Sintflut.

Da tat ich die Luke auf, Licht fiel aufs Antlitz mir;
Nach dem Festland hielt ich Ausschau: Schweigen ringsum,
Und das Menschengeschlecht ganz zu Erde geworden!
Gleichmäßig wie ein Dach war die Aue.
Da kniete ich nieder, am Boden weinend,
Über mein Antlitz flossen die Tränen. –

Nach den Ufern hielt ich Ausschau in des Meeres Bereich:
Auf zwölf mal zwölf Ellen stieg auf eine Insel,
Zum Berg Nissir trieb heran das Schiff.
Der Berg Nissir erfaßte das Schiff und ließ es nicht wanken;
Einen Tag, einen zweiten Tag erfaßte der Berg Nissir das Schiff und
*   ließ es nicht wanken;*
Einen dritten Tag, einen vierten Tag erfaßte der Berg Nissir das Schiff
*   und ließ es nicht wanken;*
Einen fünften und sechsten erfaßte der Berg Nissir das Schiff und ließ es
*   nicht wanken.*

Wie nun der siebente Tag herankam,
Ließ ich eine Taube hinaus;
Die Taube machte sich fort – und kam wieder:
Kein Ruheplatz fiel ihr ins Auge, da kehrte sie um. –
Eine Schwalbe ließ ich hinaus;
Die Schwalbe machte sich fort – und kam wieder:
Kein Ruheplatz fiel ihr ins Auge, da kehrte sie um. –

Einen Raben ließ ich hinaus;
Auch der Rabe machte sich fort, da er sah, wie das Wasser sich verlief,
Fraß er, flatterte er, krächzte – und kehrte nicht um. –

Da ließ ich hinausgehen (alle Insassen des Schiffs) nach den vier
*   Winden; ich brachte ein Opfer dar,*
Ein Schüttopfer spendete ich auch dem Gipfel des Berges:
Sieben und abermals sieben Räuchergefäße stellte ich hin,
In ihre Schalen schüttete ich Süßrohr, Zedernholz und Myrte.»

Gibt es noch Leben auf dieser verödeten Nachsintflutwelt?
Da kommt der Kater Sinkaschid etwas schaudernd über den Hof gestelzt. Immer behutsam um die Regenlachen herum. In drei Sätzen ist er über die Treppe auf der Turmbrüstung.
«So, du faules Katzenvieh!» lacht Thomas, «Mohammed hat dich wohl von deinem Lieblingsplatz vertrieben, und jetzt möchtest du für die erlittene Schmach getröstet werden? Weißt du denn nicht, daß es in der Speisekammer haufenweise Mäuse gibt?» Der Kater überhört die weise Rede, läßt sich indessen mit Behagen sein etwas aus der Fasson geratenes Fell glattstreichen. Trotzdem kein guter Tag für Sinkaschid. Sehr zu seinem Verdruß erscheint nun auch das kleine Schaf, blöd blökend wie immer. Möchte sich unbekümmert um buckliges Mißfallen über das Wetter informieren. Als dann auch noch hochnäsig und auf Zehenspitzen die Slugi-Hündin dahertanzt, glaubt Thomas, daß die Arche bald vollzählig wäre. Riha hat es eilig. Sie übersieht das

Schaf, nickt Sinkaschid kurz zu und jagt über das flache Dach des Expeditionshauses einem blaugrünen Vogel nach. Es ist keine Schwalbe und auch keine Krähe, und die Hündin bleibt ratlos beim kleinen Küchenkamin stehen, weil einmal mehr eine herrliche Beute in den Himmel entschwand.

Doch gleich ist sie wieder zurück und unten im Hof, wo sie den Schritt ihres Meisters vernahm. Zu dieser Stunde bedeutet dies eine Handvoll Datteln, und Riha liebt Datteln über alles.

«Nun wird's Frühling!» Auch der Expeditionschef sah dem Vogel nach, der seine Hündin so sehr entzückte. Und noch mehr von den eleganten, leuchtendgefiederten Geschöpfen pfeilen jetzt tief über die Dächer. «Als hätten sie sich aus dem Paradies hierher verirrt...», staunt Thomas.

«Bienenfresser – sie kommen selten so weit in die Wüste!»

Dann verlassen die beiden Männer den Hof, gefolgt von Riha und Semiramis. Der Kater bleibt blasiert seine Pfoten säubernd auf der Turmtreppe zurück.

«Ob es wohl Schaden gab?» sorgt sich Thomas, als sie auf feuchtdunklen Pfaden der Grabung zusteuern.

«Wir werden sehen», meint der Beg gleichmütig. «Wohl haben die plötzlichen Fluten in den zumeist trockenen Wadis schon manche Mauer fortgerissen und Tempeltore zerstört, die ja dem Wasser bequemen Durchgang boten. Zuweilen aber hat uns der Regen wertvolle Hilfe geleistet.»

«Der Regen...?»

«Spielt gelegentlich Ausgräber! Wenn in einer weggespülten Böschung unerwartet Funde zutage treten, auch langgesuchte Mauerzüge... Oder wenn im Schwemmsand ein kostbares Rollsiegel liegt...»

«Als habe es der Stadtkönig von Uruk beim Morgenspaziergang verloren.»

«*S'bah al-khêr!*» Unbemerkt kam der Junge, barfuß, seine *Abâya* unter dem Arm gerafft.

«Ma'yûf – wo kommst du her?» Zerstreut fragt es der große Mann, und der Junge weiß, daß er keine Antwort erwartet. Folgt ihm nur lautlos wie ein Schatten.

«Sie ist noch da!» meint Thomas, erleichtert über das Wiedersehen mit seiner Mauer.

«Morgen wird alles soweit getrocknet sein, daß Sie weiterarbeiten können.»

Im Eanna-Heiligtum finden sie auch den «Tempel der schönsten Proportionen» unversehrt. Eine ernstliche Sorge; denn von diesem Bau aus dem dritten vorchristlichen Jahrtausend sind an vielen Stellen nur ein oder zwei dünne Ziegelschichten übriggeblieben.

«Bald wird er ganz freiliegen!» Die graugrünen Augen blicken in eine dem jungen Menschen unerreichbare Ferne, wo aus der Erfahrung das Vergangene wiedersteht.

Ob es der größte Tempel gewesen sei, versucht Thomas den Archäologen in die Gegenwart zurückzuholen.

«Nicht der größte – doch gab es keinen, der seine Vollkommenheit erreichte. Höhepunkt sumerischer Architektur vor der Zerstörung... Es gab hier einen Tempel aus Kalkstein, der größer war und tiefer liegt.»

«Noch älter! Und woher kommt Kalk, da doch nur immer von Lehm und Sand die Rede ist...»

«Importiert!»

«Im vierten vorchristlichen Jahrtausend?»

Der Beg nickt. «Kam nicht so sehr weit her, wenn wir an das Gold aus Südarabien denken oder Lapis aus Afghanistan. Außerdem – das wird Sie vielleicht interessieren – hat es zur selben Zeit auch schon Beton gegeben!»

«Armierten Beton...?» Thomas schaut so schief und ungläubig, daß der Beg lachen muß.

«Sehen Sie dort den großen hellen Block?»

Da liegt er mannshoch wie ein Stück Fels mit rötlicher Streifen-

struktur am Rand eines Grabens. Von nahe betrachtet tatsächlich nicht Stein.
«Beton aus den Mauern eines zerstörten Tempels...»
«Aber wie in aller Welt haben die das gemacht?» Die Hände des jungen Baumeisters tasten über die rauhe, sehr harte Oberfläche.
«Die Gußmasse war fast reiner Gips, mit etwas gemahlenem Backstein vermischt. Dazwischen liegen dünne, gelochte Tonplatten als Armierung; hier noch die Löcher, wo der ‹Zement› durchfloß und eine Schicht mit der anderen verband.
Der Betonblock wurde vor mehr als fünfundzwanzig Jahren ausgegraben, und da liegt er noch unverändert, während der Kalkstein daneben vollkommen verwittert ist... Wir werden bescheiden, auch wenn wir an die Ausmaße dieser Tempel denken – der größte hat einen Grundriß von dreiundfünfzig mal dreiundachtzig Meter –, daß es in Uruk vor sechstausend Jahren Tempel gab von der Größe der Dome, wie sie in Europa erst im Mittelalter gebaut werden sollten!»
«Fünftausend Jahre später...», sagt der junge Mensch langsam Silbe um Silbe und schaut dann unvermittelt auf: «Dann hat es doch einen Sinn!»
Der Beg blickt fragend.
«Ich meine, das mit den Schichten – das Präparieren und Zeichnen, Ziegel für Ziegel – die ganze mühsame Arbeit hier...» Er

▶

Die Aufnahme einer «*Schnittwand*» zeigt verschiedene Schichten, welche in Uruk wie Zwiebelschalen übereinander liegen. Hier vermag der Forscher zu «lesen» – ein Stück Geschichte aus dem Leben dieser Stadt. Die runden Vertiefungen in der Wand sind *Gräber aus neubabylonischer Zeit,* die, deutlich sichtbar, von verschiedenen Wohnschichten ausgehoben und mit Schutt wieder zugefüllt worden sind.
Neben der Ansicht (oben) gehört die Aufsicht zur architektonischen Aufzeichnung einer Ruine. Hier wird ausschnittweise der *Ziegelverband einer Tempelmauer* mit gestufter Nischenarchitektur und klar abgezeichneter Verputzschicht erkennbar.

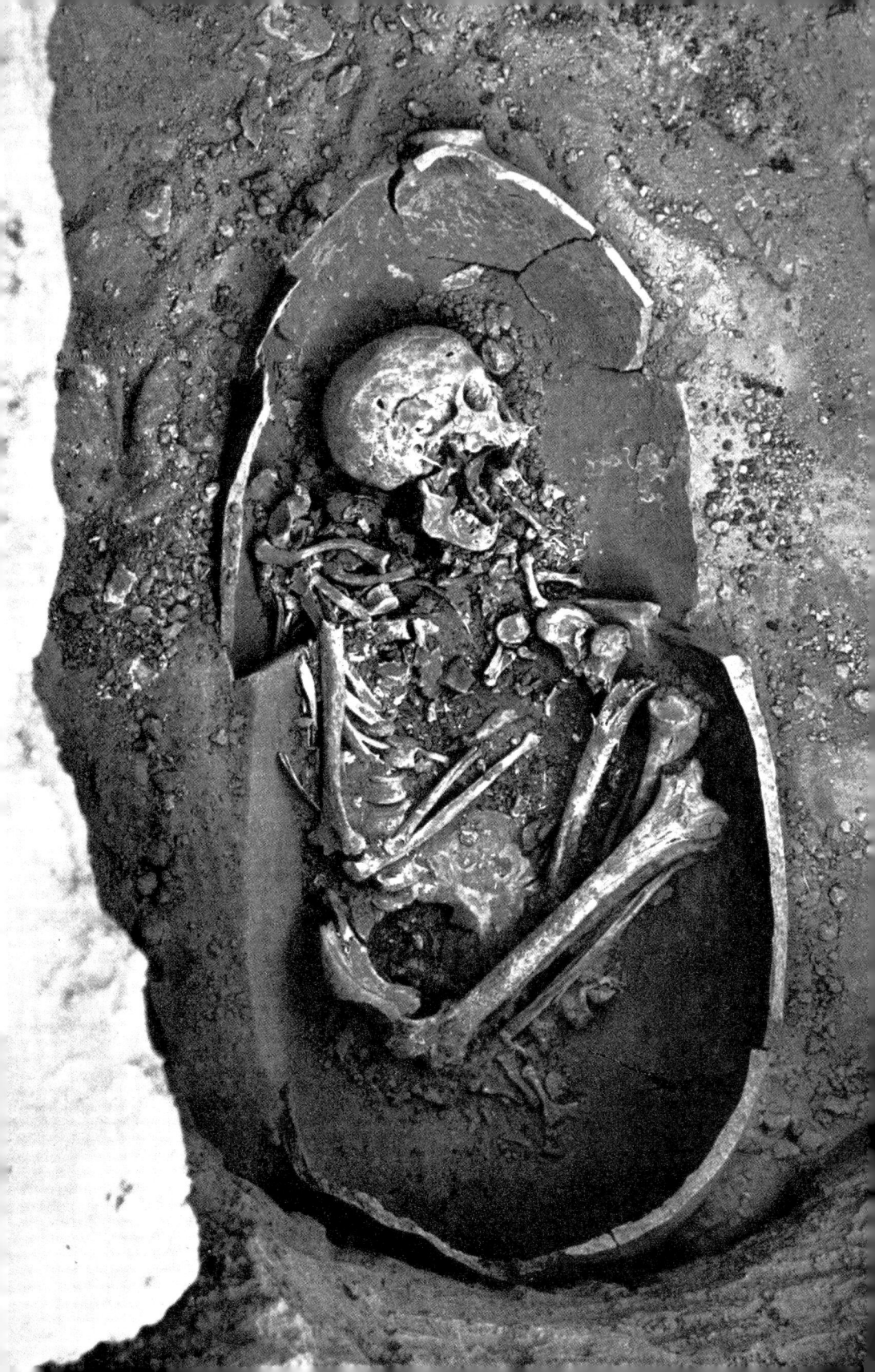

sucht nach Worten: «Wenn ich an meine Mauer denke – Seleukidenzeit, also nach Alexanders Tod –, und dann zurück zu den großen uralten Tempeln, von denen Sie sprachen... Wieviel muß dazwischen liegen?»
«Ja, mein Sohn», spontane Wärme klingt in der Stimme. «Viele Kulturen liegen dazwischen, und jede Periode ist bedeutungsvoll für die Wissenschaft! Wir dürfen keine Schicht übersehen, weil uns die darunterliegende gewichtiger erschiene. Gerade in dieser Ruine! Uruk wurde ja nicht wie andere Städte erbaut, unter diesem oder jenem König zur Blüte gebracht und dann wieder einmal aufgegeben. Diese Stadt hat von der archaischen Zeit, die wir immer tiefer ins fünfte vorchristliche Jahrtausend zurück datieren müssen, ununterbrochen gelebt bis zur parthischen Ära, als jener letzte kleine Tempel im Südosten gebaut wurde. Noch bleibt uns viel zu tun! Das ganze Gebiet zu erforschen wird uns nie gelingen, selbst wenn wir weitere hundert Jahre graben sollten...»
Sie kommen durch den Opferstättenhof, müssen zuweilen Wasserlachen umgehen, und der Lehm klebt schwer an ihren Schuhen. Riha ist verschwunden auf der mutmaßlichen Fährte eines Füchsleins.
«Übrigens werde ich den Zikurratstollen zuschütten lassen!» sagt der Expeditionschef, und Thomas erwidert schuldbewußt: «Ich dachte – wir wollten nur...»
«Die Mosaiken – ganz schön. Einmal könnte es aber zum Ausgraben zu spät sein; der Stollen ist ja nirgends abgestützt!»
«Offen gestanden – es war scheußlich! Die lastenden Ziegelmas-

◀

Zu neubabylonischer Zeit (Mitte des ersten vorchristlichen Jahrtausends) wurden die Toten in sogenannten *Doppeltopfgräbern* unter den bestehenden Wohnhäusern beigesetzt. Der Sarg besteht aus zwei ineinandergeschobenen Tonkrügen; darin liegt das Skelett in «Hockerstellung» mit angezogenen Knien. (Aufnahme Warka-Expedition)

sen überm Kopf und der Gestank...» Von der Hyäne sagt er nichts.
«Auch damals, als wir unter der Zikurrat arbeiteten, hatten wir einmal schweren Regen», erinnert sich der Beg.
«Kamen alle beizeiten heraus?»
«Das wohl. Aber dann drang das Wasser gleich von allen Seiten in die unterirdischen Gänge.»
«Und die ganze Arbeit umsonst?»
«Ja, ich machte mir Sorgen, als ich hinging, um den Schaden zu besehen. Doch da gab es eine wunderbare Überraschung: die Sintflut hatte uns eine perfekte Wasserwaage geliefert!»
«Aber wie und wozu...?»

Die Entwicklung der Zikurrat von Eanna (nach H. J. Lenzen)

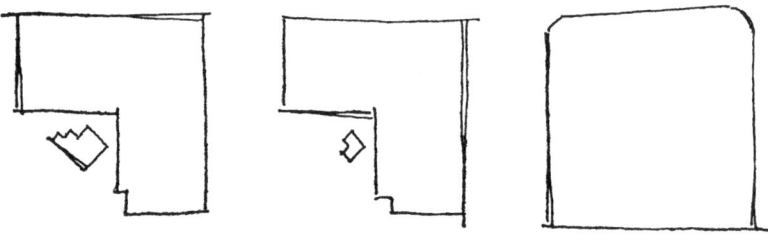

archaisch VII

«Unter Tag in einem engen Stollen ist das Nivellieren mit modernen Instrumenten kaum möglich. Als dann die Flut hereingedrungen war, und sie stand ja überall gleich hoch, hatten wir im Wasserspiegel den idealen Nullpunkt. Die Vergleichshöhe mit den äußeren Vermessungspunkten ließ sich leicht feststellen. So konnte in kurzer Zeit die ganze Grabung unter der Zikurrat einnivelliert werden. Verstehen Sie, was dies hier bedeutet, wo sechs ältere Anlagen begraben liegen...»
«Unter dem bestehenden Bau?»
«Die Zikurrat durfte keinesfalls zerstört werden, das war mein

Anliegen. Und doch mußten wir mehr über den Ursprung der mesopotamischen Türme erfahren.»
«Eine Antwort auf die Frage nach dem biblischen Turm?»
«Baugeschichtlich jedenfalls; denn es mußte ja eine Tradition dahinterstehen. Auch die religiöse Vorstellung eines Volkes hat irgendwo ihre Wurzeln.»
«Ich habe immer wieder in dem Zikurratbuch nachgelesen und die Pläne studiert, aber diese sieben übereinanderliegenden Bauwerke zu unterscheiden, schien mir reine Hexerei...»
«Technische Erfahrung und Geduld!» lächelt der Archäologe. «Sehen Sie», er nimmt eine scharfkantige Topfscherbe und beginnt damit auf den feuchten Lehmboden zu zeichnen. Erst den

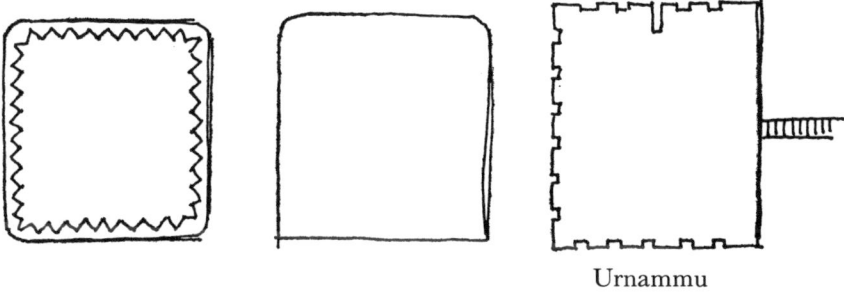

Urnammu

kleinen hakenförmigen Bau aus einer Periode, die er «archaisch sieben» nennt, darüber einen zweiten, sehr ähnlichen, und dann die bedeutende Veränderung zum ersten quadratischen Grundriß. Nun kam ein Baumeister, der die Wände mit einer merkwürdigen Zackenarchitektur überbaute, und der nächste hat alles wieder glatt zugemauert. Die Scherbe ritzt den fünften Bau mit abgerundeten Ecken in den Boden – alles scheint Thomas nun überraschend klar; kommen die Könige der dritten Dynastie von Ur, Urnammu und Schulgi, und vollenden die Zikurrat mit der nach Nordosten gerichteten Treppenanlage.

Der Beg erhebt sich und läßt die Scherbe fallen. Folgerichtig liegen die Zeichnungen übereinander. Fast spielend hingekritzelt. Doch wie viele Jahre stiller Arbeit im Staub stecken dahinter? denkt Thomas, der noch immer auf der Erde kauert.
«Und der Grund?» erinnert er sich wieder an das Buch. «Kann die Turmbau-Idee mit der Flut zusammenhängen?»
«Vielleicht», der Mann sieht über die Ruinen hinweg in die Ebene hinaus, wo an vielen Stellen Wasser glänzt. «Wer dieses Land kennt, möchte sich eine im Grunde genommen einfache Entwicklung der Zikurrat vorstellen. Sie beginnt wohl damit, daß die Menschen, woher auch immer sie kommen, seßhaft werden. Sie bestellen ihre Felder, und für die Ernte wird ein Vorratshaus gebaut. Vorratshäuser müssen an einem sicheren Ort stehen, weil die beiden großen Ströme im Winter das Land überfluten...
Aus diesem Grund werden vielleicht erstmals Terrassen aufgeschüttet. Noch immer finden Sie in den südlichen Sumpfgebieten Hürden und Speicher erhöht auf Schilflagen ruhend.»
«Heute noch – wie bei den frühesten Siedlern?»
«Fast unverändert. Sie können auch beobachten, wie die Leute jeweils nach der Überschwemmung die Terrassen ausbessern und die Lehmmauern frisch verputzen, damit ihnen der nächste Regen nichts anhaben soll.»
«Aber...», Thomas ist verwirrt, «die Türme – die Götter...?»
«Noch immer ungeduldig? – Die Vorratshäuser stehen nicht nur im südmesopotamischen Dorf; sie spielten eine bedeutende Rolle in der Theokratie des sumerischen Stadtstaates. Alles Land gehörte ja den Göttern, und die Bauern waren Pächter, die ihre Ernte dem Tempel abzuliefern hatten. Damit müssen die Tempel selbst zu riesigen Vorratshäusern geworden sein – zu Speichern auf hochangelegten, flutsicheren Terrassen...»
«Die immer wieder erneuert wurden. Jetzt sehe ich den Zusammenhang!»
«So mag die Zikurrat aus dem einfachen Vorratshaus herausge-

wachsen sein, und die jährliche Erneuerung bekommt auch symbolische Bedeutung. Denn immer wieder haben uns die ungezählten Putzschichten in Verwirrung gebracht. Das uns überlieferte Neujahrsfest hängt gewiß damit zusammen, denn es wurde zwischen Winterregen und Frühjahrsflut gefeiert... Vielleicht mußte sogar jeder König, bevor er den Thron bestieg, das Heiligtum erneuern und die Zikurrat ummanteln, wovon die Keilschrifttexte berichten. Und damit wuchs auch der ‹Turm› immer höher über die Ebene hinaus.»
«Wie wunderbar und doch – und doch so folgerichtig der Gedanke des erhöhten Vorratshauses!» sagt Thomas beglückt.
Der Archäologe ist weitergegangen.
«Hier lag das *Egipar* – die Wohnung der Priesterinnen, in der den Opferküchen besondere Bedeutung zukam. Im Alten Testament, bei Hesekiel, finden wir eine Beschreibung, die sich auf dieses Heiligtum beziehen könnte:
Und er führte mich durch den Eingang, an der Seite des Tores gegen Mitternacht zu den Kammern des Heiligtums, so den Priestern gehörten, und sieh, daselbst war ein Raum in der Ecke gegen Abend. Und er sprach zur mir: dies ist der Ort, da die Priester kochen sollen das Schuldopfer und das Sündopfer und das Speisopfer backen, daß sie es nicht hinaus in den Vorhof tragen müssen, das Volk zu heiligen.»
Lautlos wie zuvor Ma'yûf ist ein anderer Junge gekommen. Naim, der Flötenspieler. Die beiden bleiben abseits und reden halblaut miteinander. Manchmal dringt ein arabischer Wortfetzen herüber... Und plötzlich hält der Beg inne: «Was sagt ihr – wer ist tot...?»
«Mutair ist gestorben, *ya abûyi* – er starb am Ende der Nacht.»
«Mutair, der *Libn*-Junge – einer unserer Kleinsten... Wie kam es? Vor zwei Tagen noch hat er mit meiner Hündin gespielt – er kann doch nicht krank gewesen sein?»
«Nicht wirklich krank, weißt du – er war *chafîf*», sucht Naim zu erklären. «Der Regen... Mutair war der einzige im Zelt seiner

Mutter, der nach El-Chidr gehen konnte – es war kein Mehl mehr da zum Brotbacken. Und du hast gesehen – das Wasser steht jetzt schon nahe bei den Palmen, wo wir wohnen. Mutair watete durch das Wasser nach El-Chidr, und das Wasser reichte ihm fast unter die Arme. Er holte das Mehl beim Händler im *Sûq* und brachte es heim, und seine Mutter buk das Brot.»
«Und auf dem Heimweg watete der Junge wieder durch das Wasser und besaß keine anderen Kleider zum Anziehen?»
«Nein – Mutair hatte nur seine *Khamîs* und die dünne *Abâye,* und alles war naß von der Flut und vom Regen, und in der Nacht regnete es noch mehr. Mutair stand nicht auf am nächsten Morgen, und er wollte auch nicht von dem Brot essen, das seine Mutter für ihn gebacken hatte. Und heute werden wir ihn begraben...», berichtet Naim monoton und in einem Atemzug.
«So sterben sie», sagt der Beg bekümmert. «Unterernährt wie diese Kinder sind, verfügen sie kaum über Widerstandskraft. Und es ist noch nicht lange her, daß Mutairs Bruder starb.»
«Im selben Jahr?» fragt Thomas.
«Der Kleine konnte sich nicht mehr aus dem brennenden Zelt retten. Eine Woche lang litt er noch an den schweren Brandwunden. Wir versuchten alles, seine Schmerzen zu lindern, und nach einigen Tagen schien es sogar, als begännen die Wunden zu heilen. Aber noch bevor die Woche zu Ende war, gab der schmächtige Körper den Kampf auf. Nun hat die Frau ihre beiden Söhne verloren. Ihre einzigen Kinder.»
Bedrückt, schweren, feuchten Lehm an ihren Füßen, gehen sie zum Hof zurück. Naim und Ma'yûf wandern zu den sieben Palmen hinaus, wo sie wohl noch vor Sonnenuntergang, wie es der Koran vorschreibt, den toten Jungen begraben werden. Ein Kind der Wüste, das in der Nacht starb. Sein Name Mutair bedeutet «Regen».

Geliebte Naditu-Priesterin

Abend für Abend sitzen sie um die Petrollampe der Tschaikhâne, und Amira spinnt. Die Spinnerin ist kaum mehr aus ihrer Ecke wegzudenken, wo sie, das Gesicht von glatt herabfallenden Haaren halbverdeckt, mit überschlanken Fingern ihren Faden dreht. Auch ihre Hände sind wie auf byzantinischen Bildern, denkt Thomas. Nur wenn ihr zuweilen eine Frage, ein Einwand in den Sinn kommt, wirft sie mit rascher Bewegung den Seidenvorhang von ihren blitzenden Augen zurück. Dann reißt auch der Faden manchmal.

In der anderen Ecke raucht der alte Archäologe seine leise gurgelnde Wasserpfeife. Meistens schweigt er. Mit dem dünn aufsteigenden Rauchgekräusel kommen und gehen die Gedanken. Heute reden sie von den Funden, El-Schêch und der Beg. Den großen Funden von Uruk – Sternstunden im Staub –, Erinnerungen gemeinsamer Mühe und gemeinsam erlebten Ausgräber-

glücks. Und die jungen Leute, neugierig wie immer, wollen manches wissen von denen, die dabeigewesen sind. Über die archaische Jagdstele, die große Kultvase aus Alabaster und das herrliche Geschmeide der Priesterinnen...
Inmitten der berühmten Funde von Uruk steht die Unbekannte. Thomas hat noch nie nach ihr zu fragen gewagt. Er weiß nicht, was ihn davon abhielt. Alle kennen Abbildung und Beschreibungen des marmornen Frauenkopfes aus den Büchern über mesopotamische Archäologie. Hier aber, unter den rußgeschwärzten Deckenbalken des Expeditionshauses ist es, als wären sie mit dabeigewesen, als der Fund geborgen wurde, weil der Beg ihnen alles wieder heraufbeschwört.
«Mir war, als sei ich ihr schon einmal begegnet», beginnt er leise zu berichten von dem Tag, da er sie fand. Thomas lauscht, beide Hände auf die Bank gestemmt.
«Wir hatten in dem Jahr noch kaum einen Fund gemacht», fährt die Stimme fort, wie von weit her. «Jedenfalls nichts Nennenswertes – die übliche Keramik und einige zerbrochene, schlecht lesbare Tontafeln. Die Grabungskampagne ging dem Ende zu; ich saß drüben in Eanna und brachte meine letzten Zeichnungen aufs Blatt.
Da kam Nasir, der heute Meister ist, über den Bahndamm gelaufen. Atemlos erzählte er von einem merkwürdigen großen weißen Stein, der da in einer Grube liege. Ich ging mit dem Jungen zu der Stelle, wo er mit einigen anderen gearbeitet hatte. Und ich sah den Stein, der erstaunlich weiß war, also bestimmt nicht Kalk von dem großen Tempel, wie man vielleicht hätte annehmen können. Außerdem schien der Block behauen und wies Bohrlöcher auf.
Nasir hatte recht: ein solcher Stein war ungewöhnlich an diesem Ort! Behutsam legte ich ihn vollends frei und versuchte, ihn dann aus dem Schutt zu heben. Er wog sehr schwer. Meine Hände fühlten die wunderbar glatte Unterseite. Es war Marmor.

Ich drehte den Stein um und sah das wunderbare Gesicht. Seltsam lebendig spielte das Licht auf der durchsichtigen Marmorfläche; übergroß blickten die Augen unter der Wellenlinie tief eingeschnittener Brauen, und der herbgezeichnete Mund ergänzte diese mir auf unerklärliche Weise vertrauten Züge...»
Nachdenklich lehnt er sich an die Schilfmatte zurück und meint dann: «Als man im Museum einen Gipsabguß von dem Kopf machte, verlor der Stein seine ursprüngliche Transparenz – das Lebendige war wie ausgelöscht.»
«Und doch bleibt es wohl einer der großartigsten Funde...», hört man bedächtig den alten Archäologen.
«Ja – er sollte in der Welt berühmt werden –, aber das wußte ich damals noch nicht. So wie wir uns überhaupt hüten sollten, die Dinge gleich deuten zu wollen. Heute – eine Tontafel hat den Fund datiert – kennt man sie als die älteste weibliche Plastik von dieser Größe, Ausdruckskraft und Vollkommenheit.»
Sie rätseln weiter über die schöne Sumererin, wer sie wohl gewesen und welcher Künstler ihr Bild gemeißelt haben mochte. Eine Priesterin oder eine Königin von Uruk...
Amira läßt einen Moment die Spindel ruhen. «Viele meinen, daß es der Kopf einer lebensgroßen Statue war, welche hier in einem Tempel stand, mit Haaren aus getriebenem Gold und tiefblau leuchtenden Lapisaugen!»
Und dann reden sie von der unsterblichen Göttin mit den vielen Namen. Der wandelbaren Inanna, Himmelsherrin und Stadtgöttin von Uruk, der launischen Liebesgöttin Ischtar in Babylonien, die sich später, nachdem die alten Reiche längst versunken sind, als Aphrodite in Griechenland und Venus in Rom noch ihres langen Lebens freut.
«Ex oriente lux...», murmelt es aus der Assyriologenecke.
«Das Licht – *oui, et la beauté!* Und aus Uruk kommt das sumerische Schönheitsideal – so gültig, daß es uns im zwanzigsten Jahrhundert noch immer fasziniert.» Das Mädchen dreht so eifrig an

dem Faden, bis er dünn und dünner wird und schließlich reißt. Sie windet das Ende auf die Spindel und sucht einen neuen Anfang, und dabei fällt ihr die Achatkette ein.

Da lassen sich wieder viele Betrachtungen anstellen – über das große Geschmeide der Priesterin, das im Museum zu Baghdad liegt. Von unten durchleuchtet auf einer Glasplatte. Wie der Goldkranz aus dem Hügelgrab wirkt dieser Schmuck so neu und prächtig, als läge er im Schaufenster eines Juweliers; die flachgeschliffenen, in allen Schattierungen spielenden Achatplatten und die raffinierten Fassungen aus Gold. Wem die Kette gehört hatte, weiß man genau, denn das kleinste Plättchen trug eine feingeritzte Inschrift.

«*Abbabasti –*
Geliebte Naditu-Priesterin
Des (göttlichen) Schusin
Des Königs von Ur»

«Eine königliche Liebeserklärung?»
«Wäre wohl möglich – wenn nicht zwei Geschmeide mit der Widmung desselben Königs unter der Schwelle zur Wohnung der Priesterinnen gelegen hätten...», gibt Leo zu bedenken.
«Dann muß es die zweite sein – die in Berlin!» erinnert sich Thomas. «Sie gehörte der Kubatum, die in einer Hymne als Gemahlin des Königs von Ur erwähnt wird.»
«Aber das Geschmeide der Abbabasti war viel größer und kostbarer – und dann hat dieser Schusin doch die andere geheiratet...» Amiras Faden ist schon wieder gerissen. «Wie konnte überhaupt ein König die Tempelpriesterin zur Frau nehmen?»
«Das war wohl das gute Recht der vergöttlichten Könige der dritten Dynastie von Ur!» erklärt Peter.
«Ob diese Verbindung König–Priesterin mit dem altüberlieferten Ritus der heiligen Hochzeit zwischen der Innin und dem göttlichen Hirten Tammuz zusammenhing?»

«Und Uruk ist als ‹Ort der Königin› genannt...»
«Wo auch die Kronprinzen erzogen wurden! Und vergessen wir nicht, daß Schusin vor seiner Thronbesteigung *Schagin* – Militärgouverneur von Uruk gewesen war.»
«*Ah, je comprends* – dann konnte sich schon der junge Prinz in das Mädchen Kubatum verliebt haben...», fabuliert die Französin entzückt.
«Oder er liebte die Abbabasti und hat es sich später anders überlegt, wenn Sie durchaus einen Roman haben wollen!»
«Vielleicht also ein großes Drama...»
«Davon steht nichts in unseren Schriften.»
«Nein, so tragisch kann es nicht gewesen sein», lächelt der Beg, «beide Geschmeide lagen friedlich nebeneinander unter der Türschwelle.»
«Seltsam aber, daß die Priesterinnen ihren Schmuck an ein und derselben Stelle verloren haben...»
«Sie glauben an einen Zufall? Abbabasti und Kubatum haben die kostbaren Ketten bestimmt nicht verloren, sondern sehr wahrscheinlich beigesetzt!»
«Begraben – wie die Toten unter unseren babylonischen Wohnhäusern?»
«Wir denken dabei eher an ein Opfer zum Bau des neuen *Egipar*.»
«Und Kubatum folgte ihrem König nach Ur?»
«Vielleicht kam sie nach Uruk zurück, wo auch der letzte Kronprinz der Dynastie erzogen wurde.»
«Der unglückliche Ibbisîn...» Da der Faden schon wieder gerissen ist, gibt Amira für diesen Tag das Spinnen auf.

Dialog

Am Tag nach dem Regen hat Thomas feuchten Lehm aus dem großen Wadi gegraben. Seine Schuhe brachten ihn auf die Idee. Denn was da an den Sohlen klebte, war feingeschwemmter Ton von der allerbesten Qualität, unwiderstehlich zum Formen verlockend.
Sorgsam in ein feuchtes Tuch gewickelt verwahrte er den Lehmklumpen in dem winzigen Waschraum seines Zimmers. Und er malte sich aus, welch wunderbare Plastik er aus dem antiken Ton schaffen würde... Erde ist wohl überall gleichermaßen antik, überlegt er, während seine Finger kneten. Vielleicht ist aber dies hier doch etwas Besonderes; sind doch über diesen Lehm die Füße sumerischer Priesterinnen gegangen, und ein Akkader oder ein Babylonier hat daraus Bauziegel gestrichen. Und aus ähnlichem Lehm muß die Muttergöttin Aruru den Enkidu geformt haben. So wie es wohl noch eine andere Parallele gäbe...
Kratzen an der Tür. Thomas öffnet, und Sinkaschid schreitet herein, gelbäugig, mit würdevoll erhobenem Schwanz. Er schenkt dem Menschen, der ja eigentlich sein Gastgeber ist, kaum mehr Beachtung als ein Fürst seinem Kammerdiener. Der Kater springt aufs Bett, putzt sich affektiert drei Stäubchen vom Kragen und sucht dann eine zum Schlafen geeignete Mulde. Rollt sich in seiner ganzen schwarzhaarigen Pracht zusammen und legt, ohne den Mann am Tisch noch eines Blickes zu würdigen, den Schwanz über das Gesicht.
«Heute nicht mehr zu sprechen!» kommentiert Thomas.
Manchmal bewundert er dieses Katzenvieh in seiner schrulligen Eigenwilligkeit. Er hat erfahren, daß zu altbabylonischer Zeit einmal ein Stadtkönig von Uruk Sinkaschid hieß; er müßte noch darüber nachlesen... Dann wendet er sich wieder seinem Tonklumpen zu und denkt an die Gestalt, die da entstehen soll. Eine

Priesterin vielleicht oder eine Königin. Eigentlich hat er kein klares Bild von ihr, und die bekannten Sumerer-Figuren mit ihren großen Nasen wollen ihm nicht recht gefallen. Eine hohe, langgewandete Erscheinung, schön wie eine Vestalin, sinnt er weiter, aber da droht das elende Ding umzusinken. Der Lehm ist noch zu weich.
Suchend blickt er um sich, nimmt die Taschenlampe vom Sims und läuft über den Hof zum *Ambar,* um dort nach einem passenden dünnen Stab zu stöbern. Er findet auch bald einen krummen *Schîsch,* den wohl ein eifriger *Libn*-Junge zerbrach. Noch lange gut genug zum Armieren der schwachen Lehmgestalt.
Das Formen geht nun leichter, und Thomas arbeitet Stunde um Stunde, ohne aufzusehen. Wenn er einmal Ton in den Händen hat, kann er nicht mehr davon lassen. Das war schon immer so, seit er – einmal – Bildhauer werden wollte. Vielleicht hatte es damit schon früher begonnen, als Vater ihn sonntags auf den Bauplatz mitnahm. Das waren so ihre Spaziergänge zu zweit gewesen, wenn die Arbeit stillag und die Krane unbeweglich standen. Da war die Grube mit den Lehmwänden. Am Tag zuvor hatte es geregnet, erinnert er sich, man konnte die Finger in das feuchte Zeug bohren, und seine Hand hinterließ wunderschöne Abdrükke. Schließlich begann er Fratzen in die Grubenwand zu graben, und bis Vater ihn fand, war eine kuriose Ahnengalerie entstanden. Sein Sonntagsanzug allerdings...
In groben Umrissen steht seine Figur nun da. Zum Ausarbeiten ist das Material aber immer noch zu weich. Er müßte mit dem Kopf beginnen, dann würde der Lehm unter seinen Händen zusehends fester. Aber wie? Ob sumerische Königinnen Kronen trugen? Die sogenannte «Hörnerkrone» mußte ja den Göttern vorbehalten bleiben. Auf den Abbildungen von Statuen trugen Könige die Kopfbinde, symbolisch für den Hirten Tammuz. Wunderbar, denkt Thomas – wie alt mag diese Vorstellung des Hirten-Königs, des Hirten-Gottes wohl sein?

Aber die Frauen – wie verhält es sich nun mit ihnen? Die Statuen aller mutmaßlichen Fürstinnen hatten zumeist irgendwelche komischen Lockenfrisuren und Flechten, die ihm auch nicht sonderlich zusagen.

In Gedanken, ohne wirklich hinzusehen, hat er weitermodelliert, und da ist unter seinen Händen doch ein Gesicht entstanden – tiefe Augen in dem Lehm und darüber zusammengewachsene Brauen...

«Nein – nicht sie...!» ruft Thomas laut, daß der Kater erschreckt von seinem Lager hochschießt. Ihn gelb anstarrt.

«Verzeihung!» murmelt der junge Mensch am Tisch, worauf Sinkaschid sich andersherum zusammenrollt und seine unterbrochenen Träume wieder aufnimmt.

Dieses Bildnis könnte keiner ein zweites Mal machen, denkt Thomas, während er die verhängnisvollen Augen wieder zustreicht. Das Einmalige zu schaffen stand nur dem Sumerer zu.

Nun sieht er eine andere Gestalt vor sich. Er hat den Lehm zusammengedrückt, und da kniet nun die Wasserträgerin – eine Frau an der Quelle. Vielleicht kniet sie am Euphratufer und taucht ihren Krug in den Strom, und dann trägt sie den Krug heim zu ihrem Haus. Sumererin oder Partherin? Drei Jahrtausende liegen zwischen ihnen. Beide haben Wasser getragen, und heute ist das Arabermädchen Leyla an der Reihe. Warum soll sie einem Jahrhundert angehören? Die Wasserträgerin ist zeitlos. Immer gingen die Frauen dieses Landes mit ihren Krügen zu den Wasserstellen, um Wasser ins Haus, ins Zelt zu bringen. Kostbarkeit, Leben.

Nicht mehr bei uns in der europäischen Stadt. Da legt der Installateur die Leitung, und man dreht den Hahn auf. Wasser ist selbstverständlich. Vielerorts gibt es nur noch verschmutztes Wasser, weil die Menschen das Bewußtsein um seinen Wert verloren haben. Keine Maßstäbe mehr... Manchmal ist die Leitung verstopft... Zum Teufel damit! Ich bin wohl müde.

Er sieht auf die Uhr: in zwei Stunden hinaus zum ersten Grabungsdienst. Flüchtig legt er ein nasses Tuch um die Lehmfigur, wäscht die Hände und wirft sich dann in den Kleidern neben den Kater. Hamid wird schon rechtzeitig klopfen.

Wunder der Medizin

Gleich vermummten Pilgern kommen sie vom Wuswâs-Hügel her, die schafwollenen Mäntel dicht um den hageren Körper geschlungen. Die Männer gehen bedächtig und würdevoll; lieber stehen sie schon vor Morgengrauen auf, als daß sie sich beeilten.

Anders ihre Söhne, die ausgelassen, wie eine Meute junger Hunde kreuz und quer über das Ruinenfeld jagen.
Der *Ustadh* ruft einen Gruß zu dem Hügel, wo der junge Mensch im Wind steht, die Hände in den Taschen vergraben. Dann holt einer nach dem andern das Werkzeug heraus, das er am Abend zuvor in den Lehmschutt eingebuddelt hat. Thomas wundert sich, daß jeder seine Hacke, seinen Korb wiederfindet. Nie gibt es eine Verwechslung. Bei den Alten wenigstens.
Und die Jungen zanken sich ohnehin. Nicht um das Werkzeug

oder sonst aus einem triftigen Grund; bloß weil das Leben ohne Püffe und eine gelegentliche Rauferei entschieden zu langweilig wäre. Suchi, ein sehr kleines Beduinchen, hat seinem Freund Heleyl die *Keffiya* vom Kopf gerissen, und der bleibt ihm die Antwort auch nicht schuldig. Schon wälzen sie sich balgend im Staub. Sieht jedoch nicht ungefährlich aus, weil beide mit ihren spitzen *Schîschen* bewaffnet sind.

Thomas will sie zur Ordnung weisen, als Naim wie ein Racheengel dazwischenfährt, die Knirpse am Kragen packt und zur Arbeit jagt:

«*Yallah ila al-Schughl!*» Kichernd ziehen sie ihre Kopftücher wieder über den Schädel und haben sich sogleich in kleine Heiligenbilder verwandelt.

«*S'bah al-khêr* – wie geht es dir heute?» begrüßt Suchi den Europäer mit vollendeter Höflichkeit und streckt ihm seine braune Hand entgegen.

«*Sabah en-nur – zyên, kullisch zyên!*» antwortet Thomas grimmig. «Und euch geht's wohl noch viel besser – ihr *Wâwi!*»

«Es ist kalt heute morgen!» klagt Heleyl, die ständig triefende Nase hochziehend, und fegt mit seinem kleinen Palmenstrohbesen emsig den Staub von der Ziegelfläche. Sein tiefgeduckter Nachbar, den's zufällig traf, erhebt sich verschämt lächelnd und gepudert wie eine Diva.

Da kommt ein anderer Junge, seine *Abâya* auf der Erde schleifend, Ferhan; sichtlich bekümmert bringt er sein Anliegen vor: «*Ya Tabîb* – du mußt mir Medizin geben – *râssî kullisch mû tamâm!*»

«Das ist wahrhaftig traurig, *ya waläd* – ich habe aber keine Kopfwehpillen in der Tasche. Du mußt nach Feierabend zum Arzneihaus kommen!»

Und wie erwartet, gerät der Knabe in Verlegenheit: «*Wallah* – das geht nicht! Weißt du – dann muß ich doch mit den andern zu den Zelten laufen, und ich war noch nie der letzte...»

Thomas verbeißt sich das Lachen: «Dann wirst du auch keine

Kopfschmerzen mehr haben, *Inscha-Allah,* und wie immer das Rennen gewinnen!»

Ferhan schenkt dem klugen *Almânî* einen bewundernden Augenaufschlag und geht gelassen wieder an seine Arbeit. Thomas hat sie mittlerweile ein wenig kennengelernt, diese Wüstensöhne; unermüdlich sind sie auf der Suche nach irgendwelcher Abwechslung, wobei die Medizin mit wunderwirkenden Pillen und Salben an vorderster Stelle figuriert. Zuweilen wird auch aus Krankheits- oder familiären Gründen *Rukhsa* – ein freier Tag – verlangt, und viele haben es darauf angelegt, den nach ihrer Meinung unerhört reichen Europäern die Kleider vom Leib zu betteln.

Nun kommt ein alter Wagenschieber in zwei ungleichen Schuhen vom Bahndamm heruntergeschlurft. Triefaugen, hängender Schnurrbart – vollendete Hoffnungslosigkeit.

«*Ya Tabîb...*»

«*Schu hâdha* – wo fehlt's denn, *ya sadîqî?*»

«Die *Arabâne* – meine Hand...», jammert er.

«Zeig her!»

Der Alte muß beim Kippen des Förderwagens die unglückliche Hand eingeklemmt haben. Gequetscht und blutet ein wenig. Weiter nicht schlimm. Für solche Fälle hat Thomas ein probates Mittel, welches ihm vielleicht bei den Leuten den Namen *Tabîb,* «Doktor», eingetragen hat. Es ist einfach und zweckmäßig: Jod. Eindrucksvoll vor allem. Schon in der kleinen Apotheke des Expeditionshauses, wo er zuweilen mit Martin kleine Gebresten verarztet, bemerkte er den seltsamen Reiz, den eine schmerzhafte Behandlung auf die Araber ausübte. Einer milden Desinfektionscreme mißtrauten sie und erzählten dafür begeistert, wie weh die Einspritzung irgendeines Quacksalbers im Basar von El-Chidr getan habe.

«Komm, setz dich hierher!» befiehlt er und öffnet feierlich den ominösen Jodstift. «Aber paß auf – es wird schrecklich brennen – *harr kethîr!*»

«*Harr kethîr – harr mithil Nâr* – heiß wie Feuer...», murmelt es im Kreis, der sich mittlerweile angesammelt hat.
Nun wird der Stift in die Wunde gedrückt; der Mann verzieht das Gesicht schon zur schmerzlichen Grimasse. Nochmals zwei Tropfen Jod, und er stöhnt. Beifälliges Echo rundherum.
«*Wallah – harr kethîr!*» bestätigt der Alte, nunmehr aus allen Runzeln und Zahnlücken strahlend. «Allah segne dich!» Und beglückt klettert er wieder auf die Geleise zu seinem verlassenen Eisenbahnwagen.
Da ist jemand, der herzlich lacht. Der Beg muß schon eine Weile dagestanden und das Jodfeuertheater beobachtet haben. «Ja, diese Kinder...», sagt er und sieht den langgewandeten Gestalten nach, die *yallah-yallah*-raunend wieder hinter dem Hügel verschwinden. «Wenn es sich nur immer mit Jod, Hustensirup und harmlosen Kopfwehpillen machen ließe...»
«Gab es auch schon schwere Unfälle in der Grabung?» fragt Thomas.
«Es passierten die sonderbarsten Dinge! Einmal riefen sie mich – da sei einer tot. Ich erschrak, und es sah tatsächlich schlimm aus, als ich hinkam. Es mußte ebenfalls mit einem der schweren Förderwagen passiert sein. Der Verunglückte war mit voller Wucht gegen die *Arabâne* gefallen, und die Kopfhaut hing ihm übers Gesicht. Lag da, und die Klageweiber heulten...»
«Dann kann er wohl kaum mehr gelebt haben?»
«Das dachte ich auch. Ich fühlte seinen Puls und jagte die Weiber fort. Dann drückte ich das herausstehende Stück der Schädeldecke wieder an Ort und Stelle, klammerte die Haut zusammen und machte einen Verband. Und bald darauf kam unser *Arabandschi* auch wieder zum Bewußtsein.»
«Hat er sich erholt – ohne Infektion und so...?»
«Fragen Sie nicht, wie schnell er sich erholt hat! Kam noch am selben Abend mit seinem riesigen weißen Turban in die Grabung spaziert und bat, am nächsten Tag wieder arbeiten zu dürfen!»

«So was nennt sich wohl hier Kamelkonstitution!» meint Thomas schaudernd.
«Ja, da geht es oft etwas rauh zu...» Der Archäologe betrachtet ein Tontafelbruchstück, das der *Ustadh* ihm gebracht hat, und meint dann: «Wenn wir schon bei der Medizin sind, müssen Sie auch die Geschichte der Venus erfahren!»
«Wie kam die Göttin hierher?»
«Unser Wassermann hatte eine Frau, die aus unerfindlichen Gründen so hieß. Deren Sohn Chaieb kam eines Tages und verlangte ein Mittel für den Kopf seiner Mutter. Nun – ich dachte an einen krätzeartigen Ausschlag, der gerade unter den Stämmen grassierte, aber nicht weiter gefährlich war, und gab ihm ein Mittel zum Einreiben.
Der Junge kam jedoch bald aufgeregt zurück und erklärte, die Mutter hätte geschrien vor Schmerzen. Das könne doch überhaupt nicht weh tun, weder der Ausschlag noch die Salbe, meinte ich. Ja – es sei ihr eben ein Backstein auf den Kopf gefallen... Ein Backstein – woher fiel der Venus ein Backstein auf den Kopf...? Aus der Hand Abid Alis, ihres Gatten – kam dann endlich die Wahrheit ans Licht.»
«Liebenswürdige Umgangsformen, muß man sagen!»
«‹Her mit der Frau!› befahl ich. Und schließlich erschien Venus mit Sohn und Gemahl. Aber Abid Ali wollte absolut nicht zulassen, daß sie den Schleier abnahm, weil eine anständige Frau dies in Anwesenheit eines fremden Mannes nicht tut. Nur mit größter Mühe brachte ich den Übeltäter so weit, daß er mich wenigstens den Kopf von oben sehen ließ; das Gesicht blieb jedoch sorgsam verhüllt. Wie von einem Dolch klaffte die Wunde über dem Scheitel der Frau. Mußte natürlich genäht werden und heilte glücklicherweise auch gut. Dies war meine zweite große Operation – ob Venus schön war, blieb mir unbekannt...», lächelt der Beg. Er gibt Thomas das Bruchstück zum Eintragen ins Fundbuch.

Die Augen im Krug

Lange Stunden sind es heute, denkt Thomas. Seit Sonnenaufgang steht er auf seinem Hügel und muß bis Mittag weiter da stehen, weil er auch Amiras Grabungsdienst übernommen hat. Sie ist mit ihrem Inventar im Rückstand. Müßigsein liegt ihm nicht, und es ereignet sich so wenig, wenn man von den paar Eintragungen und den mit dem Meister gewechselten Worten absieht.
Aufpassen soll man, daß es mit der Arbeit vorangeht. Aber bei Allah – die Arbeit geht elend langsam voran! Noch vor einem Monat hat er sich über die orientalische Lässigkeit geärgert, mit der sich die Leute bewegten. Dabei schien sein gelegentlicher Ruf *yallah – yallah* sie wenig zu berühren. *Yallah* tönte es hier den ganzen Tag, aber nichts ging schneller. Wenn er dabei an einen Bauplatz in Deutschland dachte, war's rein zum Verrücktwerden!
Doch mit der Zeit vergaß er den Vergleich mit europäischen Bauplätzen. Dachte wieder an die Korbträgerprozession von einst; an den König Urnammu, der seinen Korb mit Erde auf dem Kopf getragen und sich wohl auch nicht beeilt hatte.
Er sieht die zerlumpten Gestalten, an denen doch nichts Sklavisches ist. Sie anerkennen wohl die Leute aus dem Abendland, die Doktoren mit dem großen Wissen; sie selber lesen keine Bücher und kümmern sich auch nicht um die begrabenen Jahrtausende. Sie begnügen sich mit ihren Legenden, kennen die *Dschinne* dieser Hügel und wissen aus dem Wüstenboden manches zu lesen, was die *Almânîyîn* nicht verstehen. Was brauchen sie sich da zu beeilen, wenn einer *yallah* schreit?
Vor ihnen haben ihre Väter in Uruk gehackt und Erde getragen, und es ist auch nicht schneller gegangen. Aber sind nicht trotzdem viele, sehr viele Mauern zutage gekommen; hat man nicht bedeutende Funde gemacht, weil keine Handvoll Erde unbeach-

tet auf den Schutthügel kam? Und haben nicht vielleicht auch die Europäer gelernt, daß im Morgenland die Zeit anders gemessen wird?

Eigentlich wünschte sich Thomas, geduldig und erfahren und siebzig Jahre alt zu sein. Dann könnte er von hier oben heiter und abgeklärt die Ruine und die Welt überblicken. Und würde verstehen. Das Land und die Menschen hier würde er verstehen und das Vergangene, und mit dem König Urnammu und dem Helden Gilgamesch stände er auf du und du.

Und auf einmal sieht er sich in zwei Gestalten: als alten Mann oben auf der Mauer, hinabblickend zu dem jungen Menschen, der da über Problemen grübelt. Da lächelt der alte Mann, und der junge Mensch grübelt nicht mehr.

«*Ta'âl* – komm schnell!» Thomas fährt zusammen. Naim steht vor ihm, rasch atmend, die Augen dunkler als sonst.

«Was ist passiert – wohin soll ich kommen...?»

Wortlos nimmt der Junge seine Hand und zieht ihn mit sich fort, hinüber zu der Stelle, wo Faisal mit zwei *Libn*-Jungen arbeitete. Der *Ustadh* kommt ihnen entgegen und die Jungen und noch mehr Männer. Sie schleifen Thomas beinahe zu dem Loch unterhalb der Seleukidenmauer. Da ist kleinformatiges Ziegelwerk zum Vorschein gekommen, das, wie der Beg sagte, zu einem sehr viel älteren Bau gehöre.

Wie knisterndes Buschfeuer ging die Kunde von Hügel zu Hügel. Die Araber kommen von allen Seiten gelaufen und warten. Die Kunde wovon...? Der Kreis öffnet sich vor Thomas und schließt sich wieder hinter ihm. Und da ist die Grube.

«*Schûf!*» Faisal kniet nieder, in der Hand *Schîsch* und Strohbesen, und beginnt vorsichtig, krümelweise die Erde wegzukratzen. Thomas kauert neben ihm. Bemerkt, wie sich in der Tiefe etwas abhebt, das aussieht wie ein umgestülpter Blumentopf.

«*Aku schi takht* – darunter ist etwas!» sagt der Meister. Erregt nimmt Thomas den kleinen Besen, um Lehm und Staub fortzufegen. Naim reicht ihm seinen *Schîsch*. Fieberhaft arbeiten sie weiter, der Araber und der junge Europäer, beide nebeneinander auf der Erde liegend.

Das glockenförmige Tongefäß bewegt sich schon ein wenig unter dem spitzen Eisen. Und dann stößt der *Schîsch* wieder auf etwas Hartes. Nochmals Ton. Ein zweiter Topf unter dem ersten? Die Erde löst sich leicht. Es ist ein sehr viel größeres, bauchiges Gefäß, das nun zum Vorschein kommt, worauf das erste wie ein Deckel sitzt, obwohl es offensichtlich gar nicht dazu paßt. Wer kam wohl auf diese Idee? Ein Kindergrab vielleicht...? Er versteht zuwenig davon. Und doch – wie unter Zwang hebt Thomas die kleine tönerne Glocke. Und sieht die Augen! Augen, die ihn aus dem Dunkel des Kruges anstarren – uralt und ernst wie aus unendlicher Weite. Bewegten sie sich – diese Augen aus einer anderen Welt...? Er zittert, und rund um ihn ist Stille, als wage auch von den Arabern keiner zu atmen vor diesen unheimlichen Augen aus der Tiefe, wo die *Dschinne* wohnen...

Es muß Stein sein, was so lebendig schimmert; Alabaster vielleicht und, soviel man erkennen kann, die Figur eines bärtigen Mannes. Die abstechend weißen Augen sind wohl aus Muscheln und in Asphalt eingelegt. All dies sucht der junge Mensch sich klarzumachen, während er da kniet, die Hände gegen den Boden gestemmt, als müsse er sich festhalten – weil diese Augen ihn hinabzuziehen drohen.

«Ruft den Beg!» sagt er leise. Und doch wie ein Hilfeschrei.

Thomas weiß nicht, wie lange er da kniete, als der Archäologe sich über das Loch zwischen den Ziegeln beugt. Wie erlöst steht er auf, und seine Gelenke schmerzen.

Der Beg hat nach *Schîsch* und Besen verlangt, und gemeinsam mit dem *Ustadh* legt er den Krug vollends frei. Alles spielt sich nun ordnungsgemäß ab. Der Fund wird *in situ* photographiert und die Stelle exakt im Planquadrat eingetragen. Zuletzt bringt Thomas die Figur in den *Ambar*. Naim trägt die beiden Tongefäße.

Die Plastik sei wirklich aus Alabaster, bestätigt Amira. Der untere Teil ist abgebrochen. Der bärtige Mann trägt die königliche Kopfbinde, und seine Hände halten etwas. Thomas hätte gerne gewußt, was der kleine König in den Händen hält.

Auf Ton geschrieben

«Ist es nicht etwas zeitraubend, das Ganze?» erkundigt sich Thomas, der sich auf dem Fenstersims des *Ambar* zwischen aufgestapelten Büchern und zerbrochenen Töpfen niedergelassen hat und dem Assyriologen beim Pinseln seiner Tontafeln zusieht.
«Wäre etwas weniger zeitraubend, wenn du mir nicht vor dem Licht säßest!» entgegnet der Rothaarige freundlich und nimmt die nächste Tafel aus einem der wattegepolsterten Schächtelchen. «Wenn es auf den Zeitverlust ankäme, könnten wir mit unserer ganzen Wissenschaft zusammenpacken! Stell dir bloß einmal vor, wie viele Leute sich seit Pietro della Valle Anno 1621 ein Leben lang den Kopf zerbrochen haben, bis man die Keilschrift überhaupt entziffern konnte. Und man ist damit noch lange nicht zu Ende.»
«*Vraiment* – im siebzehnten Jahrhundert haben sie schon angefangen mit dem großen Kopfzerbrechen?» wundert sich Amira über ihre Tonkrüge hinweg.
«*That's it*. Der italienische Reisende fand damals in Persien die sonderbaren Zeichen und berichtete darüber als erster in Europa.»
«Wußte er denn, was da stand?» Thomas stützt sich nun mit beiden Ellenbogen auf den Assyriologentisch.
«Nein, vom Lesen der Keilschrift hatte er noch keine Ahnung. Mehr als hundert Jahre sollten vergehen, bis Niebuhr die Texte

von Persepolis kopierte, und nochmals eine gute Weile, bis einer bloß herausfand, welches Zeichen die Worte trennt, und ein anderer die Zeichengruppe für ‹König› feststellte.»
«Und da war doch der berühmte Grotefend...?»
«Erst zu Anfang des neunzehnten Jahrhunderts kam er über die im Alten Testament und im Awesta überlieferten Königsnamen auf dreizehn Zeichen, und der ebenso berühmte Brite Rawlinson gab 1846 die altpersische Fassung der großen Behistūn-Inschrift bekannt.»
«Das war bestimmt eine Sensation!» begeistert sich Thomas. «Muß doch auch bedeutend komplizierter gewesen sein als das mit den Hieroglyphen...?»
«Sicher. Die alten Ägypter schrieben ja in Bildern, die für sich allein schon etwas aussagten und deren Bedeutung man zumindest erraten konnte, während sich mit den Keilschriftzeichen der Perser und Assyrer, Babylonier und Sumerer vorerst wenig anfangen ließ, da es ja erst noch galt, verlorengegangene Sprachen wiederzufinden... Laß die besser liegen!» ermahnt er seinen Zuhörer. «Tontafeln sind nicht zum Spielen – vor allem die brüchigen ungebrannten...»
Gehorsam legt Thomas die beiden Bruchstücke auf den Tisch zurück. «Aber die hier haben doch auch so was wie Bilder drauf und dann noch die tiefeingegrabenen Punkte», beharrt er.
«Da hast du recht. Archaisch! Damals hatte man auch in Mesopotamien eine Wort-Bild-Schrift. Übrigens wurden die ersten Tafeln dieser Art, die ältesten bisher bekannten Schriftdokumen-

▶

Legende wurde Wirklichkeit, als die Ausgräber durch Sanddünen und Lehmschichten in die Tiefe drangen und die Reste einer gewaltigen *Stadtbefestigung* freilegten. Links im Bild wird einer der etwa neunhundert Rundpfeiler sichtbar, die die Mauer von Uruk gestützt hatten. Mit einer Stärke von fast sieben Metern und einer Länge von rund neun Kilometern gilt sie als der älteste große Mauerbau der Geschichte. (Aufnahme Warka-Expedition)

te, hier in Uruk gefunden – Schicht vier A, wenn dir das etwas sagt. Anfang des dritten vorchristlichen Jahrtausends!»
«Und wie geht es dann weiter?»
«Wörter allein genügen nicht mehr, und die sumerischen Schreiber beginnen, auf ihren Tontafeln eingedrückte Keile zu Silbenzeichen zu gruppieren. Ein gewaltiger Fortschritt; denn während bisher lediglich Wirtschaftstexte abgefaßt worden sind, kann jetzt eigentlich Sprache geschrieben werden...»
«Literatur!»
«Rituale – Königshymnen und das Gilgamesch-Epos.»
«Bis die Phönizier dann einmal anfingen, Buchstaben zu schreiben...», überlegt Thomas. «Aber was hat nun dein Pinseln hier mit dem Entziffern der Keilschrift zu tun?»
«Gehört mit zur Behandlung unserer kostbaren Tafeln!» sagt der Assyriologe liebevoll. «Vergiß nicht, daß die Leute ja auf Ton geschrieben haben, der wie die Ziegel der alten Bauten nicht gebrannt wurde. In den Nippur-Texten berichtet ein damaliger Schüler, wie er am Morgen zuerst seine Tafel aus feuchtem Ton formen und für die Schreibübung vorbereiten mußte.»
«Womit schrieben sie?»
«Mit kantig geschnittenen Griffeln aus Rohr, welche, in das weiche Material gedrückt, die verschiedengeformten Keilzeichen ergaben. Danach wurden die Tafeln lediglich getrocknet; nur wenige besonders wichtige Urkunden kamen zum Brennen in den Töpferofen. Was du hier siehst, ist alles ungebrannt.»
«Hält sich das...?»
«Eben nicht! Wir müssen die Tafeln nachträglich noch brennen, um sie für unsere Zwecke haltbar zu machen. Und dann, was

◂

Nach Jahrtausenden fällt erstmals wieder Licht auf das marmorne Antlitz im Sand. Es war ein großer Moment für den Forscher, der damals noch nicht wußte, daß dieses Werk eines Sumerers als *das erste lebensgroße Frauenbildnis* Weltberühmtheit erlangen würde. (Aufnahme Warka-Expedition)

fast ebenso wichtig ist, werden sie noch eine Weile ins Wasser gelegt.»
«Wozu das Bad?»
«Die Tontafeln sind zumeist stark versalzt, wie der ganze Boden hier, und müssen daher gründlich gewässert werden. Das ist wieder eine lange Prozedur. Früher aufgefundene Tafeln wurden noch durch Salz zerstört, als sie schon im Museum lagen.»
«Darauf wär' ich nicht gekommen! Kannst du nun endlich mit dem Entziffern beginnen?»
«Erst kopieren!»
«Soll bedeuten, daß ihr die ganzen Texte nochmals auf Papier abschreibt...?»
«Sogar eine ziemlich schwierige Technik», seufzt Peter, «aber notwendig für die Veröffentlichung – und veröffentlicht muß werden, was wir da mühsam ausgeknobelt haben. Das Ganze wird dann wieder nach einem bestimmten Schema umgeschrieben. Eigentlich eine Zusammenarbeit von Keilschriftforschern auf der ganzen Welt. Wobei ich natürlich einer von den kleineren bin...», spottet er ausnahmsweise einmal über sich selbst.
Immerhin beobachtet Thomas respektvoll, wie der Assyriologe seine Tafeln, Täfelchen und Bruchstücke in die numerierten Schachteln ordnet, sorgsam, wie wenn eine Mutter ihre Kinder zu Bett bringt. Und nachdem auch der Pinsel und die scharfgespitzten Bleistifte parallel zur Schachtelreihe auf dem Tisch liegen, meint er befriedigt: «Das reicht für heute! Komm – *I will show you something* – vielleicht kannst du Rätsel lösen...»
Die beiden treten aus dem dämmrigen *Ambar* in den lichterfüllten Hof hinaus.
«*Bonne chance* und viel Vergnügen!» ruft Amira ihnen nach, bevor die Türe zufällt und sie sich wieder in ihre Zeichnungen vertieft.
Sie stapfen über die Hügel und folgen der nördlichen Mauer des Heiligtums bis hinauf zur Schattenseite der Zikurrat. Thomas fragt sich, wo der andere hinauswill. Dann bleibt der Schotte ste-

hen. Vor ihnen liegt ein ziemlich großes Geviert mit verwitterten, schmalen, nebeneinanderlaufenden Mäuerchen, teilweise von einer Sanddüne zugedeckt.
«Was gibt es denn da viel zu sehen?» grübelt der Jüngere. «Bestimmt keine Pyramiden!»
«Du mußt dich auch immer über arme, beschränkte Leute lustig machen! Wie soll ich wissen, was mit diesen langen dünnen Ziegelstreifen los ist? Alle so nahe beisammen... Sah ich noch nie! Mauern – ich meine von einem richtigen Haus – können das nicht gewesen sein...»
«Und?»
«Vielleicht so was wie Kanäle?»
«*Not so bad.* Hier – wenn du genau hinschaust, kannst du eine sehr feine, dichte Lehmschicht erkennen; zweifellos von Wasser abgelagert. Aber was glaubst du nun, bedeutet das Ganze?»
«Eine Gartenanlage des Eanna-Heiligtums mit vielen Blumen...»
«Und Gemüse!» kichert Peter. «Ohne Spaß – auch die Archäologen dachten an so was Ähnliches – aber da waren die vielen in dem Gebiet gefundenen Tontafelbruchstücke, die in andere Richtung wiesen; denn Loftus hatte hier schon Keilschriften entdeckt, und in der Zwischenzeit – das macht über hundert Jahre – müssen noch Raubgräber am Werk gewesen sein. Man suchte weiter und stieß auf eine große Anzahl unberührter Tafeln.»
«Wunderbar – weißt du, was drauf stand?»
«Du wirst enttäuscht sein: Wirtschaftstexte! Abrechnungen über Gerste, Bier und Schlachttiere; Gutschriften, Schuldscheine und so weiter. Doch brachten gerade diese prosaischen Texte Licht in die Angelegenheit. Hinzu kam, daß man an einer anderen Stelle mit Tontafeln gefüllte Krüge gefunden hatte. Reimt man sich alles zusammen, so haben wir hier das Wirtschaftsarchiv von Eanna!»

«Werd' ich nicht ganz klug: Tontafeln, Krüge, Kanäle... Stand denn die ganze Geschichte im Wasser?»
«Darüber! So wie man in den Dörfern heute noch Tonkrüge in Wasserhäusern aufbewahrt findet, waren diese Schriftbehälter so zwischen die Mäuerchen gestellt, daß der Krugboden über dem Kanal schwebte. Wie du ja weißt, zerfällt ungebrannter Ton,

Tonkrüge über den Wasserkanälen im Tempelarchiv

wenn er zu stark austrocknet; mit Hilfe dieser Kanalanlage wurde in dem Archiv die notwendige Luftfeuchtigkeit zur Erhaltung der Tafeln produziert.»
Eine regelrechte Klimaanlage!»
«Genau das. Dafür müssen wir den damaligen Tempelverwaltern dankbar sein. Mögen dir Abrechnungen auch banal erscheinen, so sagen sie uns doch oft mehr als eine große Hymne. Wir erkennen damit die Bedeutung des Tempels in der Stadt und im Staat. Und aus den Texten geht hervor, wie weit die Landwirtschaft entwickelt war; was der Bauer auf seinen Feldern angepflanzt und dem Tempel abgeliefert hat und welche Haustiere er hielt. Auch über das Bewässerungssystem und den Unterhalt der Kanäle erfahren wir manches. Schließlich bekommst du ein recht gutes Bild von dem Leben, das sich einst hier im Schatten unserer Zikurrat abgespielt hat.»
Bewundernd blickt Thomas zu dem langen Assyriologen auf: «Ist wohl doch nicht so unsinnig, euer jahrelanges Brüten über den kleinen brüchigen Tafeln...»

Und wundert sich

Der Kater schläft. Wie immer zusammengerollt auf der gelben Bettdecke, den buschigen Schwanz über die Augen gelegt.
Rund um die Petrollampe ist der Tisch mit Lehmklümpchen übersät, und dazwischen glänzt das aufgeklappte Taschenmesser. Thomas modelliert an seiner Plastik, die er lange Zeit nicht mehr hervorgeholt hat. Oft mußte er noch bis in alle Nacht hinein zeichnen, dann wieder saß er mit Peter und Leo diskutierend in der *Tschaikhâne*. Nur ab und zu legte er ein befeuchtetes Tuch um die Figur. Da mochte sie träumen – die Göttin oder das Mädchen am Brunnen...
«Was meinst du, Sinkaschid, mag wohl aus dem Ding werden?» fragt er, da und dort etwas Lehm weggrabend. Der Kater hat nicht zugehört.
«Und was wird aus mir selber?» fragt er bekümmert weiter.
Vorgestern kam endlich Vaters langerwarteter Brief. Trotz mancherlei Befürchtungen ein harter Schlag. Erst jetzt, nachdem alles vorüber ist, schreibt er von der Attacke. Mitten auf dem Bauplatz war es geschehen, und dann lag er sechs Wochen im Krankenhaus. Von wo er auch den ersten Brief geschrieben hat, mit der Schrift, die nicht mehr so wie früher war. Auch Vater war nun wohl nicht mehr der unerschütterliche Mann, den Thomas kannte, soweit seine Erinnerung zurückreicht.
Und die Leute sagen, es kann zweimal kommen, aber beim dritten Mal übersteht man's nicht. Was dann? Dachte Vater daran, als er schrieb, er wäre froh, seinen Sohn wieder da zu haben? Um ihm das übergeben zu können, was er geschaffen und nach dem Krieg wiederaufgebaut hat; erwartet er, daß Thomas nun endlich sein Diplom macht und als Architekt erfolgreich sein wird. Die Geschichte mit den Fußstapfen... Aber hat Vater nicht ein Recht darauf nach all den Jahren – nach so viel Geduld?

Noch immer läßt er ihm Zeit. Sagt, daß Thomas, wenn er nun schon einmal weggegangen und das Semester verloren sei, erst das zu Ende führen möge, was er da draußen in der Wüste begonnen habe. Vielleicht ein Prüfstein.
Aber wünscht er sich nicht selber letzten Endes die Karriere, überlegt Thomas. Die wunderbaren himmelhohen Krane... Baumeister, berühmt in ganz Europa – Hochhäuser aus Stahl und gleißendem Glas...
Oder Kirchen. Obwohl die Religion in seinem bisherigen Leben keine besonders große Rolle spielte, träumte er oft davon, Kirchen zu bauen. Vielleicht weil Kirchen nicht so schrecklich zweckgebunden sind wie die Wohnhäuser. Oder weil sie einen Turm haben.
Da sind sie wieder: Türme im Abendland und Türme im Morgenland. Und hier gab es sie zuerst, zwischen den beiden großen Strömen, schon vor Jahrtausenden. Aber noch immer ist es den Baumeistern nicht gelungen, mit den Spitzen ihrer Türme die Allmacht über der Welt zu erreichen.
Krane und Glaspaläste verblassen, und er denkt, wie fesselnd es sein könnte, nach diesen Dingen zu forschen. Nach den großen Bauwerken von einst – den Baumeistern und ihren Vorstellungen, die in unserem Bewußtsein weiterleben.
In der Forschung hat sich vieles verändert. Goldgräber sind nicht mehr gefragt. Es geht um Erkenntnis, nicht um Besitz.
Gold! Er lacht. Wir haben ja Gold gefunden, vor einigen Tagen. Nicht nur den Kranz aus dem Fürstengrab; Gold auch zwischen den Ziegeln seiner Mauer. Zum Teufel damit – keiner hatte Freude dran. Ein Klumpen geschmolzenes Gold – er wog sehr schwer –, was hat es dem Archäologen zu sagen? Rein gar nichts! Eben ein Stück Metall, weniger wert als eine Topfscherbe.
Thomas hat den Goldfund fast vergessen, weil dann der Aufstand war. An dem Tag, als der Beg nach Samawa fuhr. Worum ging es eigentlich? Das ist ihm noch immer nicht klar.

Kam da Suchi in den Hof gelaufen, winzig, wirrhaarig und aufgeregt, sein herabgerutschtes Kopftuch auf dem Boden nachschleifend. Suchte nach dem Beg. Aber der Beg war mit Adnan zum *Kaimakam* gefahren. Thomas verstand wenig von dem überstürzten Bericht des *Libn*-Jungen. Bis Ismail aus seinem Refugium erschien und den Kleinen so streng anfuhr, daß der erschreckt verstummte und nur noch seine großen Augen von einem zum andern wandern ließ. Als darauf der oberste Haushofmeister etwas sanfter wurde, kam's heraus: etwas von *Khanschar*, was Dolch bedeutet, und die Namen Faisal und Saad.

Ismail hatte es plötzlich sehr eilig. Thomas lief mit hinaus in die Grabung, wo großer Tumult herrschte. Zwischen Eanna und der Seleukidenmauer hatte sich ein wilder Haufe schreiender Araber zusammengerottet. Mittendrin leuchtete ein rotes Kopftuch: Amira. Vielleicht schrie auch sie. Aber das war in dem Lärm nicht zu unterscheiden.

Doch da stand der große, weißbärtige Araber wie der erzürnte Moses über ihnen, und seine Stimme war Donner. Stille. Nur noch unterdrücktes Murmeln da und dort. Das Mädchen löste sich aus dem Menschenknäuel. Und dann trat auch Faisal schweigend dazu.

«*Ta'âl enta!*» donnerte Ismail, und zögernd gehorchte ein Mann, der eben hügelwärts zu verschwinden im Begriff war. Saad, verschlagen aus schmalen Augen blinzelnd. Schon hatte ihm der alte Araber den schlechtversteckten Dolch entrissen.

«*Schaitân! Yallah* – macht alle, daß ihr an eure Arbeit kommt!» Und Thomas stellte fest, daß sie ungewöhnlich schnell gehorchten, als Ismail *yallah* schrie.

Zurück blieben Amira, Faisal und noch ein Araber, der früher nicht da gewesen war. Klein, schäbig und mit langen, schwarzblau verfilzten Haaren. Das Kopftuch mußte ihm abhanden gekommen sein; denn in der Gegend läuft sonst keiner unbedeckten Hauptes umher.

Was mit ihm sei, wollte Ismail wissen. Einer von den Budûr, der durch verbotenes Towbi-Gebiet spaziere, wußte Amira zu berichten – ein Blutsfeind... Saad werde ihn töten, fügte Faisal hinzu.

Und dann nach Samawa hinter die Gitter, brummte Ismail. Dieser Mann habe drei Tage Gastrecht im Hof, und keiner von den Towbi solle es wagen... Nein, an dem Gesetz wagte keiner zu rütteln, und der kleine Budûri ist dann wohl bei Nacht und Nebel nach seiner *Dirah* verschwunden.

So mutmaßt Thomas. Aber da war noch das Mädchen. Besorgt wollte er sie ins Haus schicken, damit sie sich von dem Schreck erhole. Sie sah nach der Uhr; ihr Dienst dauere noch genau achtundvierzigundeinhalb Minuten! Diese Burschen sollten nur ja nicht denken... Warf die langen Enden ihrer *Keffiya* über die Schulter und stapfte davon.

Eine respektable kleine Person, diese Französin mit den byzantinischen Augen. Manchmal beneidete er sie. Nicht nur sie, alle, die mit Hingabe – nein, das klingt zu sentimental –, mit einer zähen Unermüdlichkeit in diesen Ruinen ihre Arbeit tun. Vielleicht macht der Kleine Löwe da eine Ausnahme. Er scheint nicht so ganz bei der Sache; ist ungeduldig, ehrgeizig und ein Weltverbesserer. Quantität ist seine Devise, und darum geht ihm alles zu langsam. Er möchte die Arbeit ständig schneller vorantreiben und wohl am liebsten die Araber hinauswerfen, um mit Bulldozern Erde zu schaufeln. Nein, Leo ist nicht einer von denen, die Geduld haben.

Ob er selber, Thomas, sie hat, die Geduld? Er zweifelt. Nur einer hat sie gewiß, der Beg, und wohl auch der alte Archäologe. Sie führten ein Leben zwischen Tempelmauern. Klingt fast wie Kloster. Heidnisch, wenn man die Götter in Betracht zieht.

Und doch – ist nicht gerade der Beg ein gläubiger Christ? Jahrzehnte unter Mohammedanern, denen er ehrlich zugetan ist, und die Forschung in diesen Heiligtümern; schwindelerregende Erkenntnisse haben an seiner Überzeugung nichts zu ändern vermocht. Vielmehr ist es, als habe die Suche nach den Wurzeln der Zivilisation diesen Glauben noch vertieft. Thomas hält inne und dreht seine Plastik gegen das Licht. «Wem gleicht sie?» fragt er in das Halbdunkel der Kammer hinein. Er schraubt den Docht der Lampe höher und stützt seinen Kopf in die Hände. Es ist nicht mehr die wasserschöpfende Frau, die ihm vorgeschwebt hat. Und doch ähnlich in Gestalt und Bewegung. Ein kniender Mensch, dessen Hand die Erde berührt. Ist es Naim, der da kniet, Ma'yûf oder einer der vielen *Libn*-Jungen? Oder liegt beides in dieser Gestalt aus Lehm: das instinktive Fühlen des Araberjungen und das Wissen des Forschers?

Thomas denkt an den sumerischen Bauern, der damals pflügte, den Samen in der Erde barg, und an den Ausgräber, der heute hier arbeitet im umgekehrten Sinn: mit behutsamen Händen aus der Erde holt, was dort lange Zeit verborgen lag.

Der Kater ist erwacht und streckt sich. «Nicht wahr, Sinkaschid – du machst dir auch nichts aus Gold? Was mich betrifft, so fand ich immer Kupfer schöner, besonders grünspaniges.»

Und die Ziegel – die brüchigen Ziegel aus Lehm! Da liegen sie begraben im Boden dieser Wüste. Mit ihnen – mit den Mauern – den Tempeln und Türmen eine große vergessene Zeit – unsere Vergangenheit eigentlich.

Spur der alten Baumeister – wenn vielleicht doch ... Er denkt den Satz nicht zu Ende, blickt nochmals auf die kleine Figur, die da unter seinen Händen entstanden ist. Und wundert sich.

Das dreibeinige Pferd

Seit Tagen ist die Wüste voller Kamele. Riesige Herden sind es, die von Westen nach Osten ziehen. Hunderte von Tieren wandern langsam an Nufedji vorbei zu neuen Weideplätzen. Die Herden der Muntefik, sagt Naim. Und der Junge kennt sich aus. Er setzt Thomas immer wieder in Erstaunen. Auch vorgestern, als er beim Zeichnen auf seinem Feldstühlchen saß und plötzlich der Kamelhengst auftauchte. Martin sah ihn zuerst und ließ sein Stativ im Stich. Das riesige schwarze Tier schlurfte mitten durch die Grabung, Schaum vor den Lippen und aus tiefer Kehle grollend. Es schien sich im Mauerlabyrinth verirrt zu haben und drohte geradewegs über die frisch präparierten Ziegel von Eanna zu trampeln.
Ratlos standen auch die Araber, und es sah nicht so aus, als ob sich mit dem verärgerten Kamelhengst spaßen ließe. Wie er dann aber auf einen der schmalen, brüchigen Lehmstege geriet, packte Thomas seine lange Meßlatte und rannte, um ihn aufzuhalten. Da faßte auch ein *Ustadh* Mut, brachte den Hengst mit beduinischen Kehllauten dazu, sich niederzulegen, und fesselte ihm ein Vorderbein.
Doch der dünne Strick riß, und das bös gewordene Tier ging zum Angriff über. Der Bändiger floh, nur Thomas konnte nicht mehr zurück. Sah sich von gelben Zähnen gebissen und zu Boden gestampft. Da kam Naim wie eine Katze über den Hügel gesaust und fiel mit aller Wucht auf den Kamelhals. Der Hengst war darüber so verblüfft, daß er sich von dem Jungen widerstandslos eine Halfter anlegen und aus der Grabung führen ließ.
Ja, Naim weiß in der Wüste Bescheid, und er kennt auch alle Stämme hier im Süden, vom Schatt el-Gharraf bis in die Saudiye hinein. Er ist wohl noch sehr jung, aber ein weitgereister Mann. Denn Naim war schon einmal in Kuwait.

«Ganz allein warst du dort?» hat Thomas gefragt. Mit Naim gelang ihm auch eine etwas bruchstückhafte Konversation.
«*Wallah* – ich war allein, und keiner kam mit mir!» erwiderte der Junge in seiner sanften, ernsten Art, die nichts Prahlerisches hat.
«Gibt es einen Autobus, der von Basra nach Kuwait fährt?»
«Gibt es schon – aber – *mâku flûs wa mâku waraga* – ich konnte nicht fahren mit der großen *sayyâra!* Weil ich kein Geld besaß, mußte ich den ganzen Weg laufen, und ohne das Papier für die Polizei durfte mich auch keiner sehen; ganz leise schlich ich durch die Nacht und verbarg mich am Tag wie ein Kaninchen in Sandlöchern und unter Tamarisken. Ich horchte auf alle Geräusche, und mein Herz schlug wie die Hufe von vielen Pferden.»
«Aber was wolltest du denn in Kuwait?»
«Weißt du – wir hatten unsere Herden verloren – damals bei der großen Seuche. Und die Leute sagten, daß man dort, wo Öl ist, Arbeit findet und daß man für die Arbeit viel Geld bekommt. Und für das Geld wollte ich dann neue Schafe kaufen!»
«Und hast du viele Schafe mit heimgebracht?»
«Nicht sehr viele. Ich brauchte in Kuwait wohl wenig Geld, um Brot zu kaufen, aber das Wasser war teuer. Dort ist die Sonne stark wie Feuer, die Arbeit ist hart und der Durst ist so groß, daß man innen fast verbrennt und glaubt, man müsse einen ganzen Brunnen leertrinken. So konnte ich zuletzt nur fünf Schafe kaufen, und ein kleines Tier starb noch unterwegs.»
«Dein Vater muß sich gefreut haben, als du mit den Schafen kamst!»
«Ja, er war wohl froh, als er sie sah, Die großen Schafe bekamen dann kleine Schafe, und nun haben wir schon fast wieder eine Herde», sagte Naim mit verhaltenem Stolz.
«Wie viele Tiere sind es denn?»
«Ich weiß nicht, wie viele es sind...»
«Höre Naim – du wirst doch die Zahl eurer Schafe kennen!»

«Nein, bei Allah – ich weiß es nicht! Und ich will es auch nicht wissen», beharrte er. «Wenn ich die Tiere zähle, könnte es sein, daß eines krank wird – oder die Hyäne kommt in der Nacht... Und dann ist es nicht mehr dieselbe Zahl. Ich habe ja in Kuwait fünf Schafe gekauft, und als ich heimkam, waren es doch nicht mehr fünf...»
«Glaubt ihr, daß Zahlen Unglück bringen?»
«Siehst du...», unbeholfen suchte der Junge nach einer Erklärung. «Bei uns in der Steppe – da ist wohl manches anders...»
Thomas fühlte, daß Naim ihm in diesem Moment überlegen war, weil er die Geheimnisse der Steppe kennt – so wie einstmals Enkidu, der aus der Wildnis nach Uruk kam.
«Willst du mir eure Schafe zeigen?» fragte er dann und fügte schnell hinzu: «Ich werde sie ganz bestimmt nicht zählen!»
«Unsere Schafe sind fort, im *Bār,* auf der Westseite des Flusses, mit den anderen Herden von meinem Stamm. Dort finden sie zu dieser Jahreszeit noch gute Weide», erklärte er. «Nur zwei Muttertiere blieben beim Zelt und die Stute. Willst du meine Stute sehen?»
«Du hast ein Pferd? Gewiß möchte ich es gerne sehen. In meinem Land gibt es auch Pferde, aber wir alle wissen, daß die allerschönsten Pferde aus Arabien kommen!»
Naim schien mit dieser Wertschätzung zufrieden zu sein.
«Sie hat nur drei Beine, meine Stute – ich will sie dir gleichwohl zeigen...»
«Drei Beine...?» stutzte Thomas.
«Ich besitze drei Beine von ihr», verbesserte der Junge, «das vierte Bein gehört dem Sohn des Bruders meiner Mutter.»
«Ist das nicht etwas kompliziert?»
«Erst wenn die Beine eines Pferdes vier verschiedenen Männern gehören, gibt es manchmal Streit. Die Pferde sollen eben nicht aus dem Stamm verkauft werden, verstehst du! Wir wissen, daß sie wertvoll sind, und wir kennen auch ihre Abstammung.»

Nun, das begriff auch der Europäer, daß so ein Handel bedeutend schwieriger sein muß, wenn er das Einverständnis von mehreren Besitzern erfordert.

«Trotzdem möchte ich vielleicht einmal auch das vierte Bein meiner Stute kaufen», meinte Naim, «aber wir haben noch viele Schulden bei den Händlern von El-Chidr... Nicht wahr – du wirst kommen, sie zu sehen?» bat er dann.

«*Tamâm* – ich komme am Sonntag!» versprach Thomas.

«*Yom el-ahad!* Und willst du dem Beg sagen, daß er kommt, und El-Schêch, der *Khâtun* und dem langen *Duktur;* alle sollen sie kommen und in meines Vaters Zelt Tee trinken!»

Faisal trat hinzu; ein Lächeln war in seinen Augen. Der große, zumeist eher düsterblickende Araber ist stolz auf seinen Sohn. Und er begleitete Thomas, um beim Expeditionschef persönlich die Einladung vorzubringen.

Der Beg war einverstanden. «Wir sollten nicht nur die Ruinen kennen», sagte er.

Unter dem schwarzen Ziegenhaardach

Naim kommt mit seinem Gewehr bewaffnet, sie abzuholen. Das gehöre sich so, behauptet er, offensichtlich stolz, Gäste zu seinem Zelt zu führen.

Der kleine Suchi und Heleyl sind auch dabei und ein anderer Junge, der Fidschil heißt, was Rettich bedeutet. Und Ma'yûf, der Schatten des Beg. Ma'yûf ist arm, er besitzt kein Gewehr und wird vielleicht auch nie eines haben. Aber er trägt die älteste Waffe der Wüste – die Hirtenkeule des Tammuz. Noch immer gültiges Zeichen der Manneswürde. Da geht er mit seiner aus Holz und Erdpech gefertigten Keule, zwar barfuß, doch jeder

Zoll ein Fürst, seine weite *Abâye* über das knisternde Steppengras schleifend.

Riha, den Schweif ängstlich eingezogen, hält sich heute dicht bei ihrem Meister. Sie ist verwirrt und kann nicht begreifen, wie plötzlich so viel Leben in die Wüste kam. Sie fürchtet all die großen Tiere, die da so gemächlich von Westen her nach Osten ziehen.

Der alte Archäologe blieb im Expeditionshaus zurück. Leo befürchtete die Anwesenheit von Flöhen im Zelt, und auch Adnan möchte mit den *Arab'* lieber nichts gemein haben und zieht es vor, den Sonntagnachmittag in seinem grünseidenen Schlafrock zu verbringen.

Und das Mädchen – wo bleibt eigentlich Amira? Sie war doch von der Einladung entzückt und versprach, sich für den Besuch ganz besonders schön zu machen. Komisch, denkt Thomas, bisher hat es nicht geschienen, als ob die Französin eitel sei. Er schaut nochmals zurück und entdeckt sie – wie üblich gefolgt von Semiramis.

Aber wie in aller Welt sieht die Person heute aus…? Brandrot leuchten ihre vordem dunkelbraunen Haare in der Sonne, und die ohnehin großen Augen sind rabenschwarz umrandet. Und näher kommend hält sie ihm lachend ihre ebenfalls rotgefärbten Handflächen entgegen.

«Bin ich nicht *ravissante* – hinreißend?»

«Nun – ich möchte sagen – etwas ungewöhnlich…»

Da hat auch der Assyriologe sie erspäht: «Bei Allah und allen babylonischen Göttern – wie kommen Sie zu dieser Pracht?»

«Muchara und die anderen Haremsfrauen vom Hof waren der Ansicht, daß ich dringend einer Renovation bedürfe, und haben mich mit großem Aufwand an Liebe und Mühe, Henna und Antimon so hergerichtet!» erklärt das Mädchen strahlend. «Meine Füße sind auch wunderbar gefärbt, aber es ist etwas unkomfortabel, ohne Schuhe über die Stoppeln zu laufen.»

«Vier Männer und eine einzige Frau – doch die kann sich sehen lassen!» konstatiert Peter, und Amira dankt für das Kompliment. «Nun beeilt euch, Kinder», mahnt der Beg, «sie erwarten uns schon bei den Zelten!» Mittlerweile ist auch Martin erschienen, der noch kriechende Tamarisken und Abdrücke von Kamelfüßen auf dem Wüstenboden photographierte.

«*Ahlan wa sahlan!*» Faisal kommt ihnen entgegen und wiederholt unzählige Male diesen vornehmsten arabischen Willkommensgruß. Er führt seine Gäste zu dem geräumigen Zelt. Gewobene und geknüpfte Teppiche bedecken den Boden, und die Wände entlang sind unzählige schmale Kissen gestapelt. Sie lassen ihre Schuhe am Eingang zurück, wie es die Sitte verlangt, und setzen sich dann, der eine mit untergeschlagenen und der andere mit gekreuzten Beinen, unter das schwarze Ziegenhaardach. Thomas versucht beide Stellungen, findet aber weder die eine noch die andere sonderlich bequem. Ist wohl Übungssache. Wunderbar aber, wie das Licht zu tausend Fünkchen gesiebt durch das grobe Gewebe herunterrieselt.

Naim hat sein Schießeisen an den Zeltpfosten gehängt und macht sich an der Feuerstelle zu schaffen. Er muß den Tee bereiten, was, wie der Beg erklärt, in der Wüste Männersache sei, so auch das Kaffeekochen. Nur das Brot und die Mahlzeiten kämen aus dem Frauenzelt. Inzwischen kommen von allen Seiten die Araber zur feierlichen Begrüßung und lassen sich dann im äußeren Kreis nieder. Nicht nur die Ghanem-Leute sind da; auch der Stamm der Towbi scheint zusammengeströmt, dazu einige Dschuabir, welche auf ihrem Ausflug mit geschürzten Hemden durchs Wasser waten mußten.

Amira ist verschwunden. Getuschel und Gekicher hinter der blumenbestickten Trennwand des Zeltes lassen sie im Harem vermuten. Sie erzählte ja von Geschenken für die Frauen des Hauses und Süßigkeiten für die Kinder. Peter meint, es wären auch noch selbstgesponnene und gestrickte Pullöverchen dabei, und Martin riskiert einen verbotenen Blick, aber hinter der *Kata* sind lauter Vorratssäcke aufgestapelt.

Der Beg und ein würdiger alter Araber, den man noch nie in der Grabung sah, reden über die Frühjahrsflut. Thomas kann nur wenig verstehen. *Mâi* – Wasser kommt immer wieder vor; dann *Zira'*, was Getreide bedeutet, und vor allem *Ghanam* – Herden. Das gehört wohl zum Zyklus des Lebens bei den Halbnomaden im Randgebiet der großen Wüste.

Dann schenkt Naim ihnen den Tee ein, in kleine vergoldete Gläser, die er großzügig bis zur Hälfte mit Zucker füllte. Nachdem der Expeditionschef als erster dreimal getrunken hat, gibt er das Gläschen zurück.

«Das haben sie früher nicht gekannt», meint er nachdenklich. «Sie tranken gelegentlich von dem kostbaren Kaffee, der aus dem Jemen gebracht wurde. Und sie aßen Datteln. Heute geben sie das im Winter verdiente Geld für Tabak, Tee und Zucker aus und haben verdorbene Zähne.»

«Dann brachten ihnen die Europäer mit Arbeit und Verdienst wohl auch nicht ungetrübtes Glück?»

«Darüber mag man sich den Kopf zerbrechen. Die Wüstenbewohner haben ja noch keine Beziehung zum Geld. Einmal überschätzen sie es, und dann werfen sie es wieder für irgendwelchen Unsinn hinaus. Immerhin herrscht bei diesen Stämmen nicht mehr die schwarze Armut wie zur Zeit der ersten Ausgräber, da die Leute buchstäblich in Fetzen gingen und nur das besaßen,

▶

Die große *Alabastervase von Uruk* sagt viel aus über Kultur und Tempelbräuche in sumerischer Zeit. Das unterste Wellenband, symbolisch für lebenspendendes Wasser, trägt das fruchtbare Land, durch stilisierte Kornähren und Schößlinge der Dattelpalme dargestellt. Darüber repräsentieren Mutterschafe und Widder das Tierreich. Dann schreiten die Menschen, mit Krügen, Schalen und Körben beladen. Zuoberst erscheint das Reich der Muttergöttin Innin mit ihrem Symbol, den Ringbündeln. (Aufnahme Warka-Expedition)

was sie gerade auf dem Leibe trugen. Jetzt hat fast jeder sein zweites gutes Feiertagsgewand und eine warme *Abâye* für den Winter. «Tatsächlich...» Nun erst fällt Thomas auf, daß die wochentags oft recht zerlumpten Gestalten sauber, ja geradezu vornehm gekleidet sind.

«So manches hat sich mit den Jahren geändert – nicht nur mit den Jahrtausenden, wie wir es zu sehen belieben! Wer kann sich noch vorstellen, daß es bei diesen Brunnen, die den Schammar-Beduinen gehörten und heute von den Muntefik benutzt werden, 1913, als unsere Ausgrabungen begannen, noch einen richtigen *Sûq* gab?»

«Mit Basarstraßen und Kaufläden...» Ziemlich ungläubig blickt Martin auf die sieben Palmen. «Ein einsamer kleiner Esel weidet da, es scheint also Disteln zu geben – aber nicht eine lausige Hütte ist von dem Beduinen-shopping-center übriggeblieben!»

«Dafür sind andernorts wieder Dörfer aus dem Boden gewachsen – oft wirkt der Wechsel beinah geisterhaft. Aber es gibt auch große tiefeinschneidende Veränderungen. Die Werte haben sich verschoben. Früher waren die Weidegebiete Stammesbesitz, dann kam die Verteilung von Landstreifen an die einzelnen, und einige Schêchs wurden zu Großgrundbesitzern, die ihre Felder von den Fellachen bestellen lassen.

Die Herden bedeuteten Vermögen und Lebensgrundlage dieser Menschen, die heute nur noch die Bedeutung des ersetzbaren Geldwertes kennen. Mit dem Entstehen der Nationalstaaten endet die einstige Freiheit; die Nomaden werden allmählich ange-

◀

Zu den berühmten Funden von Uruk gehört das große *Achatgeschmeide,* welches zusammen mit einem zweiten Schmuck unter der Schwelle zur Priesterinnenwohnung im Eanna-Heiligtum gefunden wurde. Die wundervoll geschliffenen Achatplatten sind in Gold gefaßt, und das kleinste Plättchen (Bild oben, links) trägt in feingeritzter Keilschrift die königliche Widmung. (Aufnahme Warka-Expedition)

siedelt, und damit sind auch die alten Bräuche und Lebensformen im Aussterben begriffen...»

Die geblumte *Kata* bewegt sich ein wenig. Amira schlüpft ins Männerzelt zurück und nimmt zwischen Peter und dem Beg gesittet Platz. Das heißt, sie setzt sich auf die Füße.

«Wie sieht's denn da drüben aus?» forscht der Photograph, der sie um den Haremsbesuch brennend beneidet.

«O nicht so fein wie hier! Die Teppiche fehlen – mußten wohl alle zu dem hohen Anlaß ins Männerzelt geschleppt werden. Gleich hinter der Trennwand sind die Vorräte und das Bettzeug gestapelt, fabelhaft ordentlich, muß ich sagen! Auf der anderen Seite befindet sich die Kochstelle mit Herdsteinen und Töpfen und im Hintergrund die berühmte Frauentruhe. Dazwischen Kinder jeglicher Größe, die wohl nicht alle zum Haushalt gehören, drei Lämmer und etliche Hühner. *C'est tout.*»

«Sicher gibt es aber eine Menge Neuigkeiten, Eifersuchtsszenen und so weiter...» fordert der Assyriologe das Mädchen heraus. Sie bleibt ihm die Antwort nicht schuldig: «Ach, das übliche. Die Frauen streiten sich wohl mal um eine Bagatelle – erscheint dann aber der Mann im Harem, halten sie wieder zusammen wie Pech und Schwefel und machen ihm das Leben zur Hölle!»

«So ist das also...», echot Martin enttäuscht, und Peter tippt sich an die Stirn: «Nun versteh' ich's – nicht umsonst heißt die erste Haremsdame bei uns im Hof ‹Mat'ubah›, die Frau, die einen müde macht!»

«Ja, wir bedauern die armen orientalischen Haremsfrauen oft unter falschen Vorstellungen», stimmt der Beg belustigt zu. «Denn sie haben ihre überlieferten Rechte, und der Harem bedeutet ihnen, vor allem in der Wüste, mehr Schutz als Gefängnis. Sie verfügen über die Kinder, über Hausrat, Vermögen und eigene Herdentiere, und ihr Besitz bleibt unantastbar. Selbst bei feindlichen Überfällen ist der Harem tabu – ein altes Gesetz zwischen den Stämmen.»

«Sogar die Vielweiberei hat da einen gewissen Sinn», überlegt Amira weiter. «Nehmen wir meine Freundin Nura, die erste Frau des Meisters Ibrahim. Was hatte die alles zu tun! In der Frühe, vor Sonnenaufgang, die ungezählten Brote für die ganze Familie backen – sie essen ja kaum etwas anderes Jahr und Tag –, und dann begann das Wasserschleppen. Zumeist ein weiter Weg, wo sie ihre Zelte doch selten neben einem Brunnen aufschlagen, aus Sicherheitsgründen...

Ich bin einmal mit den Frauen gegangen; wir brauchten eine Stunde für den Weg, und sie müssen ihn mehrmals gehen. Ich fand es fürchterlich heiß und dies jetzt im Winter, während im Sommer hier die Hitze über fünfzig Grad steigt! Ich fragte Nura darüber, aber sie meinte, noch schlimmer als die Hitze wäre der Staub.

Brot backen und Wasser tragen ist aber noch nicht alles; Nura mußte sich auch um den übrigen Haushalt kümmern, das heißt, Zelte abbrechen und am nächsten Platz wieder aufstellen, Brennholz sammeln und Kleintiere versorgen. Dazu jedes Jahr ein Kind... Mit noch nicht vierzig Jahren ist Nura eine alte Frau. Und sie hat mir auch gestanden, daß sie nicht unglücklich war, als ihr Mann eine zweite, jüngere Gemahlin in den Harem brachte. Denn sie blieb ja die Herrin im Zelt, während nun Rasmiye, die jüngere, Wasser schleppen und Brote backen muß. Nura begnügt sich jetzt mit Spinnen und Weben...»

Das Mädchen hat ein Paar kleine bunte Eselstaschen über ihre Knie gelegt: «Nura brachte sie mir, und ich habe ihr Stoff für ein neues Kleid geschenkt».

«Eine hübsche Kelim-Arbeit!» lobt der Beg, und Peter meint: «Fehlt eigentlich nur noch der passende Esel!»

«Ja – einen kleinen schwarzen *Mutî* hätte ich mir schon lange gewünscht...»

«*Trîdîn mutî?*» mischt sich nun Suchi ein, der mit runden Augen alles verfolgt und dieses eine Wort aus der fremden Unterhaltung verstanden hat. «Morgen werde ich dir meinen Esel bringen; er ist klein und hat eine weiße Nase!»

Alle, auch die Araber, stimmen in das Gelächter ein, und die Französin sucht dem Kleinen zu erklären, daß sie keinen Esel, ja nicht einmal das Schaf Semiramis mit heimnehmen könne in die große, große Stadt.

Von den andern kaum bemerkt, hat Naim seinen Freund bei der Hand genommen und hinter das Zelt geführt, welches von einem hohen Wall aus Tamarisken und Dorngestrüpp umgeben ist. Schutz gegen den Wind der Winternächte und Hürde zugleich. Zwei Schafe sind da angepflockt, und ein paar kleine, struppige Hühner stieben auseinander.

Und da steht das Pferd. Naims Stute. Sanft und großäugig. Der Wind bewegt ein paar Strähnen ihrer lichten Mähne.

«Nur arabische Pferde haben solche Augen!» sagt Thomas ergriffen. Der Kopf des Tieres ist verhältnismäßig klein, und die weiten Nüstern geben ihm etwas kindlich Übermütiges. Es ist wohl auch noch sehr jung. Seine Gestalt läßt sich indessen kaum erkennen, weil ein großes, aus grober Wolle gewebtes Tuch von seinem Rücken niederhängt und es bis zu den Knien einhüllt.

«Filfil – Pfeffer heißt meine Stute», erklärt der Junge ernst. «Und ich muß sie mit dem *Dschull* zudecken, sonst wird sie krank. Wind ist nicht gut für die Pferde.» Er hat ein paar trockene Datteln aus den Falten seiner Pluderhose gegraben und schiebt der Stute eine nach der andern behutsam zwischen die Lippen.

«Willst du Filfil reiten?» fragt er dann.

«Es müßte wunderbar sein, auf einem Araberpferd durch die Steppe zu reiten...» Der junge Europäer lächelt nur versonnen, weil ihm ein solcher Wunsch fern und unwirklich erscheint. Seine Hand liegt auf dem Hals der Stute. Sie bleibt still, schnaubt nur leise, verwundert über den fremden Geruch.

«Sie mag dich. Ich werde sie dir bringen!» sagt der Araber mit leuchtenden Augen. Dann verlassen sie die Hürde.

Die leuchtenden Vögel

Der Beg wünscht Allahs Segen auf das Zelt und dessen Bewohner, und nachdem alle ihre unter dem Eingang verstreuten Schuhe wiedergefunden haben, ruft er seine Hündin. Riha hat ihre Schüchternheit längst vergessen und ist mit einem nachbarlichen Slugi um die Wette gelaufen. Keuchend, mit hängender Zunge, doch überaus vergnügt kommt sie zu ihrem Herrn zurück. Leise blökend erscheint zuletzt auch noch Semiramis aus dem Harem. Von Naim, Ma'yûf und einem ganzen Rudel kleiner, schwatzender Araberbuben begleitet, wandern sie noch weiter südwärts. Bis zum Meer. So erscheint es Thomas, der das überflutete Gebiet noch nie so nah sah. Schier endlos dehnte sich der blaue Spiegel; nur einzelne dürre Steppengrashalme, sich da und dort zu goldenen Streifen verdichtend, lassen die Untiefe erraten.
«Es gab Jahre, da wir in Booten von El-Chidr her bis zur Ruine ruderten», erinnert sich der Archäologe.
«Und man kann auch durchspazieren – eine herrlich wunderbare Riesenpfütze!» verkündet Peter, mit der Wonne eines Gassenjungen in seinen hohen Stiefeln durch den dunkel heraufquellenden Schlamm watend. Die kleinen Araber, ihre Hemden geschürzt, tun es ihm begeistert nach. Gespritze, Geschrei und eitel Freude. Bis der lange Schotte sehr plötzlich in der Flut verschwunden ist.
Bald taucht er triefend wieder auf, in seiner Hand die gerettete Brille. «War da wohl ein Loch im Boden. Und dann haben sie mich hinabgezogen – die *Dschinne m'al mâi* – die bösen Wassergeister!» schimpft er zum Entsetzen der Jungen und zum Ergötzen der Ausgräber. «Ich werde beim obersten *Dschinn* von Uruk Klage einreichen!»
«*Enki, der König des Abgrundes, bestimmt das Geschick...!*» zitiert der Archäologe einen sumerischen Keilschrifttext.

Es ist ein warmer Tag, und der Wind nimmt sich freundlich der assyriologischen Kleider an.

«Nicht wahr, ihr Schelme», lacht Amira maliziös, «noch lange werdet ihr euch an den großen Tag erinnern, da *al-Tawîl* trotz seiner Gelehrsamkeit ins Wasser fiel!»

«Der Tag, da die Haare der *Khâtûn* rot waren!» korrigiert Peter, aber das Mädchen hat nicht zugehört.

«Seht dort drüben im Steppengras – die vielen weißen Vögel – groß sind sie wie Störche...!» ruft sie hingerissen.

«Nee, sind keine Störche nich», erklärt der Photograph mit zusammengekniffenen Augen, «gehörten längere Beine dazu.»

Auch der Beg beobachtet den seltsam bevölkerten Landstreifen jenseits des Wassers. «Pelikane!» sagt er. «Es sind die ersten in diesem Jahr. Sie kommen in großen Zügen aus ihren Winterquartieren an der unteren Donau, bleiben hier, solange die Flut steht, und fliegen dann wieder zurück.»

Und das Windspiel – welche Aufregung von Schweif und Ohren und wehendem Seidenhaar! Riha gewahrte wohl zuerst die verlockenden Vögel auf der unerreichbaren Insel. Unentschlossen läuft sie am Ufer des trügerisch großen Wassers hin und her, gibt kurz Laut, versucht dann einen mutigen Satz und schrickt vor dem ihr ungewohnten Element zurück.

Gewarnt erheben sich die Pelikane von ihrem goldenen Eiland und steigen steil in den Himmel hinein, höher und höher, bis sie sich fast aufzulösen scheinen. Doch bald kommen sie wieder in herrlichem langem Reigen – Hunderte von Märchenvögeln – das Gefieder ihrer schweren Körper schimmernd in der tiefstehenden Sonne – so ziehen sie trunkene Kreise, steigen und fallen wie silbernes Feuerwerk im unendlichen Blau.

Haß

Es ist grauenhaft. Blutig und zerrissen liegt sie im Staub. Der Junge streichelt ihren Kopf, die einzige unverletzte Stelle. Leise stöhnt die Hündin, fast so wie ein Kind weint, und dann scheint es, als bleibe ihr auch dazu keine Kraft mehr.
Ma'yûf fand sie draußen, von der Hundemeute angefallen wie ein gehetztes Wild. Hilflos vor der Übermacht des Todfeindes. Blutüberströmt...
Wie lange wohl hatten die buntscheckigen Bastarde auf diesen Moment gewartet, eifersüchtig auf das verwöhnte grazile Geschöpf der Wüste! Sie, die Parias – die Verachteten –, ein Leben lang nur mit Fußtritten bedacht und mit Steinen aus Menschenhand. Der Haß ganzer Generationen von verfemten Hunden brannte in ihnen; der grenzenlose Haß, der endlich seine große Stunde fand.
Immer war das Windspiel von seinem Meister behütet gewesen, da hätten sie keinen Angriff gewagt. Ja, oft kamen sie herangekrochen und wälzten sich vor der Hündin und dem Menschen in feiger Untertänigkeit.
Heute aber – heute endlich lief sie allein aus dem Hof – unsicher witternd, ihren Herrn suchend. Und da rasten sie alle los – schwarze Hunde, weiße Hunde, braune Hunde stürzten sich auf die Wehrlose. Von allen Seiten kamen sie – lohende Augen, blekkende Zähne, geifernder Haß rundherum. Und kein Entweichen.
Der Herr – der Mensch kam nicht zu Hilfe. Und die Zähne packten zu, verbissen sich in dem mageren Körper. Schmerz, Blut. Der Schrei der verängstigten Kreatur ging im sieghaften Gebell der Meute unter.
Der Junge kam nur wenig später aus dem Hof. Erstarrte: «Allah – die *Slugiye*...!» Und wie eine geschleuderte Kugel flog er zwi-

schen die Hunde, unbekümmert um Bisse. Hätten sie auch ihn zerrissen, Ma'yûf wäre nicht gewichen. Doch er war ein Mensch, und als sie ihn gewahrten, hielten sie inne, und aus der Wut wurde Angst. Die Angst, welche bisher ihr ganzes Hundeleben ausgefüllt hatte, war wieder da, und lautlos verkrochen sie sich hinter die Mauern. Allein blieb der kleine Araber mit der blutüberströmten Hündin auf dem Platz.

«Sie kann aber nicht hierbleiben – ich muß sie hineinbringen...» Ma'yûf ist ein schmächtiger Junge, und das Tier ist groß. Er bückt sich tief, legt die langen Vorderläufe über seine Schulter und greift dann sachte unter den zerschundenen Körper. Überall Blut, sein langes Hemd ist bald getränkt von dem Blut.

Er hebt die Hündin auf und schleppt sie mühsam über den Hof zur Kammer des Beg. Die Tür steht offen. Er legt Riha auf das Schaffell, wo sie immer zu schlafen pflegt. Sie darf nicht sterben! denkt der Junge verzweifelt. Was wird der Beg tun, wenn seine *Slugiye* stirbt? Er läuft in die Küche und bittet Kadhim um warmes Wasser.

«Wir brauchen das Wasser für unseren Tee», erwidert der Koch träge.

«Bei Allah – gib mir sogleich das Wasser!» befiehlt der Junge zitternd. «Riha stirbt!»

«Die *Slugiye* des Beg?» fragt Kadhim erschrocken.

«Ja – die Hofhunde...» Ma'yûf nimmt eilig den Topf aus den Händen des Kochs, reißt einen Lappen von der Wand und jagt davon.

In der Kammer beginnt er die Wunden zu waschen – die vielen Bisse, und immer mehr Blut fließt da heraus. Der Junge erinnert sich an die Wüste, als sie mit den Herden unterwegs waren – im Bār gab es Kräuter, die das Blut stillten... Wie aber sollte er hier in der Ruine die Kräuter finden? Mauern und Lehmhügel, wo nichts wächst... Vielleicht aber könnte der *Suwâri* helfen – er hat die Medizinkiste. Oder der *Tabîb* – aber der ist draußen, zeichnet

bei der Mauer... «*Jimkin*...» Ma'yûf springt nochmals auf und zum Arbeitsraum des Photographen hinüber, wo auch die Apotheke untergebracht ist. Er findet Martin in der Dunkelkammer.
«*Suwâri* komm – gib mir *Dûwa* – das Blut...»
Verwundert blinzelt der in die plötzliche Helligkeit: «Was sagst du – bist du krank?»
«Riha!» schreit der Junge, «das Blut – ich kann es nicht aufhalten...»
«Die Hündin – ist sie verwundet?»
«Von den Zähnen zerrissen – hilf mir!»
Endlich begreift Martin, nimmt Watte und Desinfektionsmittel aus der Kiste und folgt dem Jungen. Gemeinsam reinigen und verbinden sie die Wunden, so gut es geht. Das Tier liegt apathisch auf der Seite, atmet kaum mehr.
Da geht ein Zucken durch den Körper. Die Hündin versucht aufzuspringen – bricht zusammen – die Augen weitgeöffnet.
Der Eingang hat sich verdunkelt.
«Riha...», sagt der Beg leise. Er beugt sich hinab zu dem Tier.
«Die Hunde?» Seine hellen Augen suchen den Jungen, als wisse er alles «Es mußte also doch so kommen...»
«Ich habe versucht, die Wunden zu desinfizieren – was bleibt noch zu tun?» fragt unbeholfen der Photograph.
Der Beg blickt nochmals auf, als käme die Frage von weit her und schüttelt dann langsam den Kopf: «Nichts...» Und er wiederholt es wie für sich selbst: «Nein – nichts mehr!»
Martin geht leise hinaus.
Ma'yûf kauert wie so oft in seiner Ecke, dunkle Kinderaugen unverwandt auf den großen Mann gerichtet. Flehend, hilflos. Auch er weiß, daß die Hündin stirbt und daß der Beg dann noch einsamer sein wird als zuvor.
Riha hieß sie – Wind.

Man müßte die Schuhe ausziehen

Nun liegt der Tempel frei. Der schönste von allen. Die Archäologen nennen ihn ganz prosaisch Tempel C. Bis gestern hockten die *Libn*-Jungen noch da und dort auf dem Gemäuer, in Ziegelfugen kratzend und wild Staub aufwirbelnd, als gälte es Reinemachen in Großmutters guter Stube.

Erst jetzt begreift der junge Architekt diesen Bau in seinen ausgewogenen Proportionen, seiner ganzen Größe. Gott, wie herrlich ist das alles! Und doch – weder Marmorsäulen des Parthenon noch Steinquadern von Pyramiden... Nur schmale brüchige Zie-

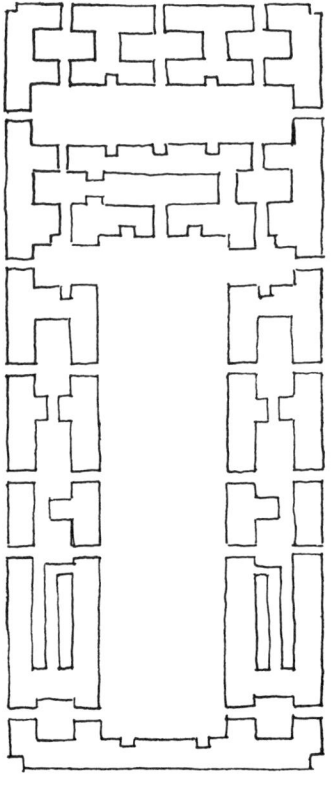

«Tempel C». Grundrißzeichnung nach H.J. Lenzen

gel aus Lehm liegen da, «Riemchen», von den kleinsten in Uruk verwendeten. Lehmziegel zu Mauern und zu harmonisch sich wiederholenden Nischen gefügt; zu Räumen – zum sumerischen Tempelbau, zweiundzwanzig auf vierundfünfzig Meter im Geviert und übereck zu den Himmelsrichtungen gestellt.

Wie wenig ist noch da, eine Ziegelschicht, zuweilen zwei – aber es ist vorhanden –, alles liegt vor seinen Augen, wie ein riesiger plastischer Plan des alten Baumeisters. Auch der Tempelboden kam unversehrt wieder zum Vorschein; auf der weißgetünchten Fläche noch die dunklen Flecken von Ochsenblut, so wie wohl alles vor sechstausend Jahren zurückgeblieben war, nach dem letzten Opfer zu Ehren der Göttin...

«Man müßte die Schuhe ausziehen», sagt Thomas andächtig, «wie die Mohammedaner, wenn sie eine Moschee betreten!»

Der Beg ist dabei, die letzte Detailzeichnung auf sein Blatt zu bringen; das Gefüge schließt sich. Eine Arbeit, vor Jahren begonnen und immer wieder unterbrochen, wird vollendet sein. Er sieht den jungen Menschen, der da vor dem Tempel steht und staunt, so wie er selber einmal vor dieser Ruine stand, die seine Lebensarbeit fordern sollte. Uruk – das Eanna-Heiligtum – die Zikurrat. Es ist gut, diesen verträumten Studenten hier zu haben, denkt er. Der da mit wenig Gepäck und Wissen durch die Wüste gewandert kam – mit seiner wundervollen Neugier auf der Spur Gilgameschs, um die Stadt zwischen Euphrat und Fata Morgana zu suchen.

Und seither ist er ganz da, so wie kaum ein anderer vor ihm vorhanden war. Von Anfang an den Dingen verbunden; dem Boden, auf dem er geht, und den Menschen, die darauf leben. Still wandert er herum, schaut, fragt manchmal, brütet über Büchern und Plänen und läuft dann wieder hinaus, um eine Mauer zu suchen oder Naims Flötenspiel zu hören. Seine Zeichnungen sind übrigens ganz ordentlich.

Ja, auch er selber, der erfahrene Ausgräber, ist im Grunde neugierig und wundergläubig geblieben, voller Fragen und zum Staunen bereit. Nur daß heute seine Fragen nicht mehr so ungestüm sind und gleich nach einer Antwort verlangen; daß er auch eine sich anbietende Antwort erst sorgfältig prüft, bevor er sie weitergibt. Die Jahre haben ihn warten und wägen gelehrt.

Der Beg steht auf, überblickt nochmals das Blatt, es mit dem regelmäßigen Ziegelverband der Tempelecke zu seinen Füßen vergleichend. Dann reicht er das Zeichenbrett Ma'yûf, der die lange Meßlatte umklammernd geduldig auf der Erde hockt. «Trag alles ins Haus», sagt er zu dem Jungen und wendet sich Thomas zu.

Sie gehen über den getünchten Boden des Tempels, der Ältere in Gedanken noch mit seiner Arbeit beschäftigt; morgen müßte das Ganze nivelliert werden... Der Jüngere überlegt, wie hoch so ein Bau wohl gewesen sei und aus welchem Material die Tempeldächer...? Wo hätte Holz herkommen sollen – Zedern aus dem Libanon vielleicht...?

Der Archäologe bleibt stehen und zeigt Thomas die Stelle, wo ein Tor war. Dahinter liegt die Zella. Am aufsteigenden Mauerwerk lassen sich noch Verputzschichten erkennen. Etwas davon ist abgebröckelt. Thomas bückt sich, um einige Brocken aufzuheben; er muß alles von nahe betrachten.

«Das hier ist wohl Putz – aber das andere, das schwarze...?»

«Kohle», sagt der Beg.

«Was hat gebrannt?»

«Der Tempel – die Deckenbalken. Wir vermuten, es war Nadelholz...»

«Vielleicht doch Zedern...! Aber wie kam es wohl zu dem Brand?»

«Das ganze Heiligtum muß bei der großen Zerstörung gebrannt haben.»

«Durch Krieg?»

«Nichts weist auf Krieg oder sonst eine Katastrophe hin!»

Thomas ist ratlos. «Die Bewohner von Uruk können doch nicht eigenhändig ihre Tempel niedergerissen und Eanna dem Erdboden gleichgemacht haben...»
«Es gibt Beweise dafür! Die Tempel müssen systematisch zerstört worden sein. Alles brannte...»
«Und die Erklärung – was war der Sinn?»
«In diesem Heiligtum muß sich etwas Wesentliches geändert haben», sagt der Forscher undurchsichtig. «Nach der Zerstörung wurde der Boden geebnet und auf der neu geschaffenen Ebene entstanden wieder Tempel...»
Der junge Mann wagt nicht mehr zu fragen – weiß, daß er noch immer zu ungeduldig ist, daß die Antwort tiefer zu suchen wäre, als er heute begreifen kann. Und während sie schweigend durch den Opferstättenhof gehen, denkt er, fast mit Beklemmung, wie unfaßbar viel hier aus dem Schutt geholt wurde.
Dunkel liegt dort der Himmelshügel, heute umgeben vom lohenden Widerschein der versunkenen Sonne. Wie damals bei der großen Zeremonie, als in Eanna die ungezählten Feuer brannten...
«Wollen Sie das Grab sehen, wo es keinen Toten gab?» fragt der Archäologe unvermittelt.
Thomas blickt groß auf, verwirrt, und folgt ihm zu dem fast quadratischen Bau weiter nach Westen zu, welcher aus ähnlichen kleinformatigen Ziegeln besteht wie der Tempel C. Und doch kein Tempel.
«Es gab keinen Zugang von außen!» sagt der Beg.
Vor ihnen liegt der Vorraum und dahinter der von gut zwei Meter breiten Korridoren umgebene Innenraum, alles so tief, daß ein Mann aufrecht darin gehen kann. Eine sonderbare Grabung. Da waren Hunderte von Tongefäßen die Wände entlang aufgestellt gewesen, und da gab es die Holzabdrücke auf dem Asphaltbelag des Bodens. Von Kisten, die hier gestanden hätten, meint der Beg, wahrscheinlich mit Geweben gefüllt. Dann stieß man

auf Reste von kostbaren Truhen mit Steinintarsien, wie rekonstruiert werden konnte. Und viele altertümliche Waffen lagen da: Pfeilspitzen aus Flint und Obsidian, Klingen aus Bergkristall und Keulenknäufe aus weiß und schwarz geädertem Marmor. Außerdem silberne Speerspitzen. Offenbar hatte nie jemand diese Waffen benutzt... Alle diese Dinge waren im Korridor gestapelt, mit Matten zugedeckt und dann mit Asphalt übergossen worden.
Seltsam – wohin mochte all das geführt haben? Thomas erinnert sich an die Königsgräber von Ur. Aber hier lagen keine Skelette...
«Im Mittelraum gab es wenig Funde. Eine besonders wertvolle Vase aus rotem Marmor steht im Museum», ist wieder die Stimme des Archäologen zu vernehmen. Ein Holzstoß habe da gebrannt – Asche von kostbaren Hölzern – eine Brandopfer-Zeremonie in Zusammenhang mit den beigesetzten Gegenständen... Das Feuer mußte noch gebrannt haben, als auch dieser Raum zugeschüttet wurde!
«Das Feuer brannte noch – wie weiß man...?»
«Indizien auch hier: in die Flammen gefallene Lehmziegel waren einseitig brandgerötet! Zuletzt muß der leergebliebene Vorraum nochmals verputzt und weiß getüncht worden sein, bevor man ihn, wahrscheinlich über eine Leiter, verlassen hat. Wir fanden Vertiefungen, die von Holmen herrühren könnten.»
«Und dann wurde auch dieser Raum zugeschüttet?»
Der Beg nickt, und Thomas weiß wieder nicht weiter.
«Eine Bestattung mit so vielen Grabbeigaben – für wen? Gibt es wirklich keine Gruft – ich meine tiefer...?»
«Wir haben den Grund der Anlage erreicht – es geht nicht tiefer. Das Rätsel bleibt. Wenn man das Ganze nicht für die Beisetzung von Kultgeräten halten will – aus einem zerstörten Tempel...»
«Der hier stand?»
«In der Nähe.»

«Daß die Gottheit in jenem Tempel ihre Bedeutung verloren hätte?»
«Vielleicht...»
«Dann wäre es – ein – Göttergrab...»
Wohl wieder zuviel geredet, denkt Thomas, als der Mann neben ihm schweigt. Aber da fällt ihm etwas Aufregendes ein.
«Die kleine Alabasterfigur – wir fanden sie doch unweit von hier –, könnte...» Er sieht wieder die magischen Augen im Krug.
«Sie haben gut beobachtet!» anerkennt der Beg. «Wenn auch kein direkter Zusammenhang besteht, so war auch dies eine Bestattung. Die Königsstatue stammt aus dieser Zeit vor der großen Zerstörung. Sie muß beim Bau der Seleukidenmauer – mehr als zweitausend Jahre später – aus Pietät beigesetzt worden sein. In einem Tonkrug, so wie man ein Kind begräbt.»
Über den Ruinen von Uruk ist es dunkel geworden. Wie noch nie zuvor hat der junge Mensch das Gefühl, als wäre da kein Boden mehr unter seinen Füßen.

Stadt Noahs

Auf einer sumerischen Segelbarke schwimmen sie auf dem alten Euphratlauf. Vor Uruk segeln sie nordwärts nach Schuruppak und weiter zur Stadt Nippur, wo Enlil, der Herr des Windes, wohnt...
Amira hat sich diese Geschichte ausgedacht; in Wirklichkeit ist das Boot ein Jeep, und sie fahren durch die Wüste. Am Steuer der Assyriologe, obwohl Leo behauptet, viel besser fahren zu können. Aber Peter kennt den Weg. Wenn von Weg überhaupt die Rede sein kann. So weit man sieht, zerrissener Lehmboden, zuweilen Sand.

Wenn das Mädchen auch ein wenig übertrieben hat, Herr Enlil nicht mehr an der Macht und auch kein Wasser mehr da ist; der einstige Flußlauf mit seinen erhöhten, von Schilf und Tamarisken bewachsenen Ufern zieht sich noch immer in trägen Windungen durch das öde Land. Von den Arabern Schatt el-Kar genannt. Die hohen dürren Schilfstengel haben schon wieder grüne Triebe. Der südmesopotamische Winter ist vorbei.
«Nun blühen die Aprikosenbäume in den Gärten von Baghdad!» sagt Adnan sehnsüchtig. Doch wird er auf dem Rücksitz zwischen Thomas und dem Kleinen Löwen so arg durchgerüttelt, daß ihm das Träumen vergeht. Nur die strahlendvergnügte Prinzessin vorn neben dem Steuermann ist definitiv entschlossen, sich durch keinerlei Tücken ihres imaginären Bootes aus dem Konzept bringen zu lassen.
«*Regardez – un mirage –* ein Märchenschloß!»
Im Dunst des frühen Morgens schwebt ein pastellfarbiges Gebilde über dem Flußlauf, und auch die andern glauben an eine Luftspiegelung. Je näher sie kommen, um so mehr verflüchtigt sich der Glanz. Übrig bleiben die graugelben Lehmmauern eines Festungshofes mit zahnstummelähnlichen Ecktürmen.
«*Qal'at Madschnûn* – die Burg des Verrückten», kommentiert Peter. «Von den Menschen verlassen, nur nächtlicherweile von den Dschinnen bevölkert...»
«Und früher?»
«War es sozusagen Stammburg unserer Towbi. Das heißt, hier soll sich zu Beginn des Jahrhunderts Seyed Yasir ibn Hussein niedergelassen haben, der anstelle eines Schêchs Führer des Stammes wurde.»
«Ist ein Seyed vornehmer?» möchte Thomas wissen.
«Die Seyeds zählen sich zu den Abkömmlingen des Propheten, vom berühmten Stamm der Bani Kuraisch. Sie leben heute über ganz Arabien zerstreut und genießen noch immer hohes Ansehen.»

«Warum haben sie die *Qal'a* verlassen, der Seyed und die Towbi-Leute?»

«Weil sie ungern verhungern und verdursten wollten, stell' ich mir vor. Denn hier hängt ja alles mit dem Grundwasserspiegel und der Versalzung des Bodens zusammen – ein Zustand, der ständig wechselt. Zeitweilig führt der Schatt Wasser – dann liegt er wieder trocken auf Jahre; die Siedlungen werden verlassen und verfallen dann.»

Sie reisen weiter, an vielen Gespensterburgen vorbei, und der Weg wird auch nicht komfortabler. Dafür ziemlich abwechslungsreich. Erweist sich der Grund des Flußbettes als zu weich, braust der Assyriologe mit Vollgas die Böschung hinauf und schlittert fröhlich wieder in die Tiefe, wenn ihm Tamariskensträucher den Weg versperren. Oder unvermutet liegt die tiefeingefressene Regenrinne eines *Wadi* vor den Rädern. Der Jeep ist ziemlich wüstentüchtig, aber so große Sprünge macht selbst er nicht.

Dann werden sie allesamt fast über Bord geworfen, weil das Vehikel plötzlich scharf wendet und gen Osten rast.

«Verrückt geworden – Mensch...!» Leo hat seine Beule weg.

Der Rothaarige grinst: «Keine Augen im Kopf?»

«Gazellen! So viele – ein ganzes Rudel!» Das Mädchen muß sich festhalten. Peter fährt, was der Motor hergibt, und das ist zurzeit in dem flachen Gelände und verglichen mit der Schnelligkeit der fliehenden Tiere allerhand.

Die Distanz verringert sich, und der Baghdadi bedauert, kein Gewehr dabei zu haben. Araber lieben die Jagd, und die Motoren machen es ihnen heute leicht. Allzu leicht. Die einst riesigen Gazellenherden beginnen auszusterben.

Nun laufen die Tiere kaum mehr einen Steinwurf weit entfernt. Goldbraune Leiber, hellleuchtende Spiegel und die Läufe so zart und fliegend, daß man sie über dem Steppenboden kaum wahrnimmt.

«Genug – genug – bitte Peter — *arrêtez* – die armen Kreaturen rennen sich zu Tode!»

«Sentimentales Frauenzimmer!» brummt der am Steuer. «Wollte doch bloß mal Gazellen von nah besehen – nicht nur auf ollen Rollsiegeln...» Schwenkt aber gehorsam ab, um das verlassene Schatt el-Kar wieder zu gewinnen.

Man sichtet neue Tiere. Kamele diesmal. Stuten mit braunen und weißen Kindern, die verstört dem lärmenden Fahrzeug nachstarren. Unweit der Herde liegen Zelte. Bunte Teppiche hängen an den Leinen, und die Beduinenfrauen tragen rote Röcke. Wie sensationell hier Farben wirken, denkt Thomas.

«Wir sollten uns vielleicht doch einmal nach dem Weg erkundigen», schlägt der Assyriologe vor, als er einen bärtigen Mann in gelbem Hirtenmantel entdeckt. Der schaut zwar fast so mißtrauisch wie seine Kamele auf die *sayyâra*; «*Ila al-Fara?*» weist mit seinem Stock westwärts. Sichtlich erleichtert. Den Ungläubigen mit ihrem Teufelswerk ist nicht zu trauen.

Doch der Kamelhirt hat sie richtig beraten. Schon bald erreichen sie den *Tell*, einen langgestreckten Hügel über der Ebene. Fara.

«Tja – schon eine Weile her, daß die deutschen Ausgräber Andrae und Nöldeke hier gewesen sind...», meint Leo, das weite Scherbenfeld und halbverwehte Suchgräben musternd.

«Ich dachte, die hätten mit Koldewey in Babel gegraben?» – Auch Adnans Vorstellungen scheinen durcheinander geraten.

«Das taten sie wohl. Haben aber auch gelegentlich Erkundungsreisen unternommen, um die Ruinen des Landes zu erforschen. 1902 begannen sie hier zu arbeiten; dort drüben steht noch das Backsteingemäuer des Expeditionshauses.»

«Sie sind, denk' ich, noch nicht im Jeep gereist?» überlegt Amira.

«Schwerlich! In seinen Memoiren beschreibt Walter Andrae diese Tour von Babylon her. Muß komisch gewesen sein, wie er da mit seiner türkischen Leibgarde und einem Maultier, welches das eiserne Bettgestell trug, durch die Nacht schaukelte...»

«*Mais pourquoi* – nachts? Da konnte er ja gar nichts von der Landschaft sehen!»

«Es war August – Mademoiselle!» beschwört sie der Assyriologe. «Das bedeutet im südlichen Zweistromland so einiges über fünfzig Grad im Schatten, und da Schatten doch ziemlich rar ist, verzichtet man gerne auf die landschaftlichen Reize bei Sonnenschein...»

«Muß die Hölle gewesen sein!» versucht Thomas sich das vorzustellen. «Wie kamen die Leute bloß auf die Idee, in diesem langweiligen Hügel zu wühlen, wo es nicht einmal eine Zikurrat gab...?»

«Der hat's mit den Türmen!» spottet Peter. «Aber um etwas mehr Respekt möchte ich doch bitten; wenn unsere Schriften nicht trügen, so war Fara die vorsintflutliche Stadt, wo ein Mann namens Noah-Utnapischtim-Ziusudra ein sehr großes Schiff baute!»

Mit erstaunlicher Genauigkeit hat Utnapischtim dem Gilgamesch diesen Schiffsbau beschrieben. Thomas versuchte einmal eine Rekonstruktion zu zeichnen.

Das Kind trug herzu das Erdpech,
Der Starke brachte den Bedarf heran.
Am fünften Tag entwarf ich des Schiffes Außenbau;
Ein Feld groß war seine Bodenfläche,
Je zehnmal zwölf Ellen hoch die Wände,
Zehnmal zwölf Ellen im Geviert der Rand seiner Decke.
Ich entwarf seinen Aufriß und stellte es dar:
Sechs Böden zog ich ihm ein.
Seinen Grundriß teilte ich neunfach ein,
Wasserpflöcke schlug ich ihm ein in die Mitte.
Für Schiffsstangen sorgt' ich, legte nieder den Bedarf:
Sechs Saren Erdpech goß für den Ofen ich dar,
Drei Saren Pech tat ich hinein;

Drei Saren Korbträgersleute waren es, die das Öl trugen:
Außer dem Sar Öl, das das Backmehl verbrauchte,
Zwei Saren Öl, die das Schiff speicherte.
Rinder schlachtete ich für die Leute,
Schafe tötete ich alltäglich;
Mit Most, Sesamwein, Öl und Wein
Tränkt' ich die Werkleute wie mit Flußwasser,
Daß sie ein Fest begingen wie am Neujahrstag!
Das Schiff war fertig am siebenten Tag bei Sonnenuntergang.

Und da liegen die Scherben von Noahs Stadt – der vorsintflutlichen Stadt Schuruppak –, Tausende von Scherben über den Hügel verstreut. Scherben, die erzählen, daß auch dieser Hügel nicht durch einen geologischen Zufall entstand; daß er wie die vielen *Tells* in dieser Wüste aus versunkenen Kulturen gewachsen ist.

Scherben – die kleine Französin ist in ihrem Element! Aber auch die andern gehen gebeugt, mir forschenden Augen, in Erwartung eines wunderbaren Fundes, wie Kinder auf der Ostereiersuche.

«Kann das eine Topfscherbe sein?» Thomas hat ein gebogenes Stück Ton aufgehoben, dessen innere Seite kantig, die äußere abgerundet ist.

«Sieht nicht wie ein Bruchstück aus – eher eine fertige Form. Ein Werkzeug vielleicht. Wozu...?»

«Eine Sichel!» erklärt Amira fachmännisch. «Der Griff muß abgebrochen sein.»

«Kann man mit so was Getreide schneiden?»

«Man schnitt es nicht eigentlich. Mit der tönernen oder steinernen Sichel wurden die Halme bodennah geschlagen und danach mit den Händen gerauft. Das tun viele Fellachen hierzulande heute noch, wenn sie den Weizen ernten.»

«Das hier wird also immer noch gebraucht?»

«Heute wie gestern und vorgestern und vor siebenmal siebenhundert Jahren!» lacht das Mädchen.
Liebevoll streicht Thomas über das tönerne Werkzeug und steckt es dann in die Tasche. «Ich will sie mitnehmen – als Andenken, Noahs Sichel, die er wohl vor dem großen Regen verloren hat...»

Herr des Windes

Fern, in langer Reihe ziehen Kamele wie eine Schnur aufgereihter Perlen im flimmernden Gegenlicht. Einmal tauchen zwei Reiter auf und verschwinden wieder in der Weite.
«Kundschafter», bemerkt Peter. «Grandioses Land in seiner Öde, und freie Menschen!»
«Und da kommen wir mit unserem Motorenlärm – scheuchen alles auf: Gazellen, Kamele und Hirten – und machen die ganze schöne Stille kaputt...», sagt Amira bekümmert, und Thomas, zwar etwas belustigt über die kaputte Stille, weiß der Teufel, wo sie das aufgelesen hat, stimmt ihr zu: «Sie haben recht – man sollte hier nicht Auto fahren!»
«Du möchtest wohl zu Fuß nach Nippur laufen?» fragt der Rothaarige über die Schulter zurück.
«Sollte man! Oder reiten. Dann würde die Wüste – alles – auch die Fata Morgana, wieder zum Erlebnis.»
«Toller Gedanke – durch die Wüste reiten...» Der Mann am Steuer verfolgt die Sache nicht weiter, weil ihm gerade eine größere Sanddüne unter die Räder geraten ist. Vergeblich bringt er den Motor auf Touren, auch der Vierradantrieb versagt.
«Will nicht mehr – *that silly thing* – alles raus an die Arbeit!»
«Da war Walter Andrae mit seinem Maultier besser dran!»
Der Kleine Löwe liegt schon bäuchlings im Sand und beginnt die

Vorderräder freizuschaufeln. Alle beteiligen sich einträchtig an der Wühlarbeit; sogar Adnan bemüht sich redlich, trotz seiner Antipathie gegen schmutzige Hände.

Zuletzt wird eine Decke vor den Wagen gelegt, wo man die Düne entfernt hat. Der Motor heult auf, während die vier Passagiere hinten schieben mit letzter, vereinter Kraft. Dann ist der Jeep plötzlich weg wie ein Frosch, der da eben noch saß. Die Zurückgebliebenen werden eingehüllt in Sand und Staub. Lachend, hustend und hörbar mit den Zähnen knirschend steigen sie wieder ein.

Nun ist es auf einmal, als kämen sie da und dort in eine Oase mit grünen Feldern und Palmen. Im *Schatt,* nun wunderbarerweise mit Wasser gefüllt, spiegeln sich Schilfhütten, schwarze Büffel und dickbäuchige Kinder. Und hinter den Palmen liegt eine kleine Stadt. Affak.

Die kleine Stadt besitzt einen großen überdachten Basar, und in dem *Sûq* gibt es eine *Tschaikhâne.* Da halten sie Rast, sitzen auf himmelblau gestrichenen Holzbänken und trinken Tee. Wie überall im Irak ist das Getränk sehr stark und sehr süß, und die versüßte Bitterkeit erweist sich nach der strapaziösen Reise als köstliches Lebenselixier. Adnan bestellt eine zweite Runde und dazu noch zuckertriefendes Gebäck aus dem Laden nebenan.

Amira leckt sich die klebrigen Finger und möchte dann durch den *Sûq* spazieren. Die Goldschmiede besuchen und außerdem Henna, Antimon und andere beduinische Schönheitsmittel erstehen. Doch Peter mahnt zum Aufbruch: «Wir müssen vor der Dunkelheit wieder durch die Wüste zurück – und sind noch nicht in Nippur! Verschieben Sie Klimbim und Kosmetik auf später...»

«Einen gewobenen Teppich hätte ich auch so gern gekauft!» schmollt sie, aber der lange Schotte läßt sich nicht erweichen. Und der staubbedeckte Jeep knattert wieder aus dem Städtchen.

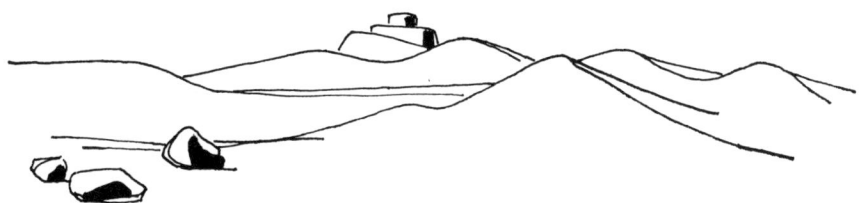

Die Ruine soll gleich hinter Affak liegen. Und das bedeutet auch schon wieder Sand. Ein Meer von Sand! Ein Gewoge von hohen Dünen, unmöglich, mit dem Fahrzeug durchzukommen. Sie müssen den Jeep zurücklassen, nicht nur wegen des Sandes, sondern weil da außerdem ein breiter Graben liegt.
«Hier das letzte Weizenfeld – dort die Wüste...» Thomas betrachtet die Halme zu seinen Füßen. «Wie schnell sich das alles verändert! Schon kriechen neue gefräßige Dünen daher; die Pflanzen kämpfen noch verzweifelt um Luft und Licht, aber es sieht nicht so aus, als ob sie sich behaupten könnten...»
«Fällt uns auch schwer zu glauben, daß der erste Ausgräber anno 1888 im Boot bis vor die Tore Nippurs segelte!» sagt Leo.
«Unwahrscheinlich – wer war denn das...?»
«Mister Hilprecht aus Chicago. Ursprünglich kam er aus Europa, hat dann einen kleinen Umweg gemacht!»
Sie stapfen durch den Sand, über Dünen, immer in nordöstlicher Richtung, wo der Stufenturm wie ein Wegweiser emporragt. Die Zikurrat von Nippur, Thron Enlils, des höchsten Gottes im sumerischen Pantheon. Thomas grübelt über diesen Herrn des Windes nach, kommt aber zu keinem Ende, weil er immer wieder seine Schuhe leeren muß.
«Enlil kann kein freundlicher Gott gewesen sein – der war doch schuld an der Flut?»
«Leider!» Peter, in jeder Hand einen Stiefel, hat beschlossen, den beschwerlichen Weg auf Socken fortzusetzen. «Das hat er sich wohl zuwenig überlegt. Und die anderen Götter waren auch sehr böse über ihn. Als nämlich Utnapischtim die Arche verlassen und

sieben Räuchergefäße mit Süßrohr, Zedernholz und Myrte aufgestellt hatte, kamen die Götter, verlockt von dem Duft, und Mach, die Muttergöttin, sagte:

Die Götter mögen nur kommen zum Schüttopfer!
Doch Enlil soll nicht kommen zum Schüttopfer,
Weil er unüberlegt die Sintflut machte
Und meine Menschen dem Verderben anheimgab!

«Aber dann müssen sie sich doch wieder versöhnt haben», diese Stelle kennt Thomas genau. «Denn Utnapischtim erzählt weiter, daß Enlil seine Hand nahm, ihn und sein Weib segnete, sie über das Menschenschicksal erhob und fortan an der ‹Mündung der Ströme› wohnen ließ.»

Endlich, zwischen Sandbergen und gewaltigen Schutthalden, gelangen sie in das Heiligtum, das mit seinen Tempelruinen wie in einem tiefen Tal verborgen liegt. Mächtig wirkt die Zikurrat in diesem engumgrenzten Raum. Die einzelnen Stufen dieses Turmes sind, wie es scheint, noch bis zur Spitze erhalten.

«Sogar noch der Hochtempel obendrauf!» staunt Thomas.
«Bluff!» lacht der Schotte, «dort oben hat nicht der Herr des Windes gewohnt, sondern der famose Mister Hilprecht. *Poor American* – mußte sich auf den sumerischen Stufenturm flüchten, um nicht von Wölfen und Hyänen verspeist zu werden!»

Über den Rücken einer großen dicken Düne erklimmen sie die backsteingebaute Residenz des ersten Ausgräbers von Nippur. Kleine, dunkle Räume mit vielen Löchern sind's, durch die wohl oft der Wind gepfiffen hat. Aber weit sieht man von da oben. Leo

▶

Behutsam heben die Hände des Ausgräbers einen neuen Fund aus der Erde. In dem zerbrochenen Tonkrug wurde die *Alabasterstatue eines Königs* – wahrscheinlich aus Gründen der Pietät – zeremoniell beigesetzt, so wie es sonst bei Kindergräbern üblich war. Denn die Statue aus sumerischer Zeit erwies sich als zweitausend Jahre älter als das Gefäß.

ist voller Bewunderung für die Tiefgrabungen, die bis zum Grundwasserspiegel reichen.
«Haben eine ganze Menge Erde bewegt, die Leute aus Chicago!»
«Ja, seit der Türkenzeit ist auch schon manche Expedition über den Ozean gekommen...» Peter gräbt einen gestempelten Ziegel aus dem Boden. «Tausende von Tontafeln haben sie uns zutage gefördert! Bis heute sind die Keilschriftforscher der ganzen Welt mit dem Entziffern nicht nachgekommen.» Jetzt ist der Stempel sichtbar: «Natürlich – Urnammu, der mächtige Mann, König von Sumer und Akkad, hat auch in Nippur gebaut...»
«Warum aber solche Massen von Tontafeln – hat es hier wie in Uruk Tempelarchive gegeben?» erinnert sich Thomas an die Geschichte mit den luftgekühlten Tonkrügen.
«Außerdem Schreiberquartiere und vor allem Schulen!»
«Eine Schule mit Schulbänken, wo man mit Rohrgriffeln auf die kleinen feuchten Tontafeln schrieb?»
«So ungefähr. Die Bänke fand man jedenfalls. Die ältesten Schul‹bücher› aus dem dritten vorchristlichen Jahrtausend stammen allerdings aus Fara-Schuruppak. Hier ist alles schon weiter entwickelt; die sumerische Priesterstadt muß ein eigentliches Bildungszentrum gewesen sein.»
«Theologie also?»
«Es gab schon mehrere Fakultäten. Mathematik und Rechtswissenschaft wurden gelehrt, Geographie, Botanik und Zoologie.

◂

Bruchstücke von Tontafeln aus Uruk berichten über die *Entwicklung der Schrift*. Die Tafeln mit dem frühesten Punkt-Bild-System stammen noch aus archaischer Zeit (oben), während die alt- und neubabylonischen Schriften (Mitte) schon festgefügte Keilzeichen aufweisen. Hier hat sich der Wechsel von der Wort- zur Silbenschrift schon vollzogen. Der nächste Schritt von der Silbe zum Buchstaben sollte den Phöniziern vorbehalten bleiben. (Aufnahme Warka-Expedition) In Keilschrift wurden auch *Stempel* angefertigt (unten), womit die Könige die Ziegel zum Bau ihrer Tempel zu prägen pflegten. Hier der Stempel Urnammus, siehe Zitat S. 29.

Außerdem brauchte man im sumerischen Stadtstaat nicht nur Priester; tüchtige Verwalter mußten ausgebildet werden, Beamte aller Art und viele Schreiber für die Archive. Und diesen Schulen verdanken wir auch die Überlieferung von sehr viel älteren literarischen Texten, die sonst verloren wären.»
«Das Gilgamesch-Epos und die Sintflutsage?»
«Gewiß. Seltsamerweise hat George Smith in Assurbanipals Palastbibliothek zu Ninive erst eine sehr späte Fassung dieser uralten Heldengeschichten gefunden. Doch konnte die Legende dann von Assyrien über Babylon und Akkad durch zwei Jahrtausende zurückverfolgt werden bis nach Uruk, wo Gilgameschs Mauer noch unter dem Sand lag...»
«Dann haben wohl die Schüler von Nippur das Epos pauken müssen wie wir das Nibelungenlied!»
«Vermutlich. Unzählige Übungstäfelchen mit mehr oder weniger geglückten Schreibversuchen erzählen uns von den Freuden und Leiden der ‹Söhne des Tafelhauses›.»

Enlils Zorn

Der Sturm tobt um das Expeditionshaus, und durch alle Ritzen dringt der Sand. Eine dicke Sandschicht bedeckt das Papier auf dem Tisch der Eckkammer. Ein Brief vermutlich; man kann nicht mehr erkennen, was auf dem Blatt steht.
Der Beg hat schon eine Weile zu schreiben aufgehört. Er starrt durch das Nordfenster, wo sonst fern in der wechselnden Stimmung des Tages Nufedji steht. Er ist nicht mehr da, der alte Wächter. Verschluckt von Sand und Staub. Nur dieses braungelbe Zwielicht zwischen Himmel und Erde.
«Bald wird es vollends dunkel sein, und sie sind noch nicht zu-

rück», murmelt der Archäologe. «Wenn sie bloß vom Schatt her den Weg finden – das ist die schwierigste Strecke.»
«Deine Söhne – wo bleiben sie?» fragt Ma'yûf, der leise und unbeachtet hereinkam.
«Ja – ich mache mir Sorgen – im Staubsturm können sie die Hügel nicht sehen...»
«*Khalâs karîb* – der Sturm wird bald still sein!» tröstet der kleine Araber.
«Und dann kommt die Nacht!»
«*Na'am al-laila* – und nachts schreien die *wâwi* in der Steppe...»
«*Isma'*», fragt er dann, «ist der *Suwâri* da?»
«Ich glaube ja. Martin fuhr nicht mit; er muß wohl noch drüben in der Dunkelkammer sein. Was willst du denn von ihm?»
«Wir müssen etwas tun!» erklärt der Junge ernst. «*Ma' a al-fânûz kebîr* – mit der großen Lampe – *foq el-Buwêrîye!*»
«Auf der Zikkurrat...? Du meinst die Karbidlampe – keine schlechte Idee. Warten wir noch eine Weile; wenn sie mit der Dunkelheit nicht da sind, kannst du mit Martin hinaufsteigen.»
Der Expeditionschef nimmt das Blatt vom Tisch, läßt den feinen Sand zu Boden rinnen und versucht weiterzuschreiben. Es gelingt ihm nicht mehr, seine Gedanken zu sammeln.
«Der Sturm scheint wirklich nachzulassen...» Er erhebt sich und verläßt die Kammer. Der Junge folgt ihm die Stufen hinauf zum Eckturm. Es ist ruhig geworden, fast unheimlich still. Staubschwaden hängen noch da und dort und sinken gleich verlorenen Schleiern allmählich auf den Wüstenboden herab. Und drüben ist Nufedji wieder aufgetaucht – schwebt im letzten Licht wie der heilige Berg Japans. Japanisch erscheint auch die unwirklich große rote Sonne im westlichen Dunst. Sie wird von Arabien verschluckt.
Nochmals Schritte im Hof. Vom *Ambâr* her kommt der alte Archäologe. Müde Schritte, nunmehr auf den Stufen. Die beiden Männer lehnen an der Brüstung und blicken hinaus. Sie reden

nie viel miteinander, verstehen sich auch so. Von jeher war es zwischen ihnen eine stille, gute Zusammenarbeit gewesen. Der Beg fürchtet nur mit jedem Jahr, daß der alte Mann einmal nicht mehr käme.
«*Ya abûyi al-laila* – die Nacht kommt!» mahnt der Junge angstvoll.
«Gut – geh und hole den *Suwâri!*» stimmt der Expeditionschef zu und wendet sich an seinen Mitarbeiter: «Es wird jetzt schnell dunkel, und sie sind noch immer nicht da; Ma'yûf und der Photograph sollen versuchen, von der Zikurrat aus Lichtzeichen zu geben.»
«Daran habe ich auch gedacht», meint El-Schêch. «Von dort oben können die Signale sehr weit, bis nach Senkere und El-Chidr gesehen werden. Gehen wir auch hinauf?»
«Die beiden werden damit schon fertig; Martin ist sehr geschickt. Stärken wir uns erst beim Tee, und dann können wir nachschauen, wie weit die Sache gediehen ist.»
Recht einsam sitzen sie in der *Tschaikhâne*. Hamid schenkt ihnen ein und hat sein gutes altes Gesicht in so tiefe Sorgenfalten gelegt, daß der Beg trotz der eigenen Beunruhigung lächeln muß. «Du treue Seele – die Kinder werden schon wiederkommen!» tröstet er. «Es sind ja vier tüchtige Burschen, die schlimmstenfalls auch eine Nacht unter freiem Himmel überstehen...»
«*Wa al-bint* – was wird aus dem Mädchen?»
«Amira wird auch nicht von den Hyänen gefressen! Außerdem fürchtet sie sich ebensowenig wie die Jungen.»
Der Alte scheint zu zweifeln, sagt aber nichts weiter und schlurft bekümmert in die Küche.
«*Schûf* – dort ein Licht», ruft Ma'yûf, «und es wandert!»
Martin, der gleichmäßig die Laterne schwenkt, kann überhaupt nichts sehen, geblendet vom grellweißen Schein der Karbidlampe. Der Junge hockt in einer Mulde, unterhalb der Gipfelkuppe und hat seine Augen mit beiden Händen abgeschirmt.

«Wüstengewohnte Augen sehen mehr als unsereins», meint der Beg, «warten wir ab, ob seine Behauptung stimmt.»
«*Madschnûn* – das Licht geht ja im Kreis herum – es ist verrückt geworden!» rapportiert der Kleine aufgeregt.
Die beiden Männer starren schweigend weiter in die Nacht, und Martin bewegt die Laterne. Wenn ein Arm müde ist, wechselt er die Hand. Wohl kann er von allen am wenigsten sehen, aber aufregen tut er sich nicht. Er ist eher von phlegmatischer Natur. Wenn diesen superklugen Leuten die eigene Sechs-Quadratkilometer-Ruine noch nicht ausreicht und sie unbedingt in den Kakao hinausfahren müssen, um noch mehr Scherben und altes Gemäuer zu suchen, sollen sie eben sehen, wie sie wieder den Heimweg finden. Das ist seine, Martins, Ansicht, die er jedoch nicht laut sagt. Sind ja schließlich Kameraden, denkt er, wechselt die Hand und schwenkt die Lampe weiter mit dem linken Arm.
«Das verrückte Licht geht nicht mehr im Kreis!» verkündet Ma'yûf. «Aber jetzt sind aus einem Licht zwei geworden – *madschnûn*...»
«Dann muß es doch der Wagen sein; nun kann ich die Scheinwerfer erkennen!» bestätigt der alte Archäologe. «Sie fahren in unserer Richtung, müssen das Licht auf der Zikurrat gesehen haben...»
«*Al-hamdu-lillâh!*» Der Beg sagt es unwillkürlich auf arabisch, und dann nochmals leise: «Gott sei Dank!»
Eine halbe Stunde später fährt der staubbedeckte Jeep in den Hof, und fünf ebenfalls staubbedeckte Gestalten klettern heraus. El-Schêch und der Beg, Ismail, Martin und Ma'yûf, die Wächter und Diener stehen im Hof und empfangen die Nippur-Reisenden wie verlorene Söhne. Unter ihrer Tarnung sind sie indessen vergnügt und guter Dinge. Was den alten Hamid betrifft, so scheint er sich am meisten über Amira, die wiedergekehrte verlorene Tochter, zu freuen.
«Wir haben uns in dem Sandsturm vollkommen verirrt und ka-

men vom alten Flußlauf ab», berichtet Leo, der das letzte Wegstück am Steuer saß.

«Und sind während nahezu zwei Stunden um das einsame Kuppelgrab des Imâm al-Kurdi gefahren!» ergänzt das Mädchen zur allgemeinen Heiterkeit.

«Nicht wahr, Adnan – aus irgendeinem Grund muß sich Vater Enlil über uns geärgert haben, daß er uns den Sturm auf den Hals schickte...», grinst Peter, während dem armen Baghdadi offensichtlich noch der Schreck in den Knochen sitzt.

«Aber habt ihr denn unser Licht nicht gesehen – *an-nûr min el-Buwêrîye?*» verlangt Ma'yûf dringend zu wissen.

«Ja, dann sahen wir das Licht auf der Zikurrat, und wir wußten den Weg wieder – Allah sei gepriesen!» bestätigt Amira.

«Und wir waren sehr froh!» fügt Thomas hinzu.

Der kleine Araber strahlt.

Wer war Sinkaschid?

«Vater,
Es wird wirklich allerhöchste Zeit, daß ich Dir wieder schreibe. Deinen Brief, der nun wohl schon eine Weile hier liegt, mußte ich buchstäblich ausgraben, soviel Sand und Staub lag drauf. Natürlich war auch der Sturm schuld...»

Thomas zieht das Blatt näher in den engbegrenzten Lichtkreis der Lampe, die übrigens wieder einmal verrußt ist, weil Mohammed sie zu reinigen vergaß. Damit nehmen es die Diener nicht so genau. Ein andermal ist überhaupt kein Brennstoff in der Lampe, was sich noch unerfreulicher auswirkt als der Ruß. Oder es kann auch vorkommen, daß man mit der Lieferung von Waschwasser übergangen wird; etwas peinlich, wenn man sich bis zu

dieser Feststellung in der Vorfreude auf die große Wäsche schon seiner Kleider entledigt hat. Er schraubt den Docht etwas höher, pustet nochmals über das Blatt und fährt mit dem Schreiben fort.
«Ich bin wahrhaftig froh, daß es Dir besser geht. Du schreibst ‹gut›, aber bist Du dessen auch sicher? Oft sorge ich mich und denke, Du arbeitest zuviel. Dann wäre ich am liebsten gleich daheim, um nachzusehen.
Schnee in Berlin kann ich mir schon gar nicht mehr vorstellen! Obwohl erst Ende Februar, schwitzen wir hier ganz tüchtig, und Adnan, der Student aus Baghdad, erzählte von blühenden Gärten. Hier in der Wüste ist von solcher Pracht natürlich wenig zu bemerken; nur mit der steigenden Flut verirren sich manchmal Vögel in die Ruinen. Oft ziehen Pelikane hoch über die Zikurrat. Vor zwei Tagen erlebten wir etwas sehr Sonderbares; da verdunkelte sich der Himmel am heiterhellen Tag, wie von einem Heuschreckenschwarm. Das soll es in dieser Gegend geben. Aber stell Dir vor, es waren Libellen, Hunderte, ja wohl Tausende von Libellen! Sie müssen von den östlichen Sümpfen hergekommen sein und haben sich dann für eine Weile auf unserem Expeditionshaus niedergelassen. Sah aus wie ein opalfarbig schillerndes Märchenschloß mit all den Libellenflügeln.
Von meiner Arbeit als ‹rückblickender Bauzeichner› habe ich Dir berichtet: damit werde ich nun bald fertig sein. Hunderteinundsechzig Meter lang ist meine Mauer, da gab es eine Menge aufzunehmen, wie Du Dir vorstellen kannst. Die Länge geht noch – aber das mit der Tiefe ist schwieriger, weil so viele Leute dran gebaut haben. Und doch lernte ich mittlerweile von diesen Lehmziegeln mehr Baugeschichte als auf der Hochschule in drei Semestern.
Wenn ich Dir hier draußen nur alles zeigen könnte! Den Palast des Königs Sinkaschid beispielsweise. Hier im Hof haben wir einen Kater dieses Namens, der sich mein Bett zum Lieblingsplatz erkoren hat. Wir verstehen uns gut, Sinkaschid der Jüngere

und ich, obwohl er ein ziemlich eingebildetes Biest ist. Heute bleibt er übrigens aus. In der Nachbarschaft wurde über Mäuse geklagt (auch über Flöhe, die mit beginnendem Frühling aus allen Ritzen kriechen, aber die frißt der Kater wohl nicht). Mag auch sein, daß Hamid ihn in die Vorratskammer gesperrt hat.
Ich bin vom Thema abgekommen. Der andere Sinkaschid war ein altbabylonischer Stadtkönig von Uruk, der, wie ich erfuhr, um die Mitte des neunzehnten Jahrhunderts vor unserer Zeitrechnung regiert hat. Die Ruinen seines Palastes liegen im Westen der Stadt. Ein Riesending – der alte Archäologe hat mir alles erklärt. Denk Dir – über hundertfünfzig Räume! Ein Teil davon wurde vom *Wadi* weggefressen, das ist eine breite Wasserrinne mitten durch das ganze Gebäude.
Unsere Araber nennen die Ruine *Abu tibn* – ‹Vater des Häcksels›. Vermutlich hat der Hügel zu Zeiten, da es hier noch Felder gab, als Dreschplatz gedient. Warum nicht, denn vor der Ausgrabung muß die Kuppe flach und dem Wind am ehesten zugänglich gewesen sein.
Weißt Du, all das Gemäuer wird erst richtig interessant, wenn man die dazu passenden Schriften findet. Und Tontafeln gab es sehr viele in dem Palast. Darüber erfuhr ich einiges von Peter, unserem Keilschriftexperten. Ich erzählte Dir von ihm. Wir mögen uns gegenseitig, obwohl der rothaarige Teufel natürlich unvergleichlich viel mehr weiß als ich. Oft lacht er mich aus, wenn ich dumme Fragen stelle; meint's nicht bös, und ich stell' weiter dumme Fragen. Peter kann aufs Jahr genau sagen, wann diese altbabylonischen Könige regiert haben. In Uruk war es zuerst der Sinkaschid, dann dessen Sohn Anam und schließlich ein dritter König, der Irdanene hieß.
Sonst ist es allerdings schwer, mit den Königen und Dynastien klarzukommen, besonders mit den ganz alten. Die vorsintflutlichen Herrschaften wollen ja ungebührlich lang gelebt haben. Ich erinnere mich an einen Herrscher von Badtibira des komischen

Namens Enmenluanna mit dem respektablen Alter von dreiundvierzigtausendzweihundert Jahren und Alulim von Eridu mit sechsunddreißigtausend. So geht das weiter, und die Gelehrten grübeln noch immer darüber nach, wie diese astronomischen Zahlen wohl umzurechnen wären. In Uruk wird Lugalbanda, als Vater Gilgameschs bekannt, nur noch zwölfhundert Jahre alt, und Gilgamesch selber mußte schon mit hundertsechsundzwanzig Jahren sterben. Gerade er, der vom Libanon bis zur Mündung der Ströme nach der Unsterblichkeit suchte...
Die Assyriologen kamen überein, daß man viele von den Königslisten nicht nacheinander, sondern nebeneinander setzen muß; sonst würden die zur Verfügung stehenden Jahrtausende nicht ausreichen, alle Dynastien unterzubringen. Oft haben neben dem Landesherrscher noch mehrere Stadtkönige gleichzeitig regiert. So wie unser Sinkaschid einer war, der im benachbarten Larsa oder in Ur schon nichts mehr zu sagen hatte.
Er war übrigens mit Salûrtum, der Tochter König Samula'els von Babylon, verheiratet. Vermutlich aus politischen Gründen. Man erfährt allerhand Familiengeschichten aus den erwähnten Texten. Beispielsweise, daß Sinkaschid für seine Tochter Nisiinisu, die Priesterin von Eanna, ein ‹reines gipar›, eine Wohnung innerhalb des Heiligtums, gebaut hat.
Anam, der nächste König, reparierte die Stadtmauer von Uruk, erwähnt als das ‹alte Werk des göttlichen Gilgamesch›. Dieser Herrscher muß überhaupt viel geleistet haben, was die urukäische Bautätigkeit anbelangt. Aus einer Inschrift auf Kalkstein will ich Dir eine besonders schöne Stelle zitieren:

‹*Inanna, der großen Herrin von Eanna, meiner Herrin,*
Habe ich, Anam, der gute Hirte von Uruk,
Der Schaffner mit der hohen Hand,
Den Tempel, das alte Werk Urnammus und Schulgis erneuert
Und wie ein neues Haus gestaltet.›

In dem Text ist auch ausführlich die kostbare Innenausstattung des Tempels beschrieben; Türflügel aus Zedernholz, welches vom fernen Gebirge gebracht worden war, von Bronzebeschlägen und so weiter. Über die Bedeutung einer ‹Salböl›-Tür habe ich mir vergeblich den Kopf zerbrochen.

Auf solchen Tafeln ist zuweilen auch von der Außenpolitik die Rede, und das fand ich besonders spannend, weil da auch die Umgebung von Uruk mit einbezogen ist. Sinkaschids Enkel Irdanene, so heißt es da, sah sich durch den Nachbarfürsten Rimsîn von Larsa bedroht und erbat Waffenhilfe von Sînmuballit, der damals auf dem Thron zu Babel saß. Vergeblich. Irdanene unterlag, und der König von Larsa ‹*setzte ihm wie einer Schlange den Fuß aufs Haupt*›.

Friedlicher klingt dann ein anderes Schriftstück, in dem eine Belohnung erwähnt ist: ‹*Zehn Sekel für Tarîbun, den Mann aus Babylon, der Rinder nach Uruk trieb.*› Da lebt jene Zeit wieder; man sieht und fühlt den Staub der Landstraße, auf welcher Tarîbun, wie ich schätze, sechs oder sieben Tage mit seiner Rinderherde gewandert ist.

In der Palastschule wurden winzige, linsenförmige Tontäfelchen gefunden, mit Übungstexten, die Verarbeitung von Fischen zu Fischöl betreffend – *eine Arbeit, die in den Händen der Leute von Ur liegt.* Und schon hat man den altbabylonischen Fischgestank in der Nase...

Mag sein, daß ich etwas respektlos bin gegenüber der ehrwürdigen Vergangenheit. Aber verstehst Du, hier in der Ruine ist eben trotz einem beträchtlichen Haufen Staub nichts museumshaft. Alles gewinnt irgendwie Leben, kaum daß man es berührt, als wäre die Erde wirklich voller *Dschinne*, wie die Araber sagen.

Vielleicht kommt Dir all das auch ziemlich ungereimt vor, Vater – und doch empfinde ich es so, wenn ich da draußen vor meiner Mauer hocke und Ziegel zeichne. Man wird dabei in die Tiefe gezogen durch die Schichten, bis irgendwo, irgendwann alles aufhört – vielmehr, wo es begann. Und manchmal denke ich, daß es auf der Welt nichts Faszinierenderes gibt. Und vielleicht – ich bin dessen noch nicht sicher – ist es das, was ich auch weiterhin tun möchte, als Architekt. Tempel ausgraben, nicht Kirchen bauen, wie ich träumte. Den Mauern folgen und aus ihnen Geschichte lesen.

Und das können wir Baumeister, die wissen, wie man Mauern fügt – aus eigener Erfahrung erfassen, wie die Alten geplant haben – technisch erkennen, wie ein Fundament liegt und in welcher Beziehung es zu den Bauten darüber steht; auch unterscheiden, wenn die einzelnen Bauperioden so sehr ineinandergreifen, daß der ungeschulte Betrachter daran irre wird.

Ja, auch soviel habe ich verstanden: Uruk ist nicht nur irgendeine von tausend Ruinen in Mesopotamien und nicht nur eine der flächenmäßig größten sumerisch-babylonischen Städte, sondern auch die am tiefsten ergründete. Sie wurde zu einem Mittelpunkt der vor- und frühgeschichtlichen Forschung in diesem Land.

Gerade durch die minuziösen Untersuchungen; das sorgsame Präparieren, das exakte Aufzeichnen und Ablösen Schicht um Schicht, wobei jede Einzelheit wahrgenommen und festgehalten wurde – all dies gab Uruk seinen wissenschaftlichen Wert. Denn nirgends sonst konnten die Kulturen von nahezu fünf Jahrtausenden lückenlos übereinander nachgewiesen werden.

Wo immer Du ein zusammenfassendes Werk über mesopotamische Archäologie aufschlägst, findest Du im Zentrum Uruk. Die Ausgräber im Süden und im Norden ziehen immer wieder Vergleiche mit dieser Ruine, die wie ein zuverlässiger Maßstab dasteht.

Ob Loftus, der erste Europäer hier, wohl diese Bedeutung voraussah, als er vor mehr als hundert Jahren in sein Tagebuch schrieb: ‹... *Warka, the most extraordinary of them all*›.

Die Arbeit durch alle die Jahrzehnte hat sich gelohnt – aber sie ist noch lange nicht beendet. Sie muß weitergeführt werden! Und

manchmal denke ich, daß es schön wäre, mit dabei zu sein. Es geht ja hier nicht so sehr um die Leistung des einzelnen – nicht einmal einer Nation. Jeder Ausgräber ist auf die andern angewiesen und trägt gleichzeitig diesen anderen gegenüber ein Stück Verantwortung.
Der Beg hat davon gesprochen, daß ein Architekt hier eine Aufgabe fände. Er sagte es nur so nebenbei. Und doch ist es, als habe er mir damit eine Möglichkeit gezeigt – einen Weg, der nun offen daliegt – den zu begehen ich mich aber selber entscheiden muß…
Das würde jedenfalls ein Beenden des angefangenen Studiums bedeuten, plus Archäologie. Ich bin noch zu keinem Entschluß gekommen. Was meinst Du? Wäre es eine große Enttäuschung für Dich? Halte es bitte nicht nur für eine neue Marotte Deines Sohnes. Der andere Weg ist noch nicht abgeschnitten – die Krane, meine früheste Jugendliebe – wunderbare Chancen – Erfolg. Wäre wohl auch leichter als diese Sache hier im Staub… Vielleicht ist mir auch bange vor der Wahl zwischen Europa und dem Orient.
Wie's auch kommen mag, Vater – sei versichert, daß ich mich

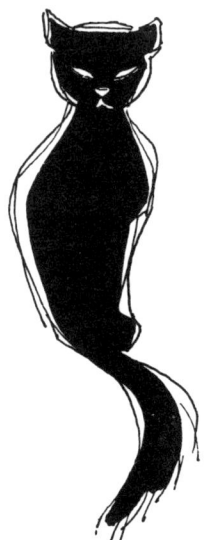

ehrlich um ein Ziel bemühe. Jeden Tag! Das ist alles, was ich Dir heute sagen kann. Oder genügt es nicht einmal, etwas zu wollen, wenn zuletzt ein Muß dahintersteht?
Verzeih, jetzt kann ich nicht mehr weiter. Die Lampe rußt, meine Augen brennen, und ich bin hundemüde. Außerdem ist soeben Sinkaschid (der Kater) zurückgekommen, sichtlich erschöpft von der Jagd. Schlaf auch Du gut, dort im kalten Norden!
Ich packe Dir noch etwas Sand mit in den Brief, damit Du eine Ahnung hast, wie wunderbar es hier riecht... Bald komm' ich zurück, und Du kannst mich wegen der Unordnung auf Deinem Schreibtisch ausschimpfen! Auch sonst.
Dein in der Wüste verlorener Sohn.»

Jenseits der Mauer

«*I must say* – verdammt fleißig bist du heute!»
Lautlos ist Peter auf der Mauer erschienen; ein langer schwarzer Schatten im Gegenlicht.
«Du solltest einen Orden kriegen!» spottet er weiter, während er es sich auf dem obersten Ziegel bequem macht und Zigaretten aus der Tasche angelt.
Nein, Thomas da unten auf seinem Stühlchen mag jetzt keine Zigarette; sitzt da und zeichnet, als säße ihm der Teufel im Nacken.
«Sie muß heute fertig werden, meine Mauer!» sagt er ohne aufzublicken. «Du lachst mich aus. Aber weißt du – wenn es auch nicht nur meine Leistung ist – andere haben ja schon früher daran gearbeitet –, so bedeutet es mir doch sehr viel, wenn ich diesen, meinen Teil geschafft habe. Ich glaube, dann werd' ich da oben vor Vergnügen auf den Händen laufen!»
«Bitte – ich werde applaudieren!»

«Hab' gesagt, wenn ich fertig bin! Wirklich, Peter, ich glaubte schon, daß ich nie in meinem Leben etwas Angefangenes zu Ende führen würde. Auch hier bin ich manchmal verzweifelt, weil es einfach nicht mehr weiterging. Wenn der Beg nicht gewesen wäre... Er hat Geduld.»

«Hat er bestimmt, solange einer sich bemüht. Da heißt's alles oder nichts. Unser Kleiner Löwe scheint seine Chancen verspielt zu haben.»

«Der mit seinen Bulldozer-Theorien! Was hat er denn nun wieder ausgefressen?»

«Dort drüben in eigener Regie neubabylonisches Gemäuer weghacken lassen – versprach sich wohl darunter endlich den sensationellen Fund...»

«Und dann?»

«Hat's was abgesetzt, das kannst du mir glauben!»

«Aber der Fund...?»

«*Nothing of course!*»

«Blödsinniger Ehrgeiz... Nun ist das ganze Ziegelwerk weg – draußen auf der Schutthalde. Und niemand weiß Bescheid.»

«Nun ja», pafft der Raucher, «Leo hat sie wohl nicht erfunden – die Geduld.»

«Aber die Ruine verlangt sie! Wenn ich an diese Mauer denke – noch jung in Uruk. Die Ziegel, simple Quadrate von zweiunddreißig Zentimeter Durchmesser, lassen sich doch nicht schematisch aufzeichnen. Auf einmal liegen da welche, die größer, vielleicht auch dicker oder dünner sind, und schon bedeutet das eine mehr oder weniger gewichtige Veränderung; daß ein anderer an der Befestigung gebaut oder den Ziegel ausgebessert hat. Und es sind kaum fünfhundert Jahre von der seleukidischen bis zur parthischen Zeit!»

«Ich fürchte – von hier wirst du so bald nicht loskommen», meint der Rothaarige bedächtig, und Thomas blickt betroffen auf. Versucht aber sogleich abzulenken: «Sag, was lungerst du eigentlich heute so faul auf meiner Mauer herum, statt deinen Dienst ordentlich zu versehen? Und die Araber singen!»

«So laß sie doch singen in Allahs Namen, wenn es ihnen Freude macht! Der Sommer wird wieder lang und hart genug sein. Unser *Hôssen*-Sänger Mehsen dichtet wunderbare Hymnen auf den Beg und die *Almânîyîn* in glücklicher Erwartung auf Lohn und Extra-*Backschisch*. Am Ende der Kampagne gibt es ja immer allerhand zu erben. Von Bleistiftstummeln und Sonnenbrillen bis zu ausgetretenen Hochwasserstiefeln und nicht mehr ganz dichten Regenmänteln ist für sie alles höchst begehrenswert.»

«Na und du – frierst du denn nicht in deinem dünnen Hemd?» fragt Thomas argwöhnisch.

«Ja, mein Pullover...»

«Auch weggeschenkt?»

«*Well you know* – für diese Araber sind wir ja alle unermeßlich reiche Leute. Kam da also der schielende Abdulrahman daherspaziert und bat mich ganz treuherzig um dreihundert Dinare zur Finanzierung einer Pilgerreise nach Mekka!»

«Mit der guten Tat könntest du dir doch als armer ungläubiger Hund den Weg zum verschlossenen Paradies ebnen...»

«Trotzdem, auch für unsereins ein etwas teurer Spaß», stellt Peter fest. «Und so habe ich denn Abdulrahman als Ersatz meinen Pullover vermacht; der ist so groß und dick, daß der Ärmste bestimmt nicht mehr frieren muß und notfalls auch zwei bis drei seiner Kinder darin unterbringen kann.»

«Frieren tut jetzt lediglich unser barmherziger Samariter!»

«Hab' doch noch den Schaffellmantel! Ist ja egal – wir Europäer sorgen uns doch viel zuviel auf weite Sicht. Heute ist mir überhaupt so wurstig zumut, daß ich am liebsten singen würde wie unsere Wüstensöhne – wenn ich's bloß könnte! Noch lieber möchte ich eigentlich großartig wie Gilgamesch hier oben stehen, die treulose Ischtar beschimpfen und den Himmelsstier am Kragen packen...»

«Armer Stier. Da fällt mir eben ein: wurde nicht Gilgamesch zuweilen auch ‹Herr von Kullab› genannt – was hat es damit für eine Bewandtnis? Müßtest du doch wissen...»

«Sicher. Gilgamesch wird oft als *En-Kullaba* erwähnt. Und König Utuhengal von Uruk sagt in einer Siegerinschrift: ‹*Gilgamesch, den Sohn der Ninsun, hat er mir zum ‚Aufpasser' gegeben. Die Söhne von Uruk und Kullaba versetzte er in Herzensfreude...*›»

«Soll dies bedeuten, daß es hier verschiedene Städte gab, oder war Uruk eine Stadt mit zwei Namen?»

Der Schriftenforscher macht eine vielsagende Grimasse. «Rätsel! Bis jetzt wenigstens. Wie dort der Schnitt durch deine Mauer zeigt, verlief von Osten nach Südwesten zu ein tiefer Graben, der sehr wohl zwei Städte getrennt haben könnte. Dahinter müßte Kullab liegen.»

«Hinter meiner Mauer – das ist aber aufregend! Gibt es keine Beweise? Ich meine Tontafeln und so...»

«Noch nicht. Selbst das Gilgamesch-Epos ist bis jetzt nicht vollständig interpretiert.»

«Da solltest du dich wirklich ein bißchen anstrengen!» rät der Jüngere.

«Ich will mein Bestes tun!» versichert Peter. «Da kommt der Baghdadi, mich abzulösen; soll der sich mit unseren singenden Derwischen amüsieren! Laß uns nach Kullab gehen und die andere, sehr alte Zikurrat des Himmelsgottes Anu und den Weißen Tempel besuchen, der dort oben noch steht.»

Thomas schaut bleistiftkauend auf und betrachtet dann sein Blatt, wo noch immer ein paar Ziegel fehlen: «Eigentlich sollte ich erst...»

▸

Gesang klingt über die Ruinen von Uruk. Es wurde ein Fund gemacht, was für die europäischen Forscher und ihre arabischen Mitarbeiter gleichermaßen Freude bedeutet. Stammesleute jung und alt beginnen, ihre Körbe und Hacken schwingend, einen *beduinischen Rundtanz* auf den trockenen Boden zu stampfen.

«Quatsch – deine geliebte Mauer läuft dir bis in einer Stunde bestimmt nicht weg!»

«Nun gut – wenn du mir Wissenswertes über die dortigen Sehenswürdigkeiten zu berichten weißt, kann's ja nicht schaden.» Er legt sein Brett behutsam auf den Feldsessel und zur Sicherheit obendrauf noch einen halben seleukidischen Ziegel. Bleistifte und den kleinen Maßstab steckt er in die Tasche.

Dann steigen sie über die Mauer und stapfen durch den feuchten, salzigen Grund des Wadi südwärts. Seit der gemeinsamen Nachtwache am Hügelgrab und dem Abenteuer mit der Zikurrathyäne hat sich zwischen dem schriftenforschenden Schotten und dem Architekturstudenten aus Berlin eine gute Kameradschaft ergeben. Thomas bewundert das Wissen des Älteren und mag seinen Humor, der nichts Zynisches hat, sondern eher mit Bescheidenheit gleichzusetzen ist. Peter hat es die oft naive Ehrlichkeit des Jüngeren angetan, sein immer waches Interesse, gepaart mit einer unvergleichlichen Spontaneität.

Und hier treffen sie sich wohl: ihnen gemeinsam ist die Begeisterungsfähigkeit. Sie können sich wie die Kinder über ein seltsames Wolkenbild im weiten Wüstenhimmel oder einen Wildentenzug freuen. Sie lieben den mysteriösen Mondschein in den Tempelmauern und kauern in der Frühe frierend auf der Zikurrat, um die Sonne zu erwarten.

«Wir sind die Narren von Uruk!» hat der Rothaarige einmal gesagt, und sie wußten beide, was gemeint war: der Ernst im Komischen, die Liebe zu den Dingen und zu dieser Ruine zwischen Euphrat und Fata Morgana.

◀

Der *goldene Fürstenkranz* aus sassanidischer Zeit wurde in einem Hügelgrab außerhalb der Stadtmauer von Uruk gefunden. Das Motiv von Olivenzweigen ist fremd im südlichen Zweistromland, wo keine Ölbäume gedeihen; doch weist der kostbare Fund auf Verbindungen zum Mittelmeer hin. (Aufnahme Warka-Expedition)

Wuswâs und der Weiße Tempel

Über diesen Hügel ist Thomas erstmals hinaufgestiegen, als er von Samawa her durch die Wüste kam. Von den Arabern, dem Geologen Loftus und den frühen Ausgräbern Wuswâs genannt. Eigentlich sind es mehrere Hügel, die heute voneinander unterschieden werden. Was ihm als windzerfressene Festung erschien, ist also die zweite Zikurrat, der Turm des Himmelsgottes, der weithin die dunkle Ebene überragt.

Aber da, wo der Weg zwischen den beiden Haupthügeln hindurchführt, ist das Loch in der genischten Backsteinmauer. Ein ganz unarchäologisches Loch...

«Du weißt, daß Nischenwände zu Heiligtümern gehören», erinnert der Assyriologe. «In dem Hügel liegt das Bît-Resch, einer der großen Tempel aus seleukidischer Zeit...»

«Zu dem meine Mauer gehört! Aber was ist nun mit dem mysteriösen Loch hier?»

«Naim weiß die Geschichte!»

«Natürlich weiß ich die Geschichte des Wuswâs – alle von unserem Stamm wissen sie!» erklärt der Junge feierlich. Er hat die beiden Freunde aufgespürt, als sie aus dem *Wadi* heraufkletterten. Man geht selten unbemerkt durch diese Ruinen; Araber haben Sperberaugen, und außerdem fühlt sich Naim für Thomas verantwortlich. Nun läßt er sich auf den Fersen nieder und späht vorsichtig in die herausgebrochene Höhlung.

«Wuswâs hat es gegraben, dieses Loch!» sagt er leise und bedeutungsvoll. «Mein Vater erzählte mir die Geschichte, und der Vater meines Vaters hat sie auch schon gewußt und...»

«In Allahs Namen, hör schon auf mit deiner Ahnenreihe, sonst endest du bei Abraham, und wir stehen morgen noch auf diesem Hügel!» lacht der Schotte. «Wir glauben dir ganz bestimmt, *ya sadîqî* – aber sag uns nun endlich: wer war Wuswâs?»

«Ich dachte, Wuswâs ist ein Hügel?» unterbricht Thomas, schon wieder ein Chaos in seiner Topographie von Uruk befürchtend.
«Ist es auch. Doch wie du inzwischen wissen solltest, haben die Hügel hier ihre Geschichten!»
«Beduinengeschichten?»
«Ja, ich liebe diese überlieferten Legenden. Nun erzähle, Naim!»
«Der Wuswâs – müßt ihr wissen – war ein riesengroßer Neger, noch länger als du, *ya Tawîl!* Dieser Neger träumte einen Traum von wunderbaren Schätzen – von Gold und blauen und roten Edelsteinen, die in einem Hügel verborgen lagen. Und als Wuswâs am nächsten Morgen erwachte, fiel sein Auge auf diesen Hügel. Denn sein Stamm lagerte gerade bei den Brunnen von Hassiye, und Wuswâs war der oberste Sklave des Schêchs. Der lange Neger lief, so schnell ihn seine Füße trugen, zu dem Hügel, von dem er geträumt hatte, und begann ein tiefes Loch zu graben...»
Der Junge wendet sich wieder nach der Höhle um, als sei da noch jemand; stützt dann nachdenklich sein Kinn in die eine Hand, läßt die andere übers Knie hängen und berichtet weiter.
«Hier hat Wuswâs all die Backsteine herausgeschlagen und mehr und mehr Backsteine, und dann drang er in die Erde. Viele Stunden hat er gegraben und vom Morgen bis zum Abend nicht zu graben aufgehört. Ja, nachdem die Sonne untergegangen war, hätte er zu den Zelten zurückgehen sollen. Denn es ist gefährlich...»
«Die *Wâwi!*» kann sich Peter ein bißchen Spott nicht verkneifen.
«So hört doch!» beschwört sie Naim. Er ist aufgesprungen. «Wuswâs wußte ja gar nicht, daß die Sonne fort war! Er arbeitete tief in dem Hügel drin und vergaß die Zeit – daß der Tag längst vergangen und die Nacht gekommen war –, daß zwei Tage und zwei Nächte vergangen waren, und er wußte auch nicht, daß sein Stamm nach drei Tagen und drei Nächten mit Herden und Zelten weiterzog. Von alledem wußte Wuswâs gar nichts. Aber dafür sah er in der Tiefe des Hügels alles, wovon er im Zelt geträumt

247

hatte: das Gold und die leuchtenden roten und blauen Steine. Er war so geblendet von den herrlichen Schätzen, daß er zuerst seine Augen schließen mußte. Doch schnell tat er die Augen wieder auf und raffte alles zusammen – eine ganze Kamellast –, viel mehr als ein Mann allein tragen kann, selbst wenn er noch größer ist als *al-Tawîl*.»

«Wie konnte er dann all die Schätze allein herausschleppen?»

«Er brachte sie niemals heraus – versteht ihr – *abadan!* Wuswâs, der lange Neger, kam nicht mehr zu seinem Zelt und seinem Stamm zurück...»

«Er blieb für immer in dem Hügel?»

«*Dâimen!* Die Dschinne des Hügels wollten nicht, daß er das Gold und die Edelsteine forttrage, und sie schütteten das Loch zu, so daß Wuswâs eingesperrt blieb. Für immer!» Naim verläßt seinen Platz vor der Höhle, als sei er darüber erleichtert.

«Eine wahre Geschichte, und du hast sie gut erzählt, *ya waläd!*» sagt der Assyriologe, diesmal ohne Spott, und dann zu Thomas: «Es gibt da gewisse Zusammenhänge – mit der Raubgräberei, meine ich.»

«Soll heißen, daß auch hier Raubgräber am Werk gewesen sind?»

«Die gab es hier sogut wie in Griechenland und Ägypten, wenn auch kaum viel Gold zu holen war.»

«Wozu dann die Mühe?»

«Vergiß unsere kostbaren Tontafeln nicht! Die Wüstensöhne wußten mit den komischen Dingern wohl erst wenig anzufangen, aber schon bald machte das Gerücht vom Wert dieser zeichenbedeckten Täfelchen die Runde. Und da waren gewisse Leute in Baghdad, die mit Antiken gute Geschäfte zu machen begannen. Damit auch der Nachschub gewährleistet sei, wurden überall im Land Raubgrabungen organisiert!»

«Dann saßen die großen Räuber also nicht in den Zelten?»

«Wohl immer dasselbe – die kleinen Diebe... Und so einem ar-

men Teufel wie dem Neger Wuswâs ist es dann auch schlimm ergangen...»
«Blieb im Hügel?»
«Wahrscheinlich ein Erdrutsch, den er durch schnelles, unvorsichtiges Graben selber verursacht hatte... In einem der früheren Expeditionsberichte kannst du von dem Raubloch lesen, wo nebst Tontafelbruchstücken die Hälfte eines menschlichen Skeletts entdeckt wurde.»
«Grauenhaft! Wo blieben die restlichen Gebeine?»
«Vermutlich von den Schakalen verschleppt.»
Thomas fröstelt, obwohl die Mittagssonne steil über dem Wuswâs-Hügel steht.
«Und der Weiße Tempel?» fragt er dann, als wolle er, wie Naim, so schnell wie möglich von dem unheimlichen Ort wegkommen.
«Gut – gehen wir hin, aber bedenke, daß du damit wieder an die dreitausend Jahre tief hinuntersteigst!» warnt Peter.
Vor ihnen liegt die Anu-Zikurrat – ein grauverwitterter Hügel, der noch immer den Hochtempel trägt. Der Wadi-Grund zu Füßen des Hügels ist zerrissen wie eine Eisdecke, und aus der verborgenen Feuchtigkeit zwischen den Rissen wächst grünes Gras. Kümmerliche Kräutchen nur, doch für Thomas ein neues Wunder.
«Hier war die Treppe – steigen wir hinauf!» schlägt Peter vor.
«Viel ist aber davon nicht mehr zu sehen!»
«Seitdem hier alles freiliegt, ging mancher Winterregen drüber hin. Ich sah Bilder von dieser Grabung – wunderbar, sag' ich dir. Auf der einen Seite die breitangelegte Treppe der Menschen und daneben Rampen für die Opfertiere. Man fand sogar noch steinerne Ringe, an denen sie angebunden werden konnten...»
Über die rutschige Ostflanke des Hügels erklettern sie den Platz vor dem Tempel.
«Wurden die Tiere hier geschlachtet, bevor man sie zum Altar hineintrug?»

«Genau weiß man das nicht, wie es sich mit den Opfern verhielt.
Auf unseren Tafeln ist schon zu altbabylonischer Zeit von ‹Leberomen› die Rede; so könnte es sein, daß nur die Leber vor den Göttern verbrannt worden ist. Noch heute hat die Leber bei gewissen Stämmen besondere Bedeutung im Zusammenhang mit allerlei Heilzauber.»
«Aberglaube...»
«So leicht läßt sich das wohl nicht abtun. Der Beg erzählte uns von einem Mann, Seyed Chadschi, der offenbar Leberleiden zu heilen verstand. Doch brauchte er dazu, wie er sagte, die Leber einer schwarzen Ziege, an der kein weißes Haar ist. *Schaitân* – Teufel nennt man die. Nun war einer unserer Jungen krank und hatte starke Schmerzen. Der Beg glaubte ebensowenig an den Zauber wie du, schalt Seyed Chadschi aus und gab dem Kranken Medizin. Die Araber warnten ihn, man dürfe einen Seyed nicht beschimpfen, und jener meinte, der Expeditionschef wolle sich eben die Ziege verdienen. *Well* – die Medizin half nichts; der Europäer zog den kürzeren und versprach die Ziege – dabei sei es nicht einmal so einfach gewesen, einen ganz und gar schwarzhaarigen Teufel aufzutreiben – aber der Junge wurde tatsächlich gesund!»
Der Assyriologe ist zwischen den dicken Lehmmauern verschwunden. Thomas folgt ihm durch das Tor in den berühmten Tempel, der von den Archäologen der «Weiße» genannt wird. Der Verputz, dem er seinen Namen verdankt, ist zwar abgeblättert, aber die Wände stehen, wie bei keinem anderen Lehmziegelbau, noch hoch an. Ein strenger Raum, nur dem Himmel offen. In der Mitte der Altar. *E-sarra,* «Haus des Alls». Schlagschatten und Stille.
«Wie kommt es aber», fragt Thomas weiter, «daß dieser sehr alte Bau hier noch fast unverändert steht, während auf der Zikurrat von Eanna jede Spur eines Hochtempels verschwunden ist?»

«Ausgräberglück! Der Tempel, so wie du ihn siehst, wurde mitsamt der Hochterrasse zu verschiedenen Zeiten immer wieder umgebaut und überbaut und ist auf diese Weise bestens erhalten.»

«Großartig! Da lag das Ganze eingepackt wie ein Stück gutes Porzellan und brauchte von den neugierigen Leuten des zwanzigsten Jahrhunderts bloß aus dem Hügel herausgeschält zu werden...»

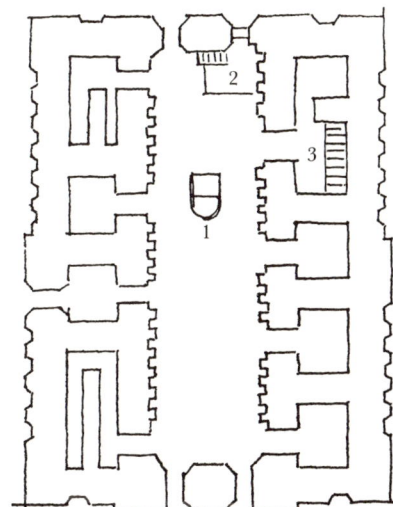

«Weißer Tempel»
Grundrißzeichnung nach H.J. Lenzen
1 Altar
2 Postament
3 Treppenhaus

Leise, wie zwei fromme Pilger, gehen sie durch den Raum, um den Altar herum und dann zu dem Postament im Hintergrund des Tempels. Stufen führen da hinauf, und in der Mauer befindet sich eine Vertiefung.

«Wie eine Tür», überlegt der junge Architekt.

«Sie ist zugemauert!»

«Seltsam – parallel dazu gibt es eine zweite Tür in dieser Wand, und die ist offen...»

«Ja. Und da sind die Stufen zum Postament; sie trugen noch eine unversehrte weiße Putzschicht, als man den Tempel freilegte.

Kannst du jetzt nicht mehr erkennen. Aber die Archäologen stellten fest, daß es da keine Spuren von Abnutzung gab.»
«Eine Treppe, die keiner benutzte, und ein Tor, durch das niemand ging...?»
«Vielleicht könnten wir einen symbolischen Sinn darin suchen», meint der Assyriologe vorsichtig: «Tor und Treppe für den Himmelsgott, über die er in sein Heiligtum herabsteigen sollte – auf die Erde – zu den Menschen.»
«Eine wunderbare Vorstellung!»
«Im Zusammenhang mit Anu und seiner Gemahlin Antum haben wir ein Ritual aus seleukidischer Zeit, welches beschreibt, wie Priester und Priesterin nächtlicherweile auf das Tempeldach steigen, um den Göttern, die mit den aufleuchtenden Sternbildern erscheinen, das Gastmahl zu bereiten.»
«Daher die Treppenhäuser, wie man sie in vielen Tempeln fand?»
«Auch hier drüben, gleich rechter Hand, lag ein Treppenhaus. Die uns bekannten Rituale müssen also aus einer viel älteren Tradition herausgewachsen sein. Schon von Ninsun, der Mutter Gilgameschs, heißt es, daß sie das Dach des Tempels bestieg, Weihrauch darbrachte und opferte...»
«Ja, bevor Gilgamesch mit seinem Freund die große Reise antrat...», erinnert sich Thomas.

In der ersten Nachtwache auf dem Dach des Hochtempels des Resch-(Heiligtums),
Wenn (der Stern) «der große Anu des Himmels» aufglänzt,
Wenn (der Stern) «die große Antum des Himmels» im Großen Wagen aufglänzt...
Priester und Priesterin sind auf das Tempeldach gestiegen:
Einen goldenen Tisch für Anu und Antum stellst du hin,
Reichst Anu und Antum das Handwasser,
Richtest den Tisch zurecht;

Fleisch von Rind und Schaf und Vögeln richtest du zurecht...
Erstklassiges Bier und gepreßten Wein stellst du hin,
Alle Arten von Gartenfrüchten gibst du...
Streust «Mashatu-Mehl» auf das goldene Weihrauchbecken...

(Aus dem seleukidischen Ritual nach A. Falkenstein)

Mutter von Kullaba

Der alte Archäologe zählt nochmals die Markierungsnadeln und verstaut sie beim übrigen Material in der großen Transportkiste. Die letzten Tage der Kampagne. Es ist still geworden im Hof. Schon ist die halbe Belegschaft entlassen. Gestern trugen sie die demontierten Schienen zum Lagerplatz. Sie sangen.
«Drei Monate sind schnell um», sagt El-Schêch, und Thomas schrickt auf, als wäre ein Stein in die sonntägliche Stille gefallen. Er sitzt am Fenster des Geräteraums über einer neuen, fesselnden Entdeckung: «Rituale aus seleukidischer Zeit».
«Vorbei...», überlegt er. «Mir ist, als wäre ich Jahre hier. Es geschah so viel, daß man alles andere vergaß. Ich meine das, was draußen passierte. Nur manchmal kam ein Brief von weit her auf unsere Insel.»
«Ja, wenn einer erstmals herkommt... Für uns andere ist es das Gleichmaß der Arbeit im Staub, manchmal unterbrochen von einem Regen – einem Fund – einem Brief. Drei Monate – dann wieder Europa und die Eile.»
«Drei Monate, und alles soll zu Ende sein!» lehnt sich der junge Mensch auf, als wolle er damit etwas festhalten.
«Nichts ist zu Ende», lächelt der alte Mann, «in Uruk geht alles weiter, die Ruine schläft einen heißen Sommer lang, und es folgt

eine neue Kampagne. Die Arbeit muß fortgeführt werden. Wenn einer seinen Teil getan hat, wird ein anderer die Arbeit dort wieder aufnehmen, wo sie stehenblieb.» Er klopft den angesammelten Staub von einem Buch und legt es in die Kiste.

Thomas beneidet den Archäologen um seine Gelassenheit. Bei ihm selber ist alles ungestüm – sinnlos brennendes Feuer, das zumeist eine Menge Rauch und Asche hinterläßt. Er vertieft sich wieder in die Rituale.

Bît Resch, versucht er sich einzuprägen – «Haus des Hauptes» des obersten der Götter: Anu. Dann das nachbarliche «Haus des Tammuz» *Irigal* oder «Große Wohnung». Seltsam klingen diese Bezeichnungen für die seleukidischen Tempel. Und da ist eine *Gaschan-Irigal,* «Mutter von Kullaba», erwähnt... Kullaba – Kullab, die Stadt jenseits des Grabens, von dem Peter sprach. Wenn man nur wüßte...

«Diese Ruine wird mit jedem Tag komplizierter...», wendet er sich wieder an den alten Mann, der schon das ganze Bücherbrett abgeräumt hat und dabei ist, sich eine Pfeife zu stopfen. «Da glaubte ich, Uruk sei eine einzige große Stadt gewesen, und nun werden plötzlich zwei daraus!»

«Oder aus zwei Städten wurde eine, wenn Sie wollen!» Ein neues Streichholz flammt auf. «Und schauen Sie zurück durch die Jahrtausende: da liegen viele Städte, von denen jede ihr Eigenleben hatte. Und doch sind sie durch die Tradition mit den anderen verbunden.»

«Ist es nicht irgendwie unheimlich, wenn eine Kultur auf dem Grab der vorhergehenden wächst wie ein schmarotzender Pilz...?»

«Nicht wenn man darin die große Kontinuität sieht. Eine lebendige Kette – ein Glied in das andere geschmiedet – das einzelne ohne Zusammenhang nicht denkbar.»

«Sie haben recht, man sollte die Zusammenhänge nicht verlieren! Sonst verirrt man sich... Hier bin ich gerade dabei, Zusammenhänge zu suchen. Vielleicht können Sie mir helfen? Wir waren gestern im Resch-Heiligtum, und dann gab mir der Assyriologe das Buch mit den Ritualen. Da les' ich von all den großen Zeremonien, die sich wohl einmal dort drüben abgespielt haben. Ist aber schwierig, sich zwischen all den Tempeln von Resch und Irigal zurechtzufinden, und in der Geschichte kommen schrecklich viele Götter vor...»

«Sie müssen auch hier das Ganze sehen! Ein großangelegtes Heiligtum mit herrlichen Tempeln, von einer Mauer umgeben – deren Nordostseite Sie gezeichnet haben. Auferstandene Pracht und Herrlichkeit aus seleukidischer Zeit. Fast möchte ich sagen: letzter Glanz vor dem endgültigen Verlöschen der Stadt Uruk. Und die Rituale sind es, die uns jene Zeit wunderbar lebendig widerspiegeln.»

«Sie haben doch gegraben – dort drüben im Irigal?»

«Ja, das ist schon eine ganze Weile her», meint El-Schêch zwischen zwei bedächtigen Zügen.

«Würden Sie nicht...», bittet Thomas, «ich meine – Sie kennen doch alles am besten...»

«Nun, wenn es Sie interessiert, können wir ja hinübergehen; ich war selber lange nicht mehr dort.» Er legt den Deckel auf die Kiste.

Da kommt Amira mit flatternden Schößen ihres viel zu großen Arbeitskittels hereingeweht: «Bitte – ich muß unbedingt noch einen Topf Kleister haben – es sind zu viele Krüge zum Kleben!»

«Das ist ja ein Klebstoffverschleiß in diesem Jahr!» moniert der alte Mann freundlich und öffnet die Kiste wieder.

«Die Museumsleute von Baghdad werden einen Töpfermarkt eröffnen müssen, weil die Lagerräume nicht mehr ausreichen!» prophezeit das Mädchen.

«Ihre antiken Krüge finden bestimmt reißenden Absatz bei Babylonreisenden und Diplomaten!» fügt Peter hinzu, der ebenfalls unter dem Eingang aufgetaucht ist. Er muß sich bücken, um her-

einzukommen. Was er aber erst tut, seit er einige Beulen davongetragen hat.
Und er steht Amira mitten im Weg, als sie an ihm vorbei wieder in den *Ambar* hinüber will. «Es wird ja von Tag zu Tag ungemütlicher mit euch allen!» schimpft er. «Jeder arbeitet wie besessen, und zu einem vernünftigen Wort hat keiner mehr Zeit. Soll ich mich mit dem Kater Sinkaschid oder dem blöden Schaf Semiramis über mesopotamische Archäologie unterhalten?»
Empörung wetterleuchtet in den byzantinischen Augen: «Sagen Sie nichts gegen mein armes kleines Schaf! Außerdem muß ich wirklich mit meiner Keramik fertig werden – sonst sind all die Monate hier verlorene Zeit. Und dann die Inventarzeichnungen – bald reichen auch die Nächte nicht mehr aus...»
Bei allem Temperament klingt wirkliche Verzweiflung mit, und Peter sieht, was er vorher nicht beachtete: Erschöpfung in dem schmalen, sommersprossigen Mädchengesicht. Ist es Mitleid, was ihn plötzlich überkommt?
«Hören Sie, Prinzessin – man sollte sich mit all dem Scherbenkram nicht umbringen. Sie brauchen Luft! Wir gehen jetzt spazieren, und Ihr bedauernswertes Schäfchen darf mitkommen...»
«Spazieren, jetzt – Sie sind verrückt!»
«Keine Widerrede! Sie gehorchen, und ich verspreche Ihnen hier vor Zeugen, die Inventarzeichnungen zu übernehmen.»
«*Alors* – wenn Sie darauf bestehen...» Ein kleines dankbares Lächeln, und sie überläßt dem Assyriologen ihren Kittel, der ihn am nächstbesten Nagel aufhängt.
«Das trifft sich gut», meint Thomas. «Wir wollten eben zum Irigal gehen und können assyriologische Kommentare gebrauchen!»
«Hast du die Rituale?» fragt der Schotte. «Schön. Dann veranstalten wir eine seleukidische Prozession; besuchen erst die Tempel, begleiten dann die Götter zum Hafen von Eanna, wo sie die Schiffe besteigen und auf dem Kanal durch das Stadtgebiet und

die Palmengärten zum Bît Akītu ziehen, um das Neujahrsfest zu feiern...»
«Mit einiger Phantasie wird uns dies vielleicht gelingen», zweifelt das Mädchen, «das Festhaus habe ich zwar oft vergeblich gesucht – kennen Sie die Stelle?»
«Wir sollten den Beg bitten, daß er mitkommt und uns erzählt, wie er es fand!»
«Ich sah ihn mit Adnan und Martin auf dem Turm...»
Thomas ist schon hinausgelaufen.

Feuer in den Toren von Uruk

«Wir werden den Beg und Adnan beim Festhaus finden», rapportiert Thomas, als er die drei Leute und das kleine Schaf auf dem Weg zu den südlichen Hügeln eingeholt hat. Über harten Schutt und Ziegelschlacke klettern sie zum Irigal hinauf. Von der Mauerzinne blickt man zu den tiefliegenden Tempelräumen, welche teilweise verschüttet sind.
«Wie ein Krater», meint Amira. «Muß mühsam gewesen sein, die Arbeit dort unten...»
«Und nichts ist so gefährlich wie rollender Backsteinschutt!» erklärt der alte Archäologe. «Alles rutscht, wo immer man gräbt.»
«Wenn einer in die Tiefe steht und der Ziegelberg in Bewegung gerät...»
«Schwer, wieder freizukommen. Von solcher Plackerei wußten aber auch schon die Ausgräber Babylons ein Lied zu singen – bis zu zwölf Meter tief Backsteintrümmer!»
«Es gäbe noch mehr Vergleiche», meint El-Schêch. «Dieser dreigeteilte Tempel mit Torraum, Vor- und Hauptzella ist nach babylonischem Muster gebaut.»

«Sogar die babylonisch blauglasierten Ziegel fehlen nicht!» freut sich Thomas.

«Im Schutt entdeckten wir Bruchstücke von Löwenfriesen – eine weitere Erinnerung an Babel...»

«Gab es auch Fundgegenstände in diesem Tempel?» verlangt die Französin zu wissen.

«Kleine Dinge nur, wie Öllampen, Spinnwirtel und Webegewichte aus Ton und Stein. Außerdem eine silberne Drachme des Philippos Epiphanes Philadelphos, der zu Ende des letzten Jahrhunderts vor Christus in Syrien regierte.»

«Damals müssen doch schon die Parher hier in der Gegend gesessen haben», rechnet Peter nach.

«Die Münze ist wohl auf Handelswegen nach Uruk gekommen; denn alles andere, was wir fanden, war parthisch: die Terrakotten von Tieren, Reitern und Musikanten ebenso wie die drei übereinandergebauten Siedlungen in dem großen Tempel.»

«Du lieber Himmel – da gab es aber eine Menge auszuräumen...!»

«Wohl oder übel. Aber kehren wir zu den Erben Alexanders des Großen zurück. An der Rückwand des Kultraums fanden wir eine aramäische Schrift des Anuballit-Kephalon, der den Tempel um 200 vor Christus errichtet hat. Auch dieses Heiligtum muß einem Brand zum Opfer gefallen sein, wie Ascheschichten auf dem Boden zeigten. Wir brachten Stücke von verkohltem Holz für Untersuchungen ins Expeditionshaus. Dies schien vor allem unseren guten Kadhim zu begeistern...»

«Wollte der einen Karbon-Test anstellen?»

«Nein – unsere Hemden bügeln – respektive mit der im südlichen Zweistromland so raren Kohle sein Bügeleisen heizen!» lächelt der alte Mann.

«Damit waren die Balken der einstigen Tempeldecke wohl definitiv den Weg alles Irdischen gegangen!»

«Ich konnte Kadhim die kostbare Kohle noch rechtzeitig entrei-

ßen. Und mein Einsatz lohnte sich: Unter den Fragmenten entdeckten wir das noch deutlich erkennbare Bruchstück einer weiblichen Kultfigur.»
«Eine Göttin? Welche kann es gewesen sein...»
«Ja – welche von all den vielen, die damals zum Neujahrsfest mitgezogen sind?» überlegt der Assyriologe, sein Buch unter den Arm geklemmt, die Hände in den Taschen. «Über fünfzig Gottheiten erwähnt das Ritual...»
«Erzählen Sie, wie sich das Ganze abgespielt hat!» bittet Amira.
«O das war wunderbar...», meint Peter verträumt und läßt einen blauglasierten Backsteinbrocken in den Tempelraum hinunterkollern. «Ihr erinnert euch an die nächtliche Zeremonie auf dem Dach des Hochtempels der Anu-Zikurrat, da Priester und Priesterin für den Himmelsgott und seine Gemahlin auf goldenem Tisch das Mahl bereiten? Nach dem abschließenden Ritus des Händewaschens ergreift der Hohepriester die Fackel, steigt von der Zikurrat herunter und betritt den Haupthof des Tempels duch das ‹Heilige Tor›, *Ka-sikil* genannt. Nun halten die anderen Götter Einzug im inneren Hof, worauf ihnen ebenfalls geopfert wird. Sie verlassen den Raum durch bestimmte Türen, gehen um den Tempel herum und kehren zurück. Dann bleiben sie im Hof bis zur Morgendämmerung.
Bevor die Fackel der Nachtwache ausgelöscht wird, entzünden die Priester Lichter daran und tragen sie in die verschiedenen Tempel. Und nun stellt euch vor, ihr schaut über die Stadt, wenn der Himmel vor Sonnenaufgang noch grau ist; denn da heißt es, daß die Bewohner in ihren Häusern die Feuer entzündeten, um Anu und Antum zu opfern, daß auch die Wächter auf den Straßen und Plätzen und in den Stadttoren von Uruk die Feuer entfachten...»
«*Merveilleux – des feux tout autour* – bis hinaus zum *Schatt* und zu den Palmengärten...», träumt das Mädchen. «Und dann kommt die Sonne!»

«Ja – es heißt sogar genau: ‹am siebzehnten Tag, vierzig Minuten nach Sonnenaufgang, werden die Tore vor Anu und Antum aufgetan.›»
«Ist das der Beginn des Neujahrsfestes?»
Peter nickt. «Jedes Jahr mit Frühlingsbeginn wurde das Fest gefeiert, und es hat wahrscheinlich mehrere Tage gedauert.»
«In welchem Zusammenhang steht nun das Irigal zum Tempel und der Zikurrat des Anu?» versucht sich Thomas, der ganz versunken zugehört hat, wiederum in der Topographie von Uruk zu orientieren.
«Darüber wissen wir nicht allzuviel – nur daß es in dem Ritual heißt, die Göttin Ischtar müsse vom Irigal geholt werden, nachdem sich Enlil, der Herr des Windes, Ea, der Gott der Wassertiefen, Sîn, Schamasch und Belet-ilī, dazu viele kleinere Götter im Resch-Tempel versammelt haben und die Gemahlin des Himmelsgottes zu ihrem goldenen Sitz geführt worden ist. Es kommt der große Moment, da Anu durch den Haupthof und den Innenhof einzieht zu seinem Thron, dem ‹Hochsitz der Schicksale›.»
«Dann müßten wir uns mit Ischtar zum Bît-Resch begeben?»
«Wir können ebensogut sehen, wie der Zug der Priester und Götter nun den Tempel verläßt, um zum Bît-Akītu, dem Neujahrsfesthaus, hinauszuziehen...?»
«Sonderbar – warum liegt das so weit weg?»
«Wo immer diese Festhäuser erwähnt sind, müssen sie außerhalb der Stadtmauer in der Steppe liegen; die Feier des Akītu war schon babylonisches Erbe, und die Tradition geht wohl noch sehr viel weiter zurück...»
«Kommt, folgen wir also unseren Göttern in die Steppe!» Die Prinzessin hat ihr unbeschwertes Lachen wieder.
«Dann zieht hinaus durch die Tore von Uruk und zu den Palmengärten – ich habe noch zu tun», verabschiedet sich der alte Archäologe. Und sorgsam steigt er über den Backsteinschutt hinunter zum *Wadi* – dem Graben zwischen Eanna und Kullaba...

Fahrt der Götter

Nachdem Anu aus der Zelle Enemenna hinausgegangen ist, erreicht er die Hohe Pforte. Dann rezitieren die Gesamten Beschwörungspriester dreimal die Beschwörung: «Der König ist hinausgegangen.»

Die Beschwörungspriester halten inne, und dann grüßen der Urigallû-Priester, die Tempelbetreter und die Brauer, die an den Tragbäumen angeschirrt sind, sie grüßen Anu: «Großer Anu, Himmel und Erde mögen dich grüßen!»

Nach dem Gruß rezitieren die Beschwörungspriester viermal die Beschwörung: «Der König ist hinausgegangen», bis zur Götterstraße.

Nach dem Gruß rezitieren in der Götterstraße die Beschwörungspriester viermal die Beschwörung: «König des Himmels und der Erde, der alle Könige übertrifft!»

Sie halten in der Beschwörung inne, und der Urigallû-Priester, die Beschwörungspriester, die Tempelbetreter und die Träger des Tragbaumes grüßen Anu wie vorher.

Nach dem Gruß rezitieren die Beschwörungspriester die Beschwörung: «Der König geht zum Fest!» und die Beschwörung: «Durch das heilige Weihwasser» bis zum heiligen Kai, dem Damm des Anu-Schiffes, dem Weg der Götter siebenmal...

Das Götterschiff mit dem König im Gewande des Tammuz (nach einem Rollsiegel aus Uruk)

«Wo mögen die Götterschiffe gelegen haben, die Anu mit seinem Gefolge bestieg?» fragt Amira, nachdem sie unterhalb der großen Schutthalde eine gute Weile ostwärts gewandert sind.
Peter nimmt einen Anlauf, erklettert schnell wie eine Katze den steilen Hang, daß kaum eine Scherbe ins Rutschen gerät. Dort, wo das Dammende die Wüste wie eine Kanzel überragt, legt er sich längelang hin. Die beiden andern folgen, nicht ganz so elegant; Thomas reicht dem Mädchen die Hand. Zuletzt kommt das kleine Schaf.
«Nun…?» Keuchend lassen sie sich neben dem Liegenden nieder, der da noch immer mit zusammengekniffenen Augen die verschwimmende Landschaft betrachtet.
«Jetzt weiß ich's genau: dort muß der Hafen, der Damm der Götterschiffe gewesen sein – ich kann das Wasser des Königskanals spiegeln sehen!» Er kämmt sich mit den Fingern durch die roten Haare und schlägt das Buch auf. Murmelt schnell und unverständlich und blättert weiter: «Zu bruchstückhaft – wird keiner klug… Hier kann unsere Prozession weitergehen.»

Wenn Anu auf dem Damm des Anu-Schiffes angelangt ist, richten die Beschwörungspriester und die Tempelbetreter die Beschwörung: «Das Schiff hat er bestiegen», das Handerhebungsgebet an Anu. Hernach grüßen die Urigallû-Priester, die Beschwörungspriester, die Tempelbetreter und die Träger des Tragbaumes Anu wie vorher.

«Und das Götterschiff gleitet auf dem Kanal langsam nach Norden…», kommentiert Peter und liest weiter.

Vom oberen Damm des Heiligen Kais zum Königstor rezitieren die Beschwörungspriester siebenmal die Beschwörung: «Der König, der alle Könige übertrifft, wenn er auf der heiligen Straße dahinzieht!» Sie halten in der Beschwörung inne, und im Königstor grüßen der Urigallû-Priester, die Beschwörungspriester, die Tempelbetreter und die Träger des Tragbaumes Anu wie vorher.

«Jetzt müssen wir nur noch das Königstor finden!» sucht Thomas voller Begeisterung die flimmernden Konturen der Ruine zu erforschen.
«Das dürfte schwerhalten», meint der Assyriologe, «denn Tore wurden ja zumeist von den Wadis zerstört. Man entdeckte aber innerhalb des Walles Spuren vom alten Kanalbett; demnach muß unser Königskanal ungefähr parallel zur Stadtmauer verlaufen sein. Was auch mit den weiteren im Ritual erwähnten Toren übereinstimmen würde. So setzt die Prozession der Götterschiffe ihren Weg fort, durch die Palmengärten, als da steht ‹*Gebiet des Gartens des Babilsag – Gärten unterhalb der Stadt – Gärten oberhalb der Stadt*›...»
«Seltsam – so monoton sie sind, diese Rituale mit all den sich wiederholenden Beschwörungen – doch von einem eigenartigen Zauber – wie aus einem Baukasten werden Tempel, Tore, Mauern aufgestellt, Straßen und Kanäle gezogen – *et voilà* – es lebt, Uruk zu seleukidischer Zeit!» Amira ist aufgestanden, eine schmale Gestalt, fast wie ein Beduinenjunge in der *Keffiya*.
«Was kommt denn da?» ruft sie, «ganz bestimmt kein Boot...!»
«Ein Reiter», vermutet Thomas.
«Sieben bis acht Beine hat das Roß», ergänzt der Assyriologe.
«Einigen wir uns also auf zwei Rösser! Irgendwelche Araber haben uns wohl über die Hügel krabbeln sehen... *Mais je pense* – wir müssen weiter, sonst kommen wir zu spät zum Bît Akītu!» empfiehlt das Mädchen, und sie laufen alle drei die Halde hinunter und die Eanna-Mauer entlang, bis sie außer Atem sind.
Geruhsamer stapfen sie dann über ein Scherbenfeld, und Amira bückt sich immer wieder, hebt etwas auf.
«Haben Sie noch nicht genug Scherben im Haus?» wundert sich Peter.
«Ausnahmsweise sammle ich heute keine Scherben, sondern Geld!» verkündet sie und öffnet ihre Hand. Ein paar undefinierbare, grünspanige Kupferstücke liegen darin.

«O da müssen wir die arme Person aber finanziell unterstützen!» Damit beginnen die beiden Kavaliere ebenfalls grüne Metallstücke vom Boden zu klauben, und mit vereinten Kräften gelangt bald ein Vermögen von dreizehn Münzen in Amiras Besitz.
«Bliebe bloß noch die Frage, ob die Zahl Glück oder Unglück bringe?» orakelt sie. «Glück – zweifellos Glück – mit Optimismus kommen Sie weiter!» empfiehlt der Schotte.
«Nun, ich will versuchen, dran zu glauben...» Sie blickt erschrocken auf: «Semiramis – wir haben dich ja ganz vergessen!» Vorwurfsvoll blökend kommt das Schaf angetrudelt; es hat nicht vermocht, mit den langbeinigen jungen Menschen Schritt zu halten.
«Wo bleibt unser Anu-Schiff mit den Beschwörungspriestern?» erinnert Thomas an den Sinn ihrer Reise.
«Ja, wir sind schon wieder vom Thema abgekommen... Auf dem Weg vom Königstor zum Festhaus werden von Tor zu Tor die Beschwörungen gesprochen, wie wir sie mittlerweile kennen. Und nun die Ankunft»:

Wenn Anu das Akītu erreicht hat, rezitieren die Beschwörungspriester die Beschwörung: «Heiliges Haus, Haus der Götter», –
die Beschwörung: «Das Abendmahl Anus'», –
die Beschwörung: «Zierde des Hochsitzes», –
die Beschwörung: «Das Haus ist gereinigt worden»,
und die Beschwörung: «Wohnsitz der großen Götter!»

Thomas lauscht der Stimme seines Freundes und hört aus der sie umgebenden Stille den priesterlichen Chor...

«Großer Anu, Himmel und Erde mögen dich grüßen!
Enlil, Ea und Bēlet-ilī mögen dich freudig grüßen!
Die beiden Götter Sîn und Schamasch mögen dich bei ihrem Erscheinen grüßen,

Nergal und die Siebengottheit mögen dich in der Treue ihres Herzens grüßen;
Die Igigi des Himmels und die Anunaki der Erde mögen dich grüßen,
Die Götter des Abzu und die Götter des Duku mögen dich grüßen,
Tag, Monat und Jahr mögen dich Tag für Tag grüßen!»

Anu tritt in den Hof des Akītu ein, wendet beim Baragal, dem großen Hochsitz im Hof des Akītu, sein Gesicht nach der aufgehenden Sonne und setzt sich...
Antum, Ischtar, Nanâ und alle übrigen Gottheiten folgen und bleiben vor Anu stehen.

(Nach A. Falkenstein, Topographie von Uruk.)

Nächtliche Entdeckung

«Wo ist nun das Festhaus...?» Ratlos blickt Amira über die graue Wüstenfläche bis zu den fernen Dünen, wo drei Gestalten aufgetaucht sind. Der Beg mit Adnan und Ma'yûf.
«Sie stehen mitten im großen Hof des Bît-Akītu – nur ist nicht mehr allzuviel davon übrig», meint der Assyriologe geheimnisvoll.
«Ich würde sagen: gar nichts!»
«Warten wir ab...»
Auch die beiden Reiter sind angekommen, Faisal auf einer dunklen Stute, die Thomas noch nie sah, und Naim mit seiner Pfefferfarbigen. Sie bleiben abseits, und Ma'yûf läßt sich mit ihnen zum Palaver nieder.
Und da ist endlich der Beg. Sie bestürmen ihn sogleich mit Fragen, möchten wissen, wie das war – wie er eine so sonderbare Ruine fand, die eigentlich kaum mehr Ruine ist.

«Es war einer der frühen Ausgräber, Nöldeke, der schon vor dreißig Jahren die erste Anregung gab. Er pflegte weite Spaziergänge zu unternehmen, und nach einem starken Regen kam er hierher, wo er Mauerreste entdeckte und einen großen Komplex abschritt. Doch ein Versuch zu graben blieb ohne Erfolg, weil das Mauerwerk an der betreffenden Stelle nicht zu erfassen war. Und wie das so ist – es gab wieder andere Probleme...»
«Und man vergaß das Ganze?»
«Ja, es sollten Jahre vergehen, bis ich in einer Vollmondnacht nichtsahnend wieder zu der Stelle kam. Und da lagen die von Nöldeke beschriebenen langen Mauerzüge!»
«Nachts bei Mondschein...?» zweifelt Thomas.
«Mancher hat gezweifelt», lächelt der Beg. «Nicht zuletzt ich selbst. Es mutete tatsächlich an, als wären die Dschinne im Spiel. Denn als wir am nächsten Morgen wiederkamen, um die Mauern aufzuzeichnen, waren sie spurlos verschwunden! Einmal mehr mußte das Vorhaben aufgegeben werden.»
«Gab es wirklich keine Anhaltspunkte – eine Erklärung für einen Bau an so ungewöhnlicher Stelle?»
«Doch – die ‹Topographie von Uruk›. Man hatte die seleukidischen Schrifttafeln, und aus den Ritualen, denen Sie heute gefolgt sind, wurde deutlich, daß sich im Osten – außerhalb der Stadtmauer – ein Bît-Akītu befunden hat. Darüber wollten wir endlich Klarheit haben.»
«Aber wie? Was half Ihnen letzten Endes zum Erfolg?»
«Hartnäckigkeit, der Regen und, so unwahrscheinlich es klingt, der Mond! An einem Februartag hatten wir einen furchtbaren Wolkenbruch, und in der Nacht darauf war Vollmond. Wir gedachten der früheren Beobachtungen und machten uns auf die Suche, trotz des fast unmöglichen Weges durch Schlamm und schweren nassen Sand. Einmal mehr mußten wir enttäuscht umkehren.
Aber wir gaben nicht auf. Müde wie wir waren, stapften wir am

nächsten Abend nochmals hinaus. Es lohnte sich. Denn inzwischen war der Boden so weit getrocknet, daß wir das ganze Gebäude im Mondschein wiedererkennen konnten. Gewarnt durch die früheren Erfahrungen zogen wir mit unseren mitgebrachten *Schîschen* die ganzen Mauerzüge auf dem Boden nach, solange der Mond noch schien. Wir arbeiteten gute vier Stunden, dann war alles soweit markiert, und wir konnten uns zur wohlverdienten Ruhe begeben.»
«Und am nächsten Tag – war da noch etwas zu sehen...?»
«Nur noch die Markierungen! Aber das genügte. Wir legten alle Linien sorgfältig mit Scherben aus, und mit dem Graben konnte begonnen werden. Die Schriften hatten nicht getrogen; das erste Neujahrsfesthaus Südmesopotamiens wurde freigelegt.»
«Das mit dem Mond kann ich nicht verstehen», sagt Amira. «Wie konnten Sie nachts sehen, was man am hellen Tag nicht sieht?»
«Salz hieß des Rätsels Lösung. Die dicht an der Oberfläche liegenden Lehmziegelverbände waren sehr viel stärker versalzt als der übrige Lehmboden. Hinzu kam die Feuchtigkeit nach dem starken Regen. Die Mauerzüge trockneten schneller auf; jedoch nur das weiße milde Licht des Mondes konnte die Salzkristalle zum Leuchten bringen, so daß sich der ganze Grundriß vom Boden abhob.»
Der Beg blickt nach Nordosten: «Dies war die Kultrichtung des Bît-Akītu, wie bei den großen Tempeln von Eanna. Nach dem Ritual wendet der Himmelsgott sein Gesicht der aufgehenden Sonne zu...»
«Wie groß war dieses ganze Gebäude?» Adnan, der den Erklärungen bisher verwundert gefolgt ist, konnte nicht alles verstehen; darum verlangt er nach Zahlen. Etwas, woran man sich festhalten kann, scheint ihm.
«Es war ein Komplex von hundertzwanzig auf hundertvierzig Meter. Nur eine oder zwei Ziegelschichten hoch sind die Mauern

erhalten geblieben, und weil es hier ‹in der Steppe›, außerhalb des Stadtringes, keine älteren Bauten oder Ruinen gegeben hatte, entstand kaum eine Erhebung über dem Wüstenniveau. Ich werde nun die Hauptträume abschreiten, damit Sie sich ein Bild machen können...»

Langsam entfernt sich die Gestalt durch das Gebäude ohne Wände. Aufmerksam folgen ihm die Blicke der jungen Leute und heften sich ab und zu wieder auf den architektonischen Plan, der mit Steinen beschwert zu ihren Füßen liegt. Der Archäologe durchmißt die Höfe und die Räume, welche er erstmals im Mondlicht sah. Die Hände des Baumeisters scheinen Ziegel zu schichten, über Mauern zu gebieten, und alles wird Gegenwart. Das Licht des Himmels und der Wüste spiegelt sich in seinen Augen, als er zurückkehrt. Unter der schattenlosen Mittagssonne war der Palast der Mondnacht für einen Augenblick wieder erstanden.

Im Neujahrsfesthaus, kultisch gereinigt und hergerichtet, wie das Ritual es beschreibt, kann die Götterhochzeit gefeiert werden. Die Zeremonie geht wohl auf den altsumerischen Kult in Uruk-Kullaba zurück, da die große Göttin Mutter, Schwester und Geliebte des Gottmenschen Tammuz war. Zur Zeit der dritten Dynastie von Ur vollzieht sich die Heilige Hochzeit (*hieros gamos*) zwischen König und Priesterin in Stellvertretung der Gottheiten.

Später haben die Bewohner von Uruk zum neu beginnenden Jahr, wenn die Steppe wieder grün wurde, ihre Götter aus den Tempeln geholt und sind mit ihnen auf dem Kanal hinausgezogen zum Bît-Akītu, um dieses Fest zu feiern, auf daß der Himmel der Erde wieder Fruchtbarkeit schenke.

▸

Eine Expeditionsaufnahme zeigt die *Anu-Zikurrat mit dem Weißen Tempel* unmittelbar nach der Freilegung. Besonders deutlich wird die Treppenanlage mit der für Heiligtümer charakteristischen Nischenmauer. Es handelt sich um das Eanna benachbarte Heiligtum des Himmelsgottes Anu. (Aufnahme Warka-Expedition)

Das Versprechen

Farblos die Wüste – flimmernd der Himmel – die Hügel verschwimmen. Wirklich sind nur die drei Araber mit den Pferden. Da hocken sie zu Füßen der Tiere und reden leise miteinander. Scheinen auch keine Notiz zu nehmen von den Europäern, die sich dort über nicht mehr vorhandene Mauern auseinandersetzen. Thomas möchte das Bild festhalten – die Araber mit ihren Stuten – festhalten die grenzenlose Weite dieser Landschaft; nicht einmal mehr Landschaft, überwältigende Leere – Himmel und Erde kaum getrennt durch eine zitternde Horizontlinie... Er empfindet einen starken, fast physischen Schmerz bei dem Gedanken, diesen Horizont zu verlieren.
«Ich versprach, sie dir zu bringen!» sagt Naim, als Thomas zu ihnen tritt, und legt ihm den Halfterstrick in die Hand. Thomas fühlt den Atem der Stute ganz nah, sieht ihre sanften Augen, das aufmerksame Spiel der leicht einwärts gebogenen Ohren und weiß sich kaum zu helfen vor Freude und Ratlosigkeit. Er kann sich doch nicht einfach auf ihren Rücken schwingen und nach dem fernen Horizont galoppieren... Obwohl er es bei Gott gerne täte.

◂

Wie wohl überall auf der Welt, gehören auch in Arabien Hirt und Flöte zusammen. Eine wundersame Melodie entlockt der Flötenspieler seinem kleinen sechslöchrigen Instrument – monoton wie die Landschaft. Doch wer sie je vernahm, wird sie nicht so leicht vergessen.

Noch immer sehen ihn die beiden Jungen fragend an. Nun kommt Amira herübergeschlendert und läßt ihre grünen Münzen von einer Hand in die andere gleiten. «Was machen Sie denn mit dem Pferd?»
«Wenn ich das nur wüßte! Naim brachte es mir.»
«Ich würde sagen: aufsitzen und nach Larsa reiten!» empfiehlt sie lachend.
«Auf diesem wunderbaren Pferd durch die Wüste reiten – reiten bis an ihren grünen Rand und bis zum anderen großen Strom...»
«Das sollten Sie wirklich tun!» Es war der Beg, der das sagte. Und da sind die fernen Augen wieder nah und von ansteckender Heiterkeit.
«Ein großartiger Gedanke!» stimmt Peter zu, der seine Arme über dem Buch mit den seleukidischen Ritualen beinahe andächtig verschränkt hält. «*We must do it* – laßt uns nach Larsa reiten und nach Lagasch zum guten König Gudea...»
Auf einmal wird die Idee greifbar. Alle sind begeistert. Der Beg verhandelt mit Faisal und bestimmt ihn zum Führer der Expedition.
«Du mußt dich um meine Söhne kümmern – sie wissen wenig von der Steppe!»
«*Tamâm* – sorge dich nicht; ich weiß den Weg zum *Schatt*, und ich kenne die Stämme», sagt Faisal in seiner verhaltenen Art und doch mit einem versteckten Lachen hinter den kantigen Backenknochen. «Und ich werde Naim mitnehmen, damit er unterwegs für uns das Brot bäckt...»
«Habt ihr denn genügend Pferde für uns alle?» erkundigt sich Peter, und der Araber nickt. «Es gibt viele Stuten in unserem Stamm.»
«Ein sehr großes Pferd bitte für *Al-Tawîl*, damit er seine langen Beine nicht auf dem Boden nachschleifen muß!» fordert das Mädchen, und die beiden Jungen beißen in die Zipfel ihrer Beduinentücher vor Vergnügen.

Aber Amira ist nicht so recht froh. Wieviel hätte sie darum gegeben, mitzureiten; doch muß sie vor Semesterbeginn wieder in Paris sein; wird sich mit dem Bois de Boulogne begnügen müssen. Und Semiramis – wer sollte sich um das kleine Schaf kümmern? Auch das bleibt noch eine Sorge.
Adnan hingegen findet das geplante Unternehmen der beiden Europäer etwas merkwürdig. Soviel er weiß, ist Reiten nicht sonderlich bequem. Wo es doch heutzutage Autos gibt... Ihn jedenfalls brächten keine zehn Rosse davon ab, endlich wieder zu Baghdads Palmengärten heimzukehren! Außerdem hegt er als Städter tiefes Mißtrauen gegen die unsteten Wüstenbewohner.
Endlich gehen sie alle die sandverwehte Stadtmauer entlang und dann über die Hügel zum Expeditionshaus zurück. Thomas kommt als letzter. Er hat den Halfterstrick nicht mehr aus der Hand gegeben, und willig folgt ihm die pfefferfarbige Stute. Naim verspricht, am Abend wiederzukommen.
Im Hof harrt Hamid, unter dichten Brauen die Verspäteten vorwurfsvoll musternd. Lange schon steht das Essen auf dem Herd! Seit der Alte vom Expeditionschef eine Uhr geschenkt bekam, nimmt er es mit Stunden und Minuten sehr genau. Und dröhnend schlägt er den Gong, wie ein Engel des Jüngsten Gerichts.
Als der Assyriologe nach Mitternacht den *Ambar* verläßt, brennt noch Licht in Thomas' Kammer. Er trommelt ein paar Takte ans Fenster und steckt dann den Kopf durch die Tür: «*Ya sadîqî* – was treibst du denn so spät?»
Thomas kniet auf der Schilfmatte, umgeben vom bunten Durcheinander seiner Habseligkeiten, die er aus dem Reisesack geleert hat. Über ihm, an einer vielfach zusammengeknoteten Schnur von Wand zu Wand gespannt, hängen vier Socken, ein Hemd und drei Taschentücher zum Trocknen.
«Erstens große Wäsche!» erklärt er stolz. «Dann schrieb ich Vater von unseren Plänen, und nun überleg' ich mir, mit wie wenig ich unterwegs auskommen kann, damit mein armes Pferd nicht

zusammenbricht. Und freuen tu' ich mich halbtot!» Er fegt Windjacke und Pullover vom Bett: «Setz dich – aber vorsichtig, damit Sinkaschid nicht erwacht!»
«Früher lag das Biest immer bei mir drüben», erinnert sich Peter, «doch seit du da bist, ist es mir untreu geworden. Vielleicht riechen deine Füße besser...»
«Mag auch sein, daß er die gelbe Decke einer blauen vorzieht. Und was hielt dich denn so lange von deinem Lager fern, wenn man fragen darf?»
«Amira!»
Umständlich verschränkt der Schotte seine langen Beine, legt die Hände ineinander und das Gesicht in Falten, wie ein fastender Buddha.
«Ach so – die Prinzessin...», murmelt Thomas.
«Ja, Versprechen muß man halten! Und das mit den Inventarzeichnungen hab' ich heute früh versprochen – eine verdammt langweilige Sache. Kann aber doch nicht zusehen, wie das arme Kind sich die Nächte um die Ohren schlägt. Übrigens ist Naim noch gekommen!»
«Neuigkeiten?»
«Das Unternehmen läßt sich gut an. Er hat schon drei Pferde; natürlich seine Pfefferfarbige, die du reiten sollst, Faisals Stute und die Stute seines Vetters Mehsen, der sich damit gerne ein paar Dinare verdient. Ein viertes Pferd hofft er morgen noch von Ibrahim, dem *Ustadh,* zu bekommen, muß aber hinüber zu den Ghanim, die schon unterhalb des Schatt as-Suwair zelten.»
«Und wann glaubst du, daß wir reiten können?»
«In drei Tagen, denke ich. Vorausgesetzt, daß Ismail uns nicht an die Kette legt! Der Beg hatte einen harten Kampf mit ihm. Unser gestrenger Haushofmeister hält nicht viel von der Zuverlässigkeit der Wüstensöhne und prophezeite, daß wir überfallen, ausgeraubt und umgebracht würden...»
«Alles zusammen wird schon nicht passieren», meint Thomas zu-

versichtlich. «Seltsam – wie mißtrauisch die Araber untereinander sind! Der Städter verachtet den Fellachen, der Fellache verachtet den Beduinen, und der Beduine, wenn auch hungrig und in Lumpen, ist so stolz, daß er von Kameleshöhe auf alle anderen herabschaut!»

«*They all are snobs* – hat ein Brite gesagt, und zwar einer von denen, die den Arabern ehrlich zugetan sind und der sie kannte wie kaum ein zweiter. Hat jedenfalls vieles für sich... Morgen bleibt noch das Verpacken der Funde, und übermorgen reisen die verbliebenen Expeditionsleute nach Baghdad zurück. Das Haus hier wird den Sommer über verschlossen. Vielleicht können wir die letzte Nacht in Faisals Zelt verbringen, um am folgenden Tag früh aufzubrechen.»

Sein Kinn auf die hochgezogenen Knie gestützt, betrachtet Thomas den langen, unmerklich zitternden Schatten seines Freundes an der Wand. «Wir werden reiten – in drei Tagen reiten wir durch die Steppe...», sagt er leise und froh. «Glaubst du nicht, daß wir noch weiter als bis zum Schatt al-Gharrâf – bis zum Silbergebirge reiten sollten...»

«Mit Dämonen kämpfen und Bäume ausreißen!» lacht Peter. «Ich denke, du legst dich besser vorerst noch schlafen.» Damit stellt er seine Füße wieder auf den Boden, kann sich aber nicht enthalten, den Kater noch schnell gegen den Strich zu bürsten, bevor er im Hof verschwindet.

Aufbruch

Sie reiten. Sie reiten nach Sonnenaufgang.
Die Ruinen der Fata-Morgana-Stadt bleiben zurück. Die Hügel von Uruk.
Naim reitet voraus und singt. Singt einen monotonen Beduinen-

gesang, Gesang der öden Wüste von Samawa. Vielleicht einst entstanden, als die Ströme andere Wege nahmen und die alten Städte versandeten.

«Als An die Länder zornig angeschaut hatte,
Als Enlil seinen Blick auf feindliches Land gerichtet hatte,
Nintu ihre Schöpfung ‹gebunden› hatte,
Enki Euphrat und Tigris in ihrem Lauf verändert hatte…»

Über der Ruine liegt wieder die Stille eines langen glühenden Sommers. Am letzten Abend haben die Stammesleute nochmals eine glorreiche *Hôsse* gesungen, wilde Tänze gestampft und ihre Gewehre in den funkelnden Nachthimmel abgefeuert. Dann verließen sie die Hügel, um ihre Zelte abzubrechen. Sie wollten ihre Herden im Westen, jenseits des Euphrat, suchen und mit ihnen zu den Weiden im Osten ziehen. Nur die Dschuabir bleiben das ganze Jahr in ihren Siedlungen bei El-Chidr.
Als die Araber am Horizont verschwunden waren, blieb wenig zu tun. Die Fundkisten mußten mit Stroh gepolstert und zugenagelt werden. Das übrige Gepäck stand schon zum Transport bereit. Dann aber, am Tag der Abreise, hatten die Mitglieder der Expedition nichts mehr zu lachen; Hamid und sein aufgeregter Dienerstab aus Hilla führten das Regiment.
Schon bei Morgengrauen lauerten sie auf die erste Regung der Schläfer und, kaum daß einer seinen Fuß aus dem Bett streckte, drangen sie in seine Kammer und zogen ihm Leintuch und Matratze unter dem Rücken fort. Proteste gingen in einem Staubwirbel unter, und im Handumdrehen war der Raum leer, bis auf die wenigen Dinge, die der Betroffene hatte retten und in seine Koffer stopfen können.
Nur Ismail blieb ruhender Pol in dem großen Chaos. Stand feierlich in goldverbrämter *Abâye* mitten im Hof, wie ein Heerführer des Arabischen Aufstandes, und donnerte seine Befehle, wenn ein

Mann mit Bettzeug beladen die falsche Richtung nahm oder ein anderer enthusiastisch Türen und Fenster verrammelte, während die Ausgräber noch beim Frühstück saßen.

Im schwankenden, mit Kisten und Koffern beladenen Wagen reisten sie dann nach Baghdad zurück: der alte Archäologe und der Beg, der Photograph und, vielleicht der Glücklichste von allen, Adnan. Mochten die andern noch wehmütig zurückblicken; der Baghdadi hatte genug von Wüste, Ruinen und Beduinen. Und vom Staub. Endlich würde er wieder in untadelig weißem Hemd und polierten Schuhen durch die Raschid-Street promenieren und mit seinen Freunden im Teehaus *Tâula* spielen.

Nicht so Amira. Da hielt sie Hamids gute verwerkte Hand umklammert, und mühsam zurückgehaltene Tränen standen in den byzantinischen Augen. Sie war hier nur Gast gewesen und wußte nicht, ob sie je wiederkäme. Vielleicht einmal mit einer französischen Expedition zu einem anderen mesopotamischen Hügel. Nach beendetem Studium – das würde lange dauern. Und dann – gäbe es eine andere Ruine wie Uruk? Oder hatte die Prinzessin noch einen Grund zum Weinen...?

Peter sah ihr nach, als sie zum letztenmal mit flatterndem rotem Beduinentuch über den Hof ging und ohne sich umzusehen in den Wagen stieg. Er stand noch auf dem Dach des Expeditionshauses, bis der Jeep nach Samawa zu in einer Staubwolke verschwunden war. Und wie der Assyriologe vom Dach herunterkletterte, machte er den Eindruck, als habe er etwas Wichtiges vergessen.

Semiramis war mit dem kleinen *Libn*-Jungen Suchi, der Amira seinen Esel hatte schenken wollen, zu den Zelten gezogen. Übers Jahr würde aus ihr ein großes Fettschwanzschaf geworden sein, und bis in zehn Jahren könnte Suchi eine Herde überblicken – die zahlreichen Nachkommen der Semiramis. *Inscha-Allah.*

Der Kater Sinkaschid sollte bei den Wächtersleuten bleiben. Empört über menschliche Treulosigkeit und den Verlust eines gediegenen Lagers ließ er sich am letzten Tag nicht mehr blicken. Sinkaschid ist jedes Jahr einmal empört.

Thomas fühlte noch den Händedruck des Beg und in sich selber Dankbarkeit. Dann fiel sein Blick auf Ma'yûf, der bis zuletzt nicht von seinem Herrn gewichen war. Schweigender Ausdruck der Trostlosigkeit. Wie lang – endlos lang würden die Monate sein, bis der große Mann wiederkäme. Allein wanderte die schmächtige Gestalt in die Steppe, mit wehender *Abâye* wie ein Blatt im Wind. Ma'yûf – der Verlassene.

Die beiden Freunde redeten nicht viel, als sie mit leichtem Gepäck und dem Fellmantel über den Schultern den sieben Palmen zustrebten. Zu dem einzigen übriggebliebenen Zelt, wo sie die Nacht verbringen wollten.

Da standen die vier Pferde angepflockt. Naims Pfefferfarbige, die dunkle Stute Faisals, ein grauer und ein ganz weißer Schimmel. Filfil schnaubte leise, als Thomas zu ihr trat. Ob sie ihn schon kannte? Er mochte es nicht recht glauben. Und doch erfüllte ihn das Schnauben des Pferdes mit einem so starken Glück, daß er zitterte. Das Schnauben bedeutete Wirklichkeit; der erträumte Ritt lag vor ihm und die Weite, wie ein Geschenk der Götter von Uruk.

Mit den weichen Nüstern unter seiner Hand schien ihm die Welt zu gehören. Oder galt es sie erst noch zu erobern? Er fühlte in sich

eine unbändige Kraft – Kraft, Zedern auszureißen und Dämonen zu besiegen...
Daran denkt der junge Mensch heute, während er auf dem Rücken seiner Stute der Sonne entgegenreitet. Lautlos lacht er in sich hinein. Nein – nicht zum Libanon und auch keine Bäume fällen. Was ihn betrifft, so möchte er unterwegs bloß eine gültige Antwort finden. Ob es wohl besonders weise ist, in den südmesopotamischen Sümpfen nach der Antwort auf eine Lebensfrage zu suchen? Diesmal lacht er laut und unbeschwert.
«Was hast du denn zu lachen?» erkundigte sich Peter, der fast donquichotehaft auf seinem Araberpferdchen sitzt und, wie Amira befürchtete, die Füße nahezu auf die Erde hängen läßt.
«Ich dachte an Gilgamesch und Enkidu und die Ergründung der Sümpfe!»
«But listen», schüttelt der Assyriologe sein Haupt, «von Sümpfen steht ganz gewiß nichts in dem Epos...»
«Das ist meine eigene – die dreizehnte Tafel!» sagt Thomas geheimnisvoll.
«How interesting!» spottet der Schimmelreiter. «Was steht denn auf deiner Tafel?»
«Ein großes Fragezeichen. Bis jetzt.»
«Dann werde ich darüber wohl einmal mehr erfahren...?»
«Inscha-Allah!»

Hirten und Herden

Zuletzt ritten sie noch an dem kleinen Tempel des Gareus vorüber, wo, wie Peter behauptet, sich Schakal und Hyäne gute Nacht sagen. Auch ein Falkennest klebte unter einem der hellenistisch anmutenden Bögen in der Backsteinmauer.

Der Assyriologe wußte noch mehr. «Stell dir vor – welche Sensation in Uruk, wo es bisher nur Hunderte von Keilschrifttafeln gab – als man hier zu Füßen einer Säule ein Stück Kalkstein mit griechischer Inschrift fand!»
«Wunderbar – wie ein erster steinerner Brief aus Europa...»
«Es war eine Weihinschrift. Doch traf sich in diesem Tempel abendländische Architektur mit der sehr viel älteren morgenländischen.»
«Konnte man entziffern, was auf dem Stein stand?»
«Sicher. Wenn ich mich recht erinnere, lautete der Text ungefähr dahin, daß Arthemidoros, Sohn des Diogenes, sein Grundstück dem Gott Gareus weiht. Und es wird beschlossen, in dem Tempel ein Standbild des frommen Stifters aufzustellen und es jeweils an dessen Geburtstag zu bekränzen und für ihn ein Opfertier zu schlachten.»
«Und die Statue des Arthemidoros...?»
«Fand man nicht mehr. Wahrscheinlich wurde sie eines Tages mit dem übrigen wertvollen Inventar geraubt. Der Tempel bestand bis ins zweite Jahrhundert unserer Zeitrechnung; danach wurden in Uruk keine Tempel mehr gebaut.»
«Dieser war der letzte...» Thomas wandte sich im Sattel um und sah, daß die einsame Ruine im Licht der aufgehenden Sonne lag.
«*The last one...*», wiederholte Peter und ließ seiner ungebärdigen Stute die Zügel. Doch Filfil war schneller. Hell wiehernd warf sie den Kopf hoch und preschte mit trommelnden kleinen Hufen an dem Schimmelreiter vorbei. Thomas lehnte sich tief auf ihren Hals. Lachend nahmen die beiden Araber die Jagd auf, sangen und schrien, um ihre Pferde anzufeuern. Sie galoppierten der Sonne entgegen, bis sie außer Atem waren.
Noch immer reiten sie. Naims Gesang ist verstummt. Die weite Fläche vor ihnen leuchtet wie heller Achat. Einmal flieht ein Rudel Gazellen darüber hin. Dann ist alles wieder still und unbe-

Zeichnung nach einem Rollsiegel aus der Djemdet-Nasr-Zeit

wegt. Nur der gedämpfte Hufschlag der Pferde auf dem trockenen Boden.
Bis die Sonne höher steigt. Da beginnen die Ränder der Wüste zu zittern – die gleißenden Bäche wieder in die Trockenheit hineinzufließen... Ströme und Seen – Inseln und im Himmel schwebende Hügel. Spiegelungen wie an jenem Tag, da Thomas durch die Wüste nach Uruk lief. Tausend Jahre scheinen dazwischen zu liegen.
«Hast du jemals eine so komische Fata Morgana gesehen?»
Sie halten die Pferde zurück, um mit zusammengekniffenen Augen das neue Bild am Horizont zu fixieren. Zwei schwarze Streifen mit merkwürdigen Fransen bewegen sich dort. Von Osten her sich nähernd, ohne den gelben Boden zu berühren.
«'*Anza* – Ziegen», bemerkt Faisal.
«Ziegen...?»
«Wirklich Ziegen!» bestätigt Thomas, der weiter sieht als sein Freund. «Zwei Herden – eine ist schon auf der Erde gelandet – die andere schwimmt noch.»
Sie warten ab, daß die Erscheinung realer werde; bis auch die zweite Herde das imaginäre Wasser überschritten hat. Allmählich unterscheidet man auch die zu beiden Seiten wandernden Hirten. Auf hundert eiligen Hüfchen kommen die schwarzen Ziegen über den flimmernden Lehmboden getrippelt.
«Wie die Phalanx von Alexanders Armee», vergleicht Thomas.

«Die langhaarigen Ziegen der sumerischen Siegel!» sagt der Assyriologe. Faisal und Naim grüßen dann die Hirten, wettergegerbte Männer mit flinken Vogelaugen. «Woher – wohin?» und «*Khabar* – Neuigkeiten?» sind die Fragen, wie überall in der Wüste. Sie wollen auch wissen, wie weit die Flut schon reiche, und es wundert sie, was die beiden helläugigen Fremden in dieser Gegend zu suchen hätten.

«Mein Onkel – wir reiten nach Shatra!» wendet sich Peter höflich an den Älteren. Und mit offenem Mund starren sie auf den Ungläubigen, der ihre Sprache redet.

«*Wallah, huwa mû Schaitân* – er ist kein Teufel!» beschwichtigt sie Faisal, nur mühsam das Lachen verbeißend. «Der Gelbhaarige und der Rothaarige sind meine Brüder. Sie kommen *min al-ba'îd* – aus dem fernen Land und wollen hinüber zum Schatt al-Gharrâf. Ich und mein Sohn begleiten sie durch die Wüste, und wir haben unsere Gewehre am Sattel, um sie zu beschützen!»

«Dann reitet in Frieden», sagen sie offensichtlich beeindruckt, «und Allahs Segen sei mit euch!»

Die Hirten und die Herden ziehen weiter und werden bald, wie vordem die Gazellen, von der Weite verschluckt. Wieder ist es, als wären die vier Reiter allein auf der Welt.

Später einmal sagt Faisal, daß sie rasten müßten. «Wegen der Pferde», meint er. «Wir wissen noch nicht, wann wir die nächste Tränke finden.»

«Im Schatt el-Kar sollte es doch Wasserlöcher geben?» mutmaßt Peter.

«*Na'am aku bjâr* – aber nicht immer gibt es Wasser in der Tiefe», belehrt ihn der Araber.

Was Thomas betrifft, so hat er nichts gegen eine Rast einzuwenden; vor Sonnenaufgang sind sie fortgeritten, und jetzt muß Mittag vorüber sein. Und diese arabischen Sättel sind verdammt· hart. Er lockert noch den breiten gewobenen Gurt, bevor er seine Stute Faisal überläßt. Auch der Schotte streckt sich vernehmlich ächzend auf die *Färwa*, die Naim fürsorglich auf den Boden gebreitet hat.

«Seid ihr müde?» erkundigt sich der Junge.

«Wo denkst du hin – wir sind *gawi kethîr* und niemals müde!» lügt Peter grimmig.

Faisals Sohn lächelt sanft: «*Gawi* und niemals müde... Ich will die *Kirba* holen, damit ihr euch mit Wasser erfrischt! Und Brot habe ich auch mitgebracht – vielleicht ist es etwas hart geworden. Aber macht euch keine Sorgen, heute abend werde ich gutes frisches Brot backen.» So redet er geschäftig, während er hin und her geht, die Satteltaschen auspackt, die dünnen Fladenbrote bereitlegt und dann den beiden Europäern aus dem Lederschlauch das Wasser über die Hände gießt.

«Der kleine Kerl behandelt uns wie eine Henne ihre Küken!» schimpft der Assyriologe, und Thomas lacht. «Was willst du – in der Steppe sind wohl wir die Unerfahrenen und abhängig von diesen Menschen, die hier jeden Stein und Strauch und auch alle Wasserstellen kennen. Müssen uns wohl oder übel ihren Anordnungen fügen...»

«Vielleicht doch besser, als wenn wir wie dermalen Gilgamesch und Enkidu nach dreißig ‹Doppelstunden› vor Schamaschs Angesicht noch eigenhändig einen Brunnen zu graben hätten; dazu wäre mein Rücken kaum mehr tauglich!» ergibt sich Peter friedlich in sein Schicksal. Thomas blinzelt in den Himmel, dessen Licht fast nicht mehr zu ertragen ist. Er verabscheut Sonnenbrillen. Dann schließt er die Augen, hört noch das Schnauben und Scharren der Pferde und dazwischen die dunkle Stimme Faisals, der ihnen die Gerstensäcke umgehängt hat. Dann nur noch das gleichmäßige Mahlen der Zähne...

«*Taschrob Tschai?*»

«Hab' ich geschlafen...?»

Naim lächelt, und es riecht seltsam scharf nach Rauch. Wohl von dem Kamelmist, den der Junge gesammelt hat, kleine, sonnen-

gebleichte Kugeln, die wie Steine herumlagen. Das Zeug brennt ausgezeichnet, und der verrußte Teetopf steht schon in der Glut. Sie essen ihr frugales Mahl aus Brot und Datteln. Datteln, wie sie die beiden Europäer noch nie gegessen haben. Der undefinierbar klebrig braune Klumpen kommt aus dem *Sûq* von El-Chidr und verrät seine Identität nur durch ein paar harte Kerne, die zuweilen zwischen die Zähne geraten. Dazu trinken sie Wasser aus dem Schlauch. «Schmeckt ziemlich modrig», findet Peter. «Wenn wir auf zwei oder drei Tagereisen nichts Besseres kriegen...»
«Womöglich ist der nächste Brunnen noch bitterer!»
«Meinetwegen. Wir werden schon nicht verdursten und später mal wieder gewöhnliches Wasser zu schätzen wissen.»
Endlich schenkt Naim den Tee ein, was den Gaumen einigermaßen versöhnt. Zwischen dem zweiten und dem dritten Gläschen überlegt Thomas: «Was meinst du – ob ich Filfils viertes Bein kaufen soll...?»
«Wohl ein leichter Sonnenstich?» Forschend schiebt der Ältere seine Brille hoch.
«Ich hab' mich etwas ungenau ausgedrückt. Du weißt doch, daß Naim erst drei Beine seiner Stute besitzt und schon lange gerne das vierte haben wollte, welches sich noch im Besitze seines Vetters mütterlicherseits befindet, wenn ich nicht irre.»
«*I see* – du möchtest, daß unser Freund ein komplettes Pferd sein eigen nennt? Gute Idee. Wenn du ihm dieses ominöse vierte Bein schenkst, braucht es nicht als Bezahlung aufgefaßt zu werden. Was die beiden ja von uns nicht akzeptieren wollen. Ich muß mir für Faisal auch etwas einfallen lassen. Komisch, diese Wüstensöhne – die einen habgierig wie der Teufel und die andern so stolz wie Kalif Storch!»
Naims starkes Gebräu hat seine Wirkung nicht verfehlt. Bald sind sie wieder auf den Füßen, werfen den Pferden die Satteltaschen über und reden vergnügt davon, bis zur fernen Mündung der Ströme zu reiten.

Die Ährenleserin

Vor Sonnenuntergang erreichen sie das Schatt el-Kar und müssen dann noch eine Weile dem ausgetrockneten Flußlauf südwärts folgen, bis sie die von Beduinen gegrabenen Wasserlöcher finden. Naim schürzt sein langes Hemd und läßt den Lederbehälter am Seil in die Tiefe sausen. Klatsch – es ist noch Wasser da. «*Al-hamdu-lillâh!*» Erleichtert beginnt Faisal die Pferde zu tränken, während sein Sohn noch mehr Wasser aus dem Brunnen heraufwindet. Sie dulden nicht, daß die Europäer ihnen helfen.
«Geht und ruht euch aus!» befiehlt Naims Vater.
«Bisher mußten die Araber unsere Anweisungen befolgen, und jetzt sind wir ihnen mit Haut und Haar ausgeliefert!» lamentiert Peter.
«Solange du's dabei so hübsch bequem hast...», grinst sein Gefährte und legt Filfil, die sich schon satt getrunken hat, den *Dschull* über. Doch der assyriologische Ärger hat noch andere Gründe. «Faisal, dieser Hartschädel, erlaubte uns auch nicht, die Ruinen von Larsa zu besichtigen, obwohl wir so nah an den Hügeln vorüberritten. Und ich wollte doch nach Ziegelstempeln suchen!»
«Nach der Schrift eines nachbarlichen Stadtkönigs, der sich damals mit den Urukäern gestritten und ihnen das Wasser abgegraben hat...» Thomas kämmt die zerzauste Mähne seiner Stute mit den Fingern. «Nein, mein Lieber, wenn du noch stundenlang auf der Zikurrat von Larsa nach Ziegeln gegraben hättest, wären unsere Pferde heute nicht mehr getränkt worden. Ganz zu schweigen von dem Gedanken an babylonische Backsteine in den Satteltaschen deines ohnehin schon recht bedauernswerten Schimmels...»
«Natürlich, die armen Pferdchen – darauf sind wir wohl angewiesen, wie auf unsere beiden imperativen Wüstensöhne.» Der

Assyriologe schaut auf und lacht: «Dein Roß sieht aus wie im Nachthemd mit dem komischen Gehänge! Fehlt bloß noch das Himmelbett.»
«Die wollenen Gewänder scheinen notwendig in kalten Steppennächten. Kann zwar nicht recht begreifen, daß man auch im Sommer friert, wie die Leute sagen...»
«Wenn es am Tag fünfzig Grad warm war, kann man nachts bei dreißig oder zwanzig Grad ganz schön mit den Zähnen klappern!»
«Da können wir ja froh sein, daß wir unter unseren schweren Schaffellmänteln nicht zu klappern brauchen.»
Sie schlagen ihr Biwak über dem Wadi, im Schutz eines hohen dichten Schilfwaldes auf. Der abendliche Speisezettel ist derselbe wie am Mittag: Tee, Brot und Datteln. Das Brot von Naim in der Kamelmistglut steinhart gebacken. Noch klebt Asche dran, es schmeckt aber gut und knirscht ein wenig beim Kauen.
Sie sind übereingekommen, unterwegs von dem zu leben, was landesüblich ist – beduinisch sozusagen. Faisal schien darüber erleichtert – wegen des Gepäcks und auch, weil er dem Zeug, das Ungläubige aus Büchsen essen, zutiefst mißtraut.

▸

Auf den Wasserläufen der südmesopotamischen Sumpfgebiete bleibt das Boot einziges Verkehrsmittel von Ufer zu Ufer. Wendige kleine Boote und Langboote zum Warentransport werden von knienden Ruderern gestakt, und selbst das einfache schilfgebaute Boot aus sumerischer Zeit ist da und dort noch in Gebrauch.

Dafür hat Peter viele Zigaretten eingepackt, der einzige Luxus und ein Vergnügen, dem auch die Araber frönen. So kauern sie noch lange am Feuer, rauchen, reden, schweigen. Manchmal schnaubt eines der Pferde, die Faisal im Windschutz des Schilfes zusammengekoppelt hat.

Langsam schwelend brennt das noch nicht ganz dürre Holz der Tamariskenstrünke, die Naim an der jenseitigen Böschung ausriß. Bläuliche, gelbrote und zuweilen giftgrüne Flammen.

Sie erörtern den Ritt des Tages und wie weit sie morgen reiten würden. Vielleicht bis zu den Zelten der al-Humeide. Faisal kennt den Schêch. Dann berichtet Naim von seinen Abenteuern in Kuwait, und *Al-Tawîl* muß von dem Land jenseits des Meeres erzählen. Aber das Beschreiben jener so ganz anderen Welt fällt ihm schwer, und die beiden Araber bezweifeln, daß anderswo der Regen auch im Sommer vom Himmel fällt, fette Kühe von morgens bis abends grünes Gras fressen und an einem einzigen Tag mehr Milch geben als eine arabische Kuh in einem Monat.

«Nein, Kühe sind nicht viel wert bei uns», erklärt Faisal, «Büffel sind besser. Aber nur die *Ma'dân* an den Flüssen im Süden können Büffel halten. Wir haben unsere Schafherden. Es ist gut, Schafe zu haben. Vor der Frühjahrsflut treiben wir sie nach Westen ins *Bâr* und später zum Schatt al-Gharrâf, wo sie auf den abgeernteten Feldern weiden können.»

«Erlauben denn die Landbesitzer, daß ihr eure Schafe auf die Felder treibt?»

«Viele sind froh, weil die Tiere dafür den Dung zurücklassen. Aber es gibt auch böse, habgierige Schêchs, die Geld verlangen

◂

Von eindrucksvoller Größe erhebt sich inmitten des Marschdorfes der «*Mudhîf*», *Gästehaus des Schêchs* – sprechend auch für die in Arabien noch immer gültige Gastfreundschaft. Die baumstarken Säulen, die das hohe Tonnengewölbe tragen, Front und Wände bestehen aus Schilf; eine sehr alte, eigenartige, jedoch auch in unserer Zeit noch bewundernswerte Architektur.

für das Weiderecht auf ihrem Grund, und in den Hungerjahren wollen sie noch mehr als sonst...»
«Schlimmer als Geier und Hyänen!» empört sich Thomas.
«Sie besitzen viel Land und sind so reich, daß sie regieren wie Könige, und keiner wagt etwas gegen diese Schêchs zu sagen. Auch Nura wagte es nicht.»
«Wer ist Nura?» fragt Peter.
«Die Ährenleserin. Sie war mit den anderen Frauen des Stammes zur Ernte gegangen, damit sie ihr Brotgetreide bekämen. Und einmal auf dem Feld hat ihr der Sohn des Landbesitzers Gewalt angetan. Das Mädchen wagte niemand etwas davon zu sagen, bis alle sahen, daß sie schwanger war. Nach unserem Gesetz mußte der Vater oder Bruder sie töten...»

«Das Mädchen – warum das Mädchen und nicht den Übeltäter?»
«Es ist das Gesetz der Blutrache», erklärt nun Peter seinem Freund. «Die Araber haben es mir erklärt – für uns fast unverständlich. Das Mädchen muß sterben, damit die Ehre der Sippe gerettet ist. Als Mörder gilt der Mann, der sich an ihr verging. Sobald der Bruder seine Schwester getötet hat, geht er hin, um sie zu rächen – den ‹Mörder› umzubringen, und eine endlose Blutrache beginnt.»

«Aber alle vom Stamm liebten Nura und halfen ihr bei der Flucht. Zuerst fand sie Schutz in Schêch Dschabars Zelt, aber nur für drei Tage!» sagt Faisal.
«Ja, der Beg erzählte, daß er das Mädchen im Hof aufnehmen und im ‹Dakhla› gewähren wollte», erinnert sich der Assyriologe, «doch Ismail war dagegen, fürchtete, daß man damit in eine Blutracheangelegenheit verwickelt werden könnte.»
Der ältere Araber nickt: «*Sâhh* – das ist wahr. Aber die *Almânîyîn* schickten Vermittler zu dem großen Schêch am Schatt. Mittlerweile mußte aber das Mädchen geraubt werden, weil die drei Tage um waren.»
«Geraubt...?» Thomas wird aus der Geschichte nicht mehr klug.
«Das ist so; Nura wurde in die Wüste entführt und bekam Gastrecht bei einem anderen Stamm. Dort sollte sie auf die Antwort warten.»
«Wie ging dann die Verhandlung aus?»
«Der Landbesitzer am Schatt beschloß, das Mädchen für seinen Sohn zu kaufen; Nura sollte in den Harem aufgenommen werden und ihr Vater einen Brautpreis von sieben Kamelen und fünfundzwanzig Schafen erhalten.»
«Ein hoher Preis, nicht wahr?»
«Ein sehr hoher Preis, bei Allah, und damit war die Schuld getilgt!»
«Dann hat die Geschichte doch noch ein gutes Ende gefunden...»
«*Al-hamdu-lillâh*», murmeln die beiden Araber, still und großäugig in die Glut blickend. Eingeschlossen in ihre eigene, den Europäern fremde Welt.
Sie bleiben noch lange am Feuer, reden nicht mehr. Fast unbemerkt verschwindet Naim. Und dann hören sie seine Flöte leise unten am Schatt.

Peter und die Kanone

Unmerklich schieben sich die Sternbilder über den Rand der Steppe. Mitternacht muß schon vorüber sein, als Thomas erwacht. Am verglimmenden Feuer kauert Faisal, den Kopf gegen das Gewehr gelehnt. Er muß müde sein. Oder schläft er? Nein, er schläft nicht, hat sich soeben umgeschaut.
«Laß mich jetzt wachen!» flüstert Thomas, der leise neben ihn getreten ist. Der Araber widersetzt sich erst, hat aber schließlich nichts dagegen, für eine Weile seine steifgewordenen Glieder auszustrecken, und überläßt dem Europäer sein Gewehr. Der hält es in seinen Händen, lacht leise: «Was soll ich denn damit – Tauben schießen...?»
«In der fremden *Dirah* braucht man ein Gewehr!» erklärt Faisal unwirsch, bevor er sich etwas abseits, fast zu Füßen der Pferde, niederlegt. Erst jetzt bemerkt Thomas, daß auch der Junge erwacht ist. Auf den Knien liegend bläst er in die Glut, bis die aufgelegten dürren Schilfblätter Feuer fangen und sich dann auch die dickeren Tamariskenäste entzünden. Sie reden nicht miteinander. Naim bleibt dort, halb aufgerichtet, als lausche er.
Mondlos, schwarz ist diese Nacht. Doch die Sterne – Gott, welches Gefunkel – lautlose Explosionen von gelbem und blaugrünem Licht in dem unergründlichen Gewölbe – fast greifbar, schmerzlich nah. Auch das werde ich nicht vergessen können, denkt der junge Mann, der da wacht. Daheim in unseren lila Neonlichtnächten werde ich mich nach diesen tiefen Sternen zurücksehnen und vielleicht davon träumen, daß ich auf ein urukäisches Tempeldach stiege, um zu warten, bis das Bild der Himmelsgöttin im Großen Wagen aufglänzt... Er friert, zieht die Färwa dichter um sich.
Heimweh – Fernweh – wie soll man das nennen?
Aber der Beg hat wohl recht: unbestimmtes Wollen ist nicht ent-

scheidend – hinter alledem steht ein Muß. Ob Vater dies verstehen würde? Ja, ich glaube, daß er es versteht. Wenn überhaupt...
Eines der Pferde stampft. Unruhig schnauben die andern. Thomas blickt sich um. Schlafen wohl auch nicht, die Tiere...
Ja – wenn überhaupt – wenn es absolut sein muß, sinnt er weiter; aber dessen bin ich noch immer nicht sicher. Ob das In-die-Wüste-Laufen nicht lediglich ein wunderbares Abenteuer war? Ein Abenteuer mit glücklicher Landung im europäischen Hafen, in der schönen, wohlumzäunten Sicherheit...
Wieder Schnauben und Stampfen. Dann erregtes Gewieher und Knistern von brechendem Schilf. Schon ist Naim auf den Füßen und entreißt Thomas das Gewehr.
«Was ist in dich gefahren, Junge?»
Der gibt keine Antwort, faucht nur wie eine wilde Katze. Fast gleichzeitig ist Faisal bei den Pferden und beruhigt sie mit verhaltener Stimme. Sein Sohn tigert indessen geduckt hin und her, verharrt wieder und lauscht. Plötzlich nimmt er das Gewehr hoch, und Schüsse durchpeitschen die Stille.
Zeit, daß auch der vierte Schläfer erwacht: «Ihr spielt wohl Karl May?»
«Keine Ahnung, was die spielen!» antwortet Thomas ratlos.
Rat weiß der Assyriologe auch nicht, scheint aber offensichtlich zu faul, sein gutes Lager zu verlassen. Setzt nur bedächtig die Brille auf und stützt den Kopf in seine Fäuste, um die Ereignisse weiter zu verfolgen.
Die beiden Araber gebärden sich weiterhin recht sonderbar. Naim, wilde Verwünschungen in der Richtung des Schilfwaldes schreiend, lädt sein Gewehr neu, um abermals das Magazin leerzuschießen. Sein Vater hat vollauf mit den verstörten Stuten zu tun, damit sie sich nicht losreißen und in die Nacht hinausgaloppieren. Der Junge hält inne, als sich die erste Gestalt aus dem Dunkel des Dickichts löst.
«*Min entum?*»

«Wir sind friedliche Reiter, und zwei Fremde befinden sich in unserem Schutz. *Dhujûf* – Gäste, die nachts in Ruhe rasten möchten, ihr Pferdediebe!» erwidert Faisal.

«*Isma'* – gehört ihr nicht zu den Towbi – den Blutfeinden der Budûr?» fragt der Unbekannte mißtrauisch weiter.

«*Wallah* – wir sind vom Stamm der Ghanim und haben uns nie mit den Budûri geschlagen!»

«Haben deine Begleiter Gewehre?» erkundigt sich ein zweiter Mann, der sich zum ersten gesellt hat.

Wildes Gelächter läßt sie zusammenfahren. Es ist der Schotte, der da noch immer mit aufgestützten Ellenbogen unter seiner Färwa liegt. «Gewehre...!» schreit er. «Was sind schon Gewehre? Eine Kanone haben wir, und die ist mehr wert als all eure krummen Schießeisen; die schießt siebzigmal hintereinander und schickt euch und alle Schakale zwischen Euphrat und Tigris zur Hölle!»

Der erste Beduine, unsicher, was er von dieser großartigen Rede zu halten habe, entschließt sich zur Höflichkeit.

«Dann seid ihr wohl die *Almânîyîn min al-Warka – Ahlan wa Sahlan!* Wir wollten nur wissen, wer durch unser Gebiet reitet. Kommt zum Kaffee in unser Zelt!»

«Allerschönsten Dank für die Gastfreundschaft – aber wir sind müde. Laßt uns schlafen bis die Sonne kommt!» Also spricht *Al-Tawîl* und zieht sich wie eine Schnecke wieder unter sein Schaffell zurück.

«Wir hätten nicht so nahe bei den Wasserlöchern lagern sollen...», murmelt Faisal, nachdem die nächtlichen Besucher, inzwischen fünf an der Zahl, wieder abgezogen sind.

Und Naim ist voller Bewunderung: «Dein Bruder ist wirklich *gawi* und ein starker Mann!» sagt er zu Thomas, der noch immer in sich hinein lacht.

«Ein Teufelskerl ist er. Wenn die wüßten, daß wir ein einziges rostiges Gewehr aus der Türkenzeit besitzen...!»

Pastorale

«Nach drei Tagen werden wir zu diesem Teehaus zurückkommen!» sagte Faisal, bevor sie gingen. «Wir werden die Pferde in den Schatten jenes Baumes stellen und auf euch warten. *Fî-amâ-nillâh!*»

«*Fî-amân-illâh* – und vergeßt uns nicht!»
Die beiden Araber banden eilig die Halfterstricke los, schwangen sich auf ihre Stuten und ritten, die anderen Pferde mit sich führend, wieder der Wüste zu.
Thomas und sein Freund verweilen noch in der *Tschaikhâne* am Fluß. Es ist ein märchenhaftes Teehaus mit einem Schilfdach auf schlanken, hellblau gestrichenen Holzsäulen, und es liegt an einem Fluß. Sanft fließt das Wasser zwischen silberstämmigen Pappeln und hängenden Weiden. Nach Monaten der Öde könnte man trunken werden.
«Erinnert mich an Persien, diese *Tschaikhâne* – auch die vielen Pappeln...», bemerkt der Assyriologe, mit seinem winzigen Messinglöffel im Teeglas klingelnd.
«Das Bergland Elam, so hieß das doch früher?»
«Eigentlich nur die persische Provinz um Susa herum, das heutige Chusistan.»
«Von dort sind sie gekommen, haben Ur zerstört und den armen König Ibbisîn fortgeschleppt, wie es im Klagelied heißt...»
«Du, mir steht heut der Sinn keineswegs nach Klageliedern!» erklärt Peter, «ich bin so vergnügt, daß ich mir nichts weiter wünsche, als hundert Jahre wie ein Türke teeschlürfend auf dieser Bank zu sitzen und auf den Fluß zu schauen!»
«Auf diesen wunderbaren Fluß schauen, wie er dahinzieht...»
Thomas denkt an den letzten Teil ihres Rittes, wie an eine Reise ins Gelobte Land.
Nach der dramatischen Biwaknacht bestand der verrückte

Schotte darauf, bei den Pferdedieben Kaffee zu trinken. Sämtliche Argumente Faisals hielten ihn nicht davon ab. Der *Gahwa* war gut und anregend, und schließlich ergötzten sich alle gleichermaßen über das Märchen von der Kanone.

Dann ritten sie weiter ostwärts. Es war ein langer, heißer und etwas monotoner Tag. Am Abend kamen sie zu den Zelten des Humeide-Stammes, wo Schêch Chalid sie willkommen hieß. Faisal mußte durch Heirat von Sippe zu Sippe irgendwie mit ihm verschwägert sein. Die Leute waren wohl ziemlich wohlhabend, nach den Schafherden, Ziegen und Eseln zu schließen. Auch einige Pferde standen da, aber keine Kamele.

In dem geräumigen Männerzelt lag sogar ein echter Perserteppich. Sie machten dem Gastgeber eine feingewebte *Abâye* aus dem *Sûq* von Samawa zum Geschenk, und Chalid schlachtete ein Lamm für sie. Die Söhne des Hauses versorgten ihre Stuten mit Wasser und Gerste.

Während sie so dasaßen, sah Thomas, der nicht allzuviel von der Konversation verstand, sich um und entdeckte in einer Zeltecke die rote Slugi-Hündin. Was ihn aber am meisten fesselte: diese Hündin säugte drei Junge, ein weißes, ein sandfarbenes und das dritte rotweiß gescheckt. Er hob eines der kleinen Geschöpfe mit den übermäßig langen, komisch baumelnden Gliedern auf seinen Arm. Das Fell war wie Seide, Rihas Farbe.

«*Ilek!*» sagte der Schêch, «sie gehört dir – es ist eine *Slugiye.*»

«Um des Himmels willen – leg das Tier sogleich wieder hin!» rief Peter. «Hier schenken dir die Leute gleich alles, was du anschaust; selbst sein Lieblingspferd würde der Mann dir geben!»

«Was soll ich denn tun?» fragte Thomas erschrocken und gab das wimmernde Slugi-Kind seiner Mutter zurück. «Weißt du – ich möchte es wirklich gerne haben...»

«Du denkst an den Beg?»

Thomas nickte.

«Vielleicht ein guter Gedanke. Er vermißte sein Windspiel...

Nur mit Schêch Chalid müssen wir es anders anstellen; wir können ihn nicht berauben. Würdige den Hund keines Blickes mehr! Faisal soll später einen vernünftigen Preis aushandeln, wenn er mit Naim und den Pferden hierher zurückkommt. Besser, wir sind nicht dabei, so kann er in eigener Sache reden.»
Das schien auch gut so, und außerdem begann dann die Zeremonie des Händewaschens. Dann mußten sie sich dem mit den Fingern zu verspeisenden Lammbraten widmen. Ein königliches Mahl unter dem schwarzen Ziegenhaardach! So schien es Thomas; denn sie waren hungrig wie die Wölfe nach dem langen, recht entbehrungsreichen Ritt, und er hätte geschworen, nie in seinem Leben etwas Besseres gegessen zu haben.
Später tranken sie Tee. Stundenlang. Immer wieder gingen die kleinen Gläser im Kreis herum. Nachbarn kamen herein und ließen sich auf den Teppichen nieder. In der Wüste freut man sich über Gäste, die Neuigkeiten bringen. Und von den merkwürdigen Besuchern aus dem Abendland würden sie noch jahrelang erzählen, meinte Peter.
So redeten sie, während sie mit den Perlen ihrer Gebetsketten spielten oder mit bedächtiger Sorgfalt Zigaretten drehten. Während Stunde um Stunde verging, fand Thomas es zusehends mühsamer, mit untergeschlagenen Füßen zu sitzen, und seine Kniegelenke schmerzten.
«Morgen wirst du um so besser reiten!» spottete sein Gefährte, als sie sich endlich auf die herbeigeschleppten Matratzen streckten. Faisal und Naim schliefen als getreue Wächter unter dem Zelteingang. Es war eine stille Nacht; man vernahm, wenn sich einer im Schlaf drehte, und manchmal blökten irgendwo Schafe. Peter mochte wohl an Semiramis denken und an ein sommersprossiges Mädchen, das nach Paris unterwegs war. Thomas schlief tief und traumlos.
In der Frühe ritten sie dann, von den Segenswünschen der Stammesleute begleitet und wohlversorgt mit frischen Broten, weiter

zum großen Deich. Dort begann das Paradies. Sie waren an der Grenze der Wüste angelangt, und dahinter breitete sich weithin das grüne Land. Es lag im Licht der Morgensonne, und an den Halmen des Winterweizens schimmerte noch der Tau.
Herden zogen zwischen den Feldern zur Tränke. Rücken an Rücken die Schafe, wie ein riesiges helles Vlies, dann die schwarzen langhaarigen Ziegen und kleine Esel mit melancholischen Augen. Alle wanderten sie zum Fluß, auch die Hirten und die Mädchen, die aus den Hütten kamen und Tonkrüge auf dem Kopf trugen.

Überschwengliche Lebensfreude lag über dem Strom von Tieren und Menschen, der da zum Wasser zog. Auch die vier Stuten wurden davon erfaßt. Mit geblähten Nüstern die Tränke witternd, ließen sie sich nicht mehr im Schritt halten und trabten ungeduldig zwischen den Herden dem Flußufer zu.
Schatt el-Gharrâf, Ziel ihres Rittes. Zwischen lichtgrün herabhängenden Weidenzweigen tauchten die Pferde ihre Mäuler ins Wasser und tranken. Sie schlürften das süße Wasser in langen durstigen Zügen, und ihre Augen glänzten. Thomas, mit den seidenen Blättern spielend, empfand die ganze Seligkeit dieses Augenblicks. Auch der Assyriologe mußte bewegt sein, denn er flocht Zöpfchen in die Mähne seiner Schimmelstute.
Dann folgten sie dem Wasserlauf nach Shatra. Während die beiden Eruopäer stolz und vergnügt hinter all den Marktleuten der

kleinen Stadt zu ritten, wirkten ihre Begleiter nicht sehr glücklich. Mißtrauisch blickten sie sich um, und ihre ganze frühere Überlegenheit war dahin. Peter mußte sich selber durchfragen; aus Faisal und Naim war kein Wort mehr herauszubringen.

«Ich fürchte, unsere Wüstensöhne werden jeden Moment durchbrennen!» meinte Thomas. «Wollen wir sie nicht lieber ziehen lassen?»

«*Of course* – wir müssen nur noch einen Bootsmann ausfindig machen, der unser Gepäck übernimmt.»

Ein Junge wies ihnen den Weg zu den Booten. Und bald wurde der Schotte mit einem alten, stämmigen Schiffer handelseinig. Für vier Dinar wollte er sie nach El-Hibba rudern, und er war auch einverstanden, ihre Sachen zu hüten, bis sie im *Sûq* ihre Einkäufe besorgt hätten.

Gleich am Straßenrand fanden sie einen Früchtehändler, von dem sie alles kauften, was er anzubieten hatte. Der Alte strahlte über das gute Geschäft so früh am Tag, und die nunmehr leeren Satteltaschen der Pferde wurden mit Orangen, Bananen und Datteln gefüllt, damit Faisal und Naim die Leute in den Zelten beschenkten. Dann stärkten sie sich noch in dieser Teehütte am Fluß, bevor die beiden Araber sichtlich erleichtert von dannen zogen.

«Die sind aber froh, uns los zu sein!» lacht Peter. Er hat soeben das siebente Gläschen Tee bestellt.

«Obwohl Shatra nur ein kleines Provinznest ist, schienen sie ganz verloren – wie verirrte Gazellen. Wenn sie bloß wiederkommen...»

«Worauf du dich verlassen kannst!» versichert der Ältere. «Nun aber laß uns mit dem Schiffer Urschanabi zum fernen Utnapischtim ziehen, damit jener uns das Geheimnis der Unsterblichkeit verrate...»

«Und wir vorzeitig verhungern!» ergänzt Thomas. «Wollten wir denn nicht erst in den Basar?»

«Natürlich – hab' ich vergessen. Unsere Vorräte sind zu Ende, und einige Geschenke für allfällige Gastgeber müssen wir auch mitnehmen. Noch wissen wir ja nicht, wo wir nachts unsere müden Häupter hinlegen werden.»

Der Märchenteppich

Der *Sûq* von Shatra ist der bezauberndste orientalische Basar, den Thomas bisher gesehen hat. Schon in Damaskus und Baghdad ist er durch geheimnisvolle Basargassen gestreift, deren Ende er nicht kannte, und auch die *Sûqs* von Samawa und El-Chidr haben ihn begeistert, noch mehr als jene der großen Städte. Aber der *Sûq* von Shatra übertrifft alle anderen in seiner unbeschreiblichen, aus tiefem Dunkel herausleuchtenden Farbigkeit. Vielleicht ist auch an diesem Eindruck die Wüste schuld.
Sie kaufen weiße Kugeln von gesalzenem Ziegenkäse und gehen weiter zur Gewürzhändlergasse, die man eigentlich mehr riecht als sieht, um noch Tee, Zucker und Kaffee zu besorgen. Nicht zu vergessen eine Tüte von kostbaren bitteren Kardamom-Körnern.
«Ohne Bitterkeit ist Kaffee nicht Kaffee!» sagt Peter wie eine sachverständige Hausfrau, knüpft alles in ein großes Beduinentuch und wirft das Bündel über die Schulter.
In der nächsten Gasse empfängt sie ein neuer Geruch. Leder. Da arbeiten die Sattler mit Ahle und Zwirn, und die Schuhmacher hocken in ihren kleinen Buden, deren Türpfosten von oben bis unten mit Sandalen behängt sind.
«Genau das Richtige in dieser Gegend, wo man vor jedem Haus und Zelt aus den Schuhen steigen muß!» begeistert sich der Assyriologe und beginnt sogleich mit der Anprobe. Auch Thomas versucht etwas zögernd sein Glück. Es sind Sandalen, die man mit

der großen Zehe festhalten muß, was sich als ziemlich problematisch erweist. Doch das Festhalten gelingt mit der Zeit, und tapfer navigieren sie in dem neuen Schuhwerk weiter durch den *Sûq* von Shatra.

Später geraten sie ins Teppichhändlerrevier. Die prächtigste aller Basarstraßen. Da werden blumenbestickte Decken, orangefarbene Knüpfteppiche und Kelimwebereien feilgeboten; Satteltaschen mit langen Quasten und quergestreifte Zeltbehänge. Hingerissen wühlt Thomas in der Herrlichkeit. Als Architekt liebt er besonders die strengen, geometrischen Muster der Kelims und die überraschenden Farbkontraste.

«Glaubst du nicht, daß Faisals Stute eine neue Wollhalfter haben müßte, mit einem blauen Amulett gegen den ‹bösen Blick›... Ja, und Filfil würde ein Paar von diesen Satteltaschen auch gut stehen...!»

Aber wo bleibt Peter?

Hat nicht hingehört, ist in Noahs Sandalen weitergeschlurft und unter dem Volk im dunklen Basar verschwunden. Da läßt Thomas Halfter und Taschen liegen, verspricht dem enttäuschten Händler wiederzukommen und läuft davon, den Freund zu suchen.

Doch weit und breit kein roter Haarschopf. Ein Labyrinth, dieser arabische Basar. Der junge Mann irrt durch Gassen und Gäßchen, rennt gegen Bauern und beladene Esel und kommt immer wieder in einen *Sûq*, wo er zuvor schon einmal war. Es ist wie verhext.

Erst als er zum drittenmal bei den Teppichhändlern aufkreuzt, entdeckt er den Assyriologen in der hintersten Bude. Dort kauert er mit dem Ladenbesitzer auf der Erde, umgeben von Bergen bunter Webereien, und trinkt Kaffee. Ein besonders schöner Kelim liegt über seinen Knien, und er gestikuliert eifrig mit Händen und Kaffeegeschirr.

«Du kaufst einen Teppich?» fragt Thomas verwundert.

«*Well I thought* – eigentlich kaufe ich ihn nicht für mich...»
«Ein Geschenk also?»
«Ja – weißt du – es wäre möglich... Ich meine – wenn ich – falls ich über Paris heimreise – könnte ich ihn ja mitnehmen...»
Thomas muß über die Unbeholfenheit dieses sonst so überlegenen Mannes lachen. «Ein kleiner Umweg wohl, aber die Prinzessin wird sich freuen! Sie wollte doch damals auf unserer Nippur-Reise eine Weberei erstehen, und du hast es ihr verboten! Und wir haben uns trotzdem im Sandsturm verirrt.»
«Daran dachte ich eben... Aber wir sollten nun sehen, daß wir weiterkommen», lenkt Peter ab. «Souvenirkäufe können wir auch auf dem Rückweg tätigen; hat ohnehin keinen Sinn, den Kram in die Sümpfe mitzunehmen.»
Er gibt dem Händler einen Dinar und bittet ihn, den Teppich für drei Tage aufzuheben, dann würde er den Rest bezahlen. Mit ihrem Proviant beladen, trotten die beiden Freunde zum Fluß, wo ihr Boot liegt.

Sumerische Reise

«*Gilgamesch und Urschanabi bestiegen das Schiff,*
Setzten das Schiff auf die Wogen und fuhren dahin.
Ein Weg von einem Monat und fünfzehn Tagen
War in drei Tagen zurückgelegt.
So gelangte Urschanabi zum Wasser des Todes.
Urschanabi sprach zu Gilgamesch:
Halte dich zurück, Gilgamesch,
Das Wasser des Todes darf deine Hand nicht berühren!
Eine zweite Stange, Gilgamesch, nimm eine dritte und eine vierte!
Eine fünfte Stange, Gilgamesch, nimm eine sechste und eine siebte!
Eine achte Stange, Gilgamesch, nimm eine neunte und eine zehnte!

Eine elfte Stange, Gilgamesch, nimm eine zwölfte!
Mit zweimal sechzig hatte Gilgamesch alle Stangen verbraucht...»

Faul liegen sie auf dem Boden des Bootes, die zusammengerollte *Färwa* unter dem Kopf. Thomas denkt nach über die Stelle im Epos, wo der Held mit dem Schiffer Urschanabi über das Wasser des Todes zum fernen Utnapischtim unterwegs ist. Wie Gilgamesch erst hundertzwanzig Stangen zu fünfmal zwölf Ellen schnitt, damit er, um der Berührung mit dem tödlichen Wasser zu entgehen, nach jedem Ruderschlag eine neue Stange nehmen konnte.
Er möchte mit Peter über jene Reise Gilgameschs reden, aber der ist eingeschlafen. Nun, mag er träumen von Utnapischtim an der Mündung der Ströme oder vom guten König Gudea, der auch irgendwo im einstigen Meerland residierte...
Seit sie Shatra verlassen haben, ist es still auf dem Schatt. Eine andere Stille als in der Wüste. Dort konnte ein dumpfer Ton im trockenen Boden dröhnen – hier klingen die herabfallenden Wassertropfen. Und das regelmäßige Eintauchen der Ruder. Thomas' Blick folgt der Ruderstange hinauf zu den lederbraunen Fäusten des Schiffers und dem stoppelbärtigen Gesicht unter dem Kopftuch. Ein kantiges altes Gesicht mit ruhigen Augen. Etwas von der Ruhe des Wassers ist in ihnen und Zeitlosigkeit. Urschanabi, der da steht, das lange Gewand über muskulösen Beinen geschürzt.
Der Bootsjunge dort am Bug ist anders. Heiterer als die Bewohner der Wüste, wenn auch nicht von ihrer grazilen Art. Nuri heißt er. Vielleicht Urschanabis Sohn. Er lacht, wenn der Fremde ihn ansieht. Das ist ihre einzige Konversation.
Langsam gleitet das Boot südwärts. Am Ufer läßt ein Kormoran sein Gefieder trocknen. Auch weiße Reiher stehen da, einige von ihnen an der Böschung, die andern auf kleinen dunklen Inseln im Fluß. Erst aus der Nähe erkennt Thomas, daß es nicht Inseln, son-

dern die Rücken schwarzer Wasserbüffel sind, auf denen die Vögel balancieren. Manchmal ragen von den schweren Tieren auch nur Hörner, Buckel und Nasenlöcher aus der Flut. Doch scheinen sie es sehr zu genießen, das Schlammbad und das ungeziefervertilgende Picken der Reiher auf dem Rücken.
Andere Büffel stehen träge wiederkäuend am Rand der Reisfelder, schwarze Akzente in der lichten opalfarbigen Landschaft. Wasserbüffel mit kantig weitausladenden Hörnern, wie Gilgamesch sie einstmals tränkte.
Thomas ist nicht müde, und es scheint ihm unbegreiflich, daß sein Freund schläft. Mit dem Rücken zur Bootswand, die Füße an die Gegenseite gestemmt, betrachtet er die vorüberziehenden Ufer. Ruderschlag für Ruderschlag zieht das wundersame Land vorbei. Ein langer, unmerklich wechselnder Streifen, der ihn wieder an die Bilder sumerischer Siegel erinnert.
Langboote, deren Bug und Heck zu stilisierten Schnecken aufgerollt sind, kommen ihnen entgegen; die uralten schilfgebauten Schiffe des Meerlandes müssen einstmals ihr Vorbild gewesen sein. Schattenhaft gegen die Sonne die Silhouetten der knienden Ruderer.
Ein seltsam lautloser Verkehr. Nur manchmal der Gruß der Schiffer. «Friede...» ist ihr Ruf über den Fluß von Ufer zu Ufer. Und dort gehen die Menschen, deren Schritt er auch nicht hören kann. Die Frauen, mit erhobenen Armen ihre Körbe auf dem Kopf stützend, wirken in ihren flatternden Gewändern wie große, merkwürdige Vögel.
Auf jenem Damm steht bedächtig ein Mann, gleich Urschanabi die Kleider geschürzt und auf der Schulter eine langstielige Dreieckschaufel. Wohl ein Fellache, Hüter des Wassers, der die Gräben aushebt und zwischen den Reisfeldern die Dämme schichtet – wie die Menschen, die damals ihre Ernte zum Tempel brachten, weil alles Land Eigentum der Götter war.
Peter wüßte mehr darüber, aber der schläft noch immer.

Die goldenen Dörfer

Jetzt kommt ein Reiter auf einem kleinen Esel mit eiligen dünnen Beinen daher. Und sein Spiegelbild begleitet ihn im Schatt.
Der Eselreiter reitet zum Dorf – zu einem ungewöhnlichen Dorf, dessen Häuser aus Gold sind. Golden leuchten sie in der Nachmittagssonne vor einem fliederfarbenen Himmel. Alle Häuser des goldenen Dorfes sind aus Schilf gebaut.
Eine wunderliche Bauweise, denkt Thomas; Tonnendächer, kleine und große und dort, inmitten des Dorfes, ein Schilfhaus wie eine Kirche alle anderen überragend. Wo in aller Welt wachsen so hohe Schilfhalme...?
«He – wach endlich auf, Peter – du kannst doch all das nicht einfach verschlafen!»
«Hat man denn nie seine Ruhe – zum Teufel...» Der Rothaarige rappelt sich hoch, stützt Arme und Kinn auf den Bootsrand und wird wieder fromm. «Es ist alles viel wunderbarer, als ich es mir vorgestellt habe!» sagt er ergriffen.
«Wo nehmen die Leute nur all das Material her, um Hunderte von diesen seltsamen Häusern zu bauen?»
«In den südmesopotamischen Sümpfen wächst mehr Schilf, als alle Bewohner Iraks je würden schneiden können. An bestimmten Stellen steht er bis zu acht Meter hoch, habe ich gehört. Die Marschbewohner schneiden auch junge Halme, um damit ihre Büffel zu füttern.»
«Wasserbüffel – Langboote – schilfgebaute Häuser... Gab es hier wohl schon seit Menschengedenken?»
«Ja, eigentlich hat sich nichts verändert. Hier leben die Rollsiegelbilder noch. Die Schilfhäuser sind Wohnung der Menschen und Hürde für die Tiere. Das Schilfhaus war auch Tempelsymbol, und die Halme, zum Ring gebunden, Emblem der Göttin Innin.»

«Sag – ist es nicht so, als hätten wir ungestraft die Wasser des Todes passiert und als glitten wir nun in unserem Boot tief in die Vergangenheit; durch die Jahrtausende in die Djemdet-Nasr-Zeit, da sie die Siegel schnitten und die große Kultvase von Uruk entstand...?

«Du unverbesserlicher Träumer!» schilt der Assyriologe freundlich und blickt wieder zum Ufer. «Schau, dort sind sie dabei, eine *Srêfe* zu bauen, das ist der kleinste Haustyp. Gehen wir hin!» Und er ruft dem Bootsmann zu: «Laß uns anlegen, Onkel; wir wollen sehen, wie ihr Häuser baut!»

«Wie man eine *Srêfe* baut...?» Mit runden verwunderten Augen unter sonnengefurchter Stirn blickt Urschanabi auf den Fremden. Schon der Vater seines Vaters hat *Srêfen* gebaut, so wie man immer Schilfhäuser gebaut hat in diesem Land. Was könnte es dabei wohl sonderlich zu sehen geben...? Nuri lacht, und sie steuern uferwärts.

Dann klettern sie auf die Böschung und laufen hinüber zu dem Bauplatz am Dorfrand. Peter kommt barfuß daher, die unbequemen Sandalen in der Hand. Trotzdem hat er zu leiden und geht wie auf Eiern, weil der Boden mit allerlei Stoppeln und Stacheln gespickt ist.

Die Araber sind dabei, Bäume von gebundenen Schilfstengeln in die Erde einzugraben; zwei Reihen, je fünf einander gegenüber. Dazwischen bleibt ein Raum von etwa zweieinhalb Meter. Rundherum liegt das Baumaterial, Haufen von losem Schilf und geflochtene Matten.

Plötzlich lassen die Leute alles stehen und liegen, erwarten die beiden Europäer und schließen einen Kreis um sie. Betrachten sie schweigend. «Wir sind doch keine Zirkusbären...», murmelt Thomas unbehaglich. Doch da schiebt ein hochgewachsener Mann die andern beiseite und begrüßt die Ankömmlinge nach arabischem Brauch: «Kommt in mein Haus und eßt!»

«Allah segne dich – wir sind satt!» dankt Peter. Und Urschanabi,

der ihnen mit seinen Rudern über der Schulter gefolgt ist, fügt hinzu: «Ja, die Männer aus der Ferne haben gegessen. Aber hört: sie kamen, um zu erfahren, wie wir Häuser bauen!»
«Die wissen nicht, wie man eine *Srêfe* baut...?» fragt ein bärtiger Alter entgeistert; «... wissen nicht, wie man eine *Srêfe* baut!» geht das Echo im Kreis. Und schon laufen sie nach allen Seiten und arbeiten wieder wie wild, als müßte vor Einbruch der Sintflut die Arche fertiggestellt werden.
Ein behender Junge hat die Hürde erklommen, vereint die sich gegenüberstehenden Schilfstämme zu einem Bogen und umwindet die Enden mit festgedrehten Halmen. Dann kommt der nächste an die Reihe, bis es fünf Rundbogen sind, welche wiederum durch längslaufende Balken verbunden und verstrebt werden. Das Gerüst steht fertig da.

Zeichnung nach einem Rollsiegel aus der Djemdet-Nasr-Zeit

Viele Hände fügen nun die hohen Halme zur Frontwand mit dem niederen Eingang. Andere sind mit der Rückwand beschäftigt. Die Jungen laufen hin und her wie Weberschiffchen. Zuletzt schleppen sie noch die großen Schilfmatten heran, die von den Männern über das Bogengerüst geworfen und festgemacht werden. Geflochtene Matten bedecken auch den lehmgestampften Boden.
Nun ruhen die Hände wieder, das Haus ist vollendet.

«Bauzeit zwei Stunden!» konstatiert bewundernd der junge Architekt.
«Nur Schilf und doch ewige Häuser...»
«Davon hat man wohl keine Ruinen gefunden?»
«Man fand! Die dünnsten Ruinen der Welt: Asche. Es war aber noch genau festzustellen, daß die Asche von Schilfwänden und geflochtenen Dächern stammte.»
Und schließlich müssen sie mit den strahlenden Bauleuten doch noch Kaffee trinken.

Mond über dem Meerland

«Ihre Rede gab das Rohrhaus wieder:
Rohrhaus, Rohrhaus! Wand, Wand!
Rohrhaus höre, Wand begreife...»

Die letzte Nacht ihrer Reise verbringen sie in dem herrlichsten aller Schilfhäuser, einem mächtigen *Mudhîf*. Thomas liegt noch lange wach und hört den Wind um die Schilfwände streichen – als flüstere jemand in den Wänden dieses seltsamen Hauses – erzähle wieder die uralte Sintflut-Saga. Und das wunderbare Lied von Gilgamesch und Enkidu. Geht er wohl immer noch klagend durch dieses Land, der legendäre König von Uruk, und beweint seinen toten Freund...?

«Enkidu, mein Freund, der flüchtige Maulesel,
Der Wildesel des Gebirges,
Der Panther der Steppe...
Mein Freund, den ich über die Maßen geliebt,
Es hat ihn ereilt die Bestimmung der Menschheit...»

Hat nicht Gilgamesch ihn zur Ruinenstadt in die Wüste geführt
– auf der Suche nach der Mauer. Und der Beg wies ihm den Weg.
Dann fand er den Freund, der neben ihm in dem *Mudhîf* schläft.
Der ihn wohl morgen oder übermorgen verlassen wird.
Thomas ist es, als habe eine lange Irrfahrt von Berlin über das
Mittelmeer und durch die Steppe schließlich hier im Schilfhaus,
inmitten der südmesopotamischen Sümpfe, ihr Ende gefunden.
Und als nehme etwas anderes seinen Anfang. Was? Weiß er jetzt
die Antwort?
Heute kamen sie zum Hügel von El-Hibba. Lagasch, sagte Peter.
Nachdem das Boot angelegt hatte, mußten sie über unzählige Bewässerungsgräben setzen, über Dämme balancieren und durch
Reisfelder waten. Danach wanderten sie zwischen kleinen Schilfhütten, deren Firsthalme vom Wind bewegt und von vergnügten
Spatzen bevölkert waren.
Dunkelgekleidete *Ma'dan*-Frauen hockten vor den Hütten und
kneteten runde Fladen aus Strohhäcksel und Büffelmist, welche
sie zum Trocknen an die Mauern klebten. Die Dungfeuer brannten wohl weit herum im holzarmen Morgenland, von Arabien bis
nach Indien und China...
Hinter dem Dorf lag der Hügel, zu dem sie eigentlich gepilgert
waren. *Tell*, riesiges Ruinenfeld, wohl einstmals die größte der
Städte von Lagasch. Ob hier Urnansche residiert hatte, der früheste in Sumer datierte König, zweitausendfünfhundert Jahre
vor unserer Zeitrechnung?
Peter wußte es nicht mit Bestimmtheit zu sagen. Obwohl Koldewey schon im Jahre 1887 eine Erkundungsexpedition nach El-Hibba unternommen habe, sei dieser Hügel bisher unerforscht
geblieben. Denn in Berlin hat man sich damals für Babylon entschieden.
Ein Franzose, Sarzec, der Konsul in Basra war, entdeckte im benachbarten Tello-Ghirsu die wundervollen Statuen des Königs
Gudea, und viele Keilschrifttafeln berichteten über Glanz und

Größe der Dynastie von Lagasch. Der Hügel von El-Hibba schläft wohl noch eine Weile seinen Dornröschenschlaf, dort zwischen den Reisfeldern.

An dem Abend ruderten sie noch weiter nach Süden, weil Peter, wie ein kleiner Junge, unbedingt wissen wollte, was hinter dem nächsten Schilfwald läge. Der Schiffer murrte, ließ sich aber gleichwohl überreden, und Nuri lachte. Eine schmale Wasserstraße führte durch das Dickicht von hohen raschelnden Schäften. Dann fanden sie in einer Lichtung das Dorf.

Sie wurden von den Ältesten willkommen geheißen und zu dem großen Männerhaus geführt. Welch ein Bau; er übertraf alles, was Thomas bisher gesehen hatte. Eine Kathedrale, aus Schilf gebaut! Wie aus Holz ragte die hohe Front, das Tor von zwei spitz zulaufenden Pfeilern flankiert.

Der kühle, dämmrige Innenraum vertiefte noch den Eindruck einer Kirche, und durch zwei hohe Gitterfenster brachen sich die schrägen Sonnenstrahlen. So wunderbar war das alles, daß Thomas fast vergessen hätte, seine Sandalen auszuziehen, bevor er die Matten betrat. Allmählich gewöhnten sich die Augen an das Dunkel, und immer deutlicher traten die baumstammdicken Pfeiler heraus, welche sich zum Bogen fanden; und Bogen hinter Bogen trug in schier endloser Perspektive das gewaltige Tonnengewölbe. Und all dies aus Schilf! Dort, wo das Licht hinfiel, schimmerte es wie Mahagoni.

Überwältigt ließ sich der junge Architekt auf seine Füße nieder, und Peter mußte ihn ermahnen, endlich den Kaffee zu trinken, den der *Gahwadschi* ihm hinhielt. Aber nicht mehr als drei Schluck, und dann mit der Schale in der rechten Hand wackeln, zum Zeichen, daß er fertig sei. Reden wäre unhöflich. Eigenartige Bräuche. Er wackelte also mit dem Kaffeeschälchen und war übrigens auch ganz froh, nicht mehr als dreimal nippen zu müssen; denn diese Art von Kaffee schmeckte noch teuflischer als dermalen Kadhims Gebräu.

Thomas war auch beeindruckt von den Kaffeekannen, deren ein halbes Dutzend neben der vertieften Herdstelle stand, eine immer größer als die andere, die größte sicher fast wie ein Kind. Für hohe Feste, wenn hundert Männer im *Mudhîf* versammelt wären, kommentierte der Assyriologe; denn hier werde die Bedeutung eines Schêchs am Format seiner Kaffeekanne gemessen...

Thomas ist eingeschlafen. Längst erlosch auch die Glut im Herd. Doch um die Wände des Schilfhauses flüstert noch immer der Wind. Oder rauscht der Wind in den Schäften hoher Schilfwälder, durch die Thomas irrt? Die Wälder seiner Träume. Mühsam kämpft er sich durch das Dickicht, und als endlich das Dickicht zu Ende ist, gerät er in die Sümpfe. Mit bleischweren Füßen watet er durch den Schlamm und sinkt immer tiefer ein. Sinkt und sinkt und will um Hilfe rufen, aber es gelingt ihm nicht. Bis zum Mund, bis zur Nase und bis zu den Augen ist er im Morast versunken.

Die Augen – seine Augen sehen noch eine Hoffnung, ein langes schmales Boot. Ertrinkend streckt er die Hand nach dem Boot. Darin kniet eine Gestalt mit abgewendetem Gesicht und in der Sonne brennenden Haaren. Es muß der Freund sein.

Warum aber erkennt Peter ihn nicht? Warum hat er sich abgewendet? Der Rothaarige kniet steil aufgerichtet wie eine Statue in dem Boot und gleitet immer weiter der Sonne zu.

Nochmals versucht Thomas zu rufen, doch sein Mund ist von Morast verstopft. Nur seine Hand klammert sich verzweifelt an den Bootsrand. Da vernimmt er eine Stimme von irgendwoher: «Laß das Boot, Thomas – laß es ziehen, das Boot – das Boot zieht nach Sonnenuntergang. Wenn du dich sinken läßt, Thomas, erwachst du an einem besseren Ort!» Seine Hand läßt den Bootsrand los, und der Sumpf schließt sich über ihm.

Seltsamerweise wird es nun nicht dunkel. Ein Raum hat sich geschlossen, und er fällt in einen neuen hellen Traum. Thomas findet sich in einem lichterfüllten Palmengarten wieder. Und die

Baumkronen sind überragt von einem riesenhaften Turm, einem Stufenturm aus blauglasierten Ziegeln.
«*Etemenanki*», sagt er im Traum. Auf den verschiedenen Turmterrassen wachsen weiße Margeriten. Eine breite Treppe führt hinauf. Und dort auf den Stufen sitzt Vater, eine Wasserpfeife rauchend.
Nun geschieht etwas Merkwürdiges: der Träumer steht auf und läßt sich selber unter der Palme zurück. Er geht auf den Turm zu, als ihm ein löwenähnliches Tier von der Göße eines Stieres entgegenstürzt. Thomas fühlt keine Furcht, obwohl es offensichtlich ein recht böses Tier ist. Mit beiden Händen beginnt er es zu würgen, wobei das Biest zusehends kleiner wird, wie ein Ballon, dem die Luft entweicht. In seiner Hand bleibt ein Lehmklumpen zurück, und er wirft ihn weg.
Dann steigt Thomas die Treppe hinauf zum Turm.
«Ich liege tot dort unter der Palme!» sagt er zu seinem Vater, «ertrunken im Sumpf!»
«Ich will einmal nachsehen», antwortet der Vater und windet gelassen den Schlauch um den Hals seiner Wasserpfeife. Er geht die Treppe hinunter, kommt aber bald wieder zurück. Ohne Thomas anzusehen, sagt er zu einer unsichtbaren Person: «Mein Sohn ist nicht tot – er schläft.» Damit setzt er sich und nimmt das Rauchen wieder auf. In wundervollen Arabesken steigt der Rauch aus dem bauchigen Gefäß, und mit dem Rauch hat sich auf einmal auch der Raucher verflüchtigt.
Verwundert klettert Thomas die Turmtreppen weiter empor. Auf der höchsten Terrasse steht ein rundes schwarzes Zelt, dessen Spitze einen geschliffenen Halbmond aus Karneol trägt. Davor kauert ein langgewandeter Junge. Naim. Er erhebt sich schweigend und schlägt einen prächtig gewebten Kelim-Teppich zurück, der den Eingang verhüllte.
Der junge Mensch streift seine Sandalen ab und betritt zögernd das Zelt. Er erschrickt vor der hohen weißen Gestalt mit einer

Haartracht aus Gold über schönen zusammenlaufenden Brauen. Aber ihre Augen blicken nicht mehr tief und leer – sie sind wirklich dunkelblau, wie das Meer am Abend... Wirklich...? Nur für einen Moment haben ihn die Augen der Unbekannten angeblickt – dann sind sie fort, und auch die goldenen Haare und der schimmernde Marmorkörper. Und das Zelt ist verschwunden.

Das Bild der Unbekannten liegt im Sand. Thomas bückt sich, um es aufzuheben. Er spürt die kalte Glätte des Marmors in seinen Händen, und der Stein ist unendlich schwer. Als er sich wieder aufrichtet, sieht er den Beg, der da sitzt und zeichnet. Seltsamerweise zeichnet er aber nicht Lehmziegelmauern auf das Blatt, sondern lauter Blumen – babylonische Margeriten – die achtblättrigen Sternblumen Sumers...

«Ich wußte, daß Sie kommen!» sagt der Beg, und Thomas erwacht. Er schiebt seine Decke weg und sieht sich um. Peter schläft. Barfuß geht Thomas über die Matten und verläßt den *Mudhîf.* Tief im Westen hängt noch die schmale Mondsichel, deren Schein in gleißenden Tupfen und Kreisen auf dem weiten Wasser spielt. Es ist ein morgenländischer, wie ein Silberboot über dem Horizont schwimmender Mond. Uraltes Göttersymbol.

Der Wind streicht durch die Schilfhalme am Rand des Schatt. Dort drüben, neben der Nachbarhütte ruhen die dunklen Leiber der wiederkäuenden Büffel.

«Jetzt weiß ich die Antwort!» Thomas geht in das Schilfhaus zurück.

Ihren Stein nicht legten die sieben Weisen

Thomas kommt noch einmal nach Uruk zurück, mit Naim, der ihm letzter Weggefährte blieb.
Wie verabredet, haben sie sich beim Teehaus von Shatra getroffen, und da standen auch die Stuten. Doch Peter wollte von dort aus direkt nach Süden fahren, um dann den Seeweg über den Persischen Golf zu nehmen.
Gemeinsam gingen sie noch in den *Sûq* zum Teppichhändler, der den schönen Kelim aufbewahrt hatte. Auch die Satteltaschen und das Zaumzeug kauften sie, Geschenke für Faisal und Naim. Die Stuten sahen in dem neuen Staat prächtig aus. Die beiden Araber sagten zwar nicht viel, aber in ihren Augen war Freude.
Dann setzte sich der Assyriologe mit seinen Siebensachen in den Bus, der über Nasiriya nach Basra fuhr.
«Wenn aber dort kein Schiff ist, das dich nach England – verzeih – Großbritannien mitnimmt?» hat Thomas besorgt gefragt.
«Leg' ich mich unter eine Palme und warte, bis die Datteln reifen!» lachte Peter. «Oder ich segle mit einer Dau wie der selige Sindbad nach Südindien und Madagaskar und um Afrika herum... Eine wundervolle Reise – *don't worry!*»
So nahmen sie Abschied.
«Und grüß mir die Zikurrat – Uruk wartet auf dich!» Das waren seine letzten Worte, ehe der Autobus über die ausgefahrene Piste schwankend nach Südwesten zu verschwand. Einen Moment dachte Thomas an seinen Traum und erinnerte sich des Schmerzes, als er den Bootsrand losließ. Gedankenverloren ging er zum Fluß hinab, um Filfil loszubinden. Mit vertrautem Schnauben begrüßte ihn die Stute, und er schwang sich auf ihren Rücken. Seine Begleiter hatten für alles gesorgt; die Tiere noch gefüttert und getränkt und die Satteltaschen gepackt. So verließen sie das

grüne Land wieder und ritten in die Steppe zurück, zu den Zelten der Al-Humeide, wo sie über Nacht blieben.

Am nächsten Tag nahm auch Faisal eine andere Route, weil er noch Weiden für seine Schafe erkunden wollte. Bevor sie sich trennten, übergab er das Gewehr seinem Sohn: «Sorge gut für ihn – *Fî-amân-illâh!*» Peters Schimmelstute führte er an der Halfter mit.

In Naims Satteltasche lag das sandfarbene Slugi-Kind und wurde unterwegs mit Datteln gefüttert. Es war ein fast lautloser Ritt zu zweit. Nur die Sättel knarrten, und unter den Hufen klang der Boden wie gedämpftes Tamburin. Sie redeten kaum miteinander, der Araberjunge und der versonnene Europäer. Manchmal sang Naim leise vor sich hin, und er wußte immer, wann der andere müde war.

Sie durchzogen die leere Wüste, deren zerrissene Flächen von Sonnenaufgang bis zum Abend das blendende Licht und die Luftspiegelungen trugen. Und die beiden einsamen Reiter. Thomas fühlte sich schwerelos auf dem Rücken seiner Stute, und eine nie gekannte Ruhe war in ihm. Wohl seit der Nacht im Schilfhaus. Seit er die Antwort weiß.

Noch einmal buken sie Brot in der Kamelmistglut. Noch einmal knisterten die Sterne ganz nah, verlor sich Naims Flötenspiel im Dunkel. Mit offenen Augen lag Thomas unter seinem Fellmantel und schlief nicht, bis es am östlichen Rand der Welt erst graugelb und dann apfelsinenfarbig zu tagen begann.

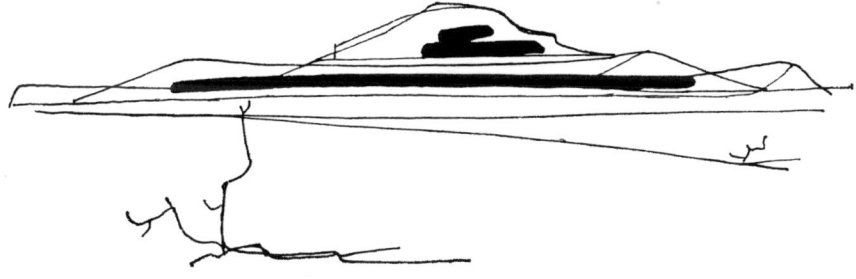

Erschöpft von dem weiten Weg erreichen sie endlich die Stadtmauer von Uruk. Sie verharren eine Weile dort, wo die Mauerruine sich kaum merklich von der Erde abhebt und doch weithin sichtbar in der regelmäßigen Wiederholung der versunkenen Rundpfeiler gegen Süden zu verliert...

«Steig einmal, Urschanabi, auf die Mauer von Uruk, geh fürbaß,
Prüfe die Gründung, besieh das Ziegelwerk,
Ob ihr Ziegelwerk nicht aus Backsteinen ist,
Ihren Grund nicht legten die sieben Weisen!»

Thomas überblickt die topfebene Lehmfläche des einstigen Hafengebietes. Vereinzelte Kameldornzweige werfen lange Schatten. Und jenseits des längst versickerten Wassers steigen die vertrauten Konturen der Ruine auf, überragt von der Zikurrat. Alles liegt da, wie ein Feld, das zu pflügen ihm bestimmt ist.

Rückblick und Dank

Ich wollte weder ein Sachbuch noch einen Roman schreiben. Mein Anliegen war es, ein Stück erlebter Archäologie zu vermitteln: das Abenteuer des Ausgrabens, so wie man es in der Wüste erfährt. Das Wie und Warum der sogenannten Spatenforschung war mir wichtig. Denn wie oft kennen wir das Endergebnis, bewundern die rätselvollen Funde im Museum und fragen, wie die Forscher wohl dazugekommen sind.
Diese Wissenschaft ist ja noch nicht sehr alt, wenn wir etwa an Alcubierre und Fiorelli denken, die vor rund zweihundert Jahren begonnen haben, die vom Vesuv verschütteten Städte Pompeji und Herculaneum freizulegen. Dann machte Heinrich Schliemann von sich reden, der 1870 auf Homers Spur nach der verschollenen Stadt Troja suchte und in Kleinasien unter dem Hügel von Hissarlik nicht nur eine, sondern neun übereinanderliegende Siedlungen fand. Und später erweckte Howard Carter durch die Entdeckung der Goldschätze im altägyptischen Königsgrab Tut-ench-Amuns nochmals weltweites Aufsehen.
Inzwischen aber hat der Wissenschafter dem einstigen Schatzsucher den Spaten aus der Hand genommen. Als erster versuchte J.J. Winckelmann gegen Ende des vorigen Jahrhunderts mit seinem Buch «Geschichte der Kunst des Altertums» die wahllos zusammengetragenen Funde aus Griechenland und Rom zu ordnen. Zu Recht kann er wohl als Begründer der wissenschaftlichen Altertumsforschung genannt werden.
Seither sind Archäologen aus aller Welt unermüdlich dabei zu graben, Schicht um Schicht, zu weiteren Ruinen unter dem Wüstenboden, um eine Antwort zu finden auf die noch immer ungelöste Frage nach der frühesten Zivilisation.
Die Suche ist noch längst nicht abgeschlossen, und die Forscher gelangen in internationaler Zusammenarbeit immer wieder zu

neuen Erkenntnissen. Dänische Archäologen fanden archaische Siedlungen auf Bahrain, wahrscheinlich Überreste aus dem keilschriftlich erwähnten Reich *Dilmun*. In Syrien, am Oberlauf des Euphrat, stießen italienische Ausgräber auf die Ruinen von *Ebla*, einer akkadischen Stadt des dritten vorchristlichen Jahrtausends mit Tempeln, Palästen und umfangreichen Archiven. Tausende von Keilschrifttafeln müssen noch entziffert und gedeutet werden, und damit öffnen sich vielleicht ungeahnte Perspektiven und Verbindungen zu den altmesopotamischen Kulturen.

Ohne wissenschaftliche Ambitionen habe ich versucht, die Arbeit der Archäologen im Zweistromland zu beleuchten; stille Forschung in der Wüste, die selten Schlagzeilen machte und doch von größter Bedeutung ist. Während die Ausgrabungen von Ninive und Assur, Ur und Babylon zum Begriff geworden sind, blieb Uruk-Warka, das biblische *Erech*, weitgehend der Fachwelt vorbehalten. Und doch ist es die größte der bisher erforschten Ruinen aus sumerisch-babylonischer Zeit. Und keine andere wurde so tief ergründet: eine Stadt, die durch viertausend Jahre ununterbrochen bestanden hat. Die Funde von Uruk haben Weltberühmtheit erlangt, und die Ruine selbst wurde zum Mittelpunkt der mesopotamischen Archäologie.

Während Jahren nahm ich ernsthaften Anteil und durfte mit dabei sein, draußen in der Wüste. In langen Arbeitswochen erfuhr ich, daß die Forschung nicht isoliert inmitten der Ruinen steht und daß nicht nur die geschichtliche Vergangenheit, sondern auch die Gegenwart zählt; daß dort eine Kontinuität fühlbar wird und auch die Menschen, welche heute in dem öden Land leben, durch ihre Legenden und altüberlieferten Bräuche untrennbar mit dieser Vergangenheit verbunden sind. Die Vergangenheit lebt in den Wasserschöpfrädern, die sich noch immer ächzend drehen wie zur Zeit Abrahams, oder in den aus Schilf gebauten Häusern, welche unverändert wie vor Jahrtausenden im Strom sich spiegeln.

Die in meinem Buch beschriebenen Ruinen mit Funden und archäologischen Details sind authentisch, während die Personen frei gestaltet wurden. Nur einige Araber, wie Ismail und den alten Diener Hamid, die sich durch ihre Treue bei der Expedition verdient gemacht haben, versuchte ich der Wirklichkeit nachzuzeichnen.

Dankbarkeit war wohl mit ein Grund, dieses Buch zu schreiben. Ohne Hilfe und Ermutigung durch Professor H.J. Lenzen wäre es sicher nie dazu gekommen. Seiner Großzügigkeit verdanke ich die gastliche Aufnahme im Expeditionshaus und die einzigartige Gelegenheit, als Volontär in alle Phasen der Ausgrabung Einblick zu gewinnen. Professor Lenzen hat sich auch Zeit und Mühe genommen, mein Manuskript in sachlicher Hinsicht zu prüfen, wofür ich ihm zu größtem Dank verpflichtet bin.

Der Deutschen Warka-Expedition danke ich für alle mir gewährte Unterstützung sowie den Archäologen und Assyriologen für das geduldige Beantworten von ungezählten Fragen. Ich war auch überaus glücklich, die Bibliothek des Deutschen Archäologischen Institutes in Baghdad und das Dokumentationsmaterial der Expedition benützen zu dürfen; überdies erhielt ich die Erlaubnis zu eigenen Aufnahmen.

Professor A. Falkenstein gab mir noch vor seinem allzu frühen Tod sein Einverständnis, die von ihm veröffentlichten Keilschrifttexte zu zitieren; dafür möchte ich dem großen Assyriologen, der so eng mit Uruk verbunden war, an dieser Stelle nochmals danken.

Dem schwedischen Keilschrift-Forscher Prof. A. Sjöberg verdanke ich die Zustimmung zum Zitat aus dem Ersemma-Lied an den Mondgott Nanna-Suen und sehr viele wertvolle Auskünfte. Frau Dipl. Ing. Charlotte Ziegler und Frau G. Wild-Wülker waren so freundlich, das Manuskript zu lesen, und Dr. Stefan Wild hat mein «südirakisches Grabungs-Arabisch» durchgesehen, wobei bewußt auf das in der Semitistik gebräuchliche Umschriftsystem verzichtet wurde. Ganz besonders danke ich Dr. Mark A. Brandes, der mir immer wieder mit archäologischer Auskunft und wertvoller Kritik zur Seite stand.

Mein spezieller Dank gebührt dem *Department of Antiquities of Iraq* sowie dem Museum von Baghdad für alle mir gewährte Hilfe, insbesondere die Genehmigung, verschiedene oft schwer zugängliche Ruinen des Landes besuchen und photographieren zu dürfen.

Das Deutsche Archäologische Institut und das Vorderasiatische Museum in Berlin haben mir zur wesentlichen Bereicherung meines Buches Expeditionsaufnahmen zur Verfügung gestellt. Die Zitate aus dem Gilgamesch-Epos in der Übertragung von Albert Schott sind mit freundlicher Genehmigung des Verlages der Reclam-Ausgabe (Stuttgart 1958) entnommen. Allen sei hier aufrichtig gedankt.

Zug, im Juli 1977 Helen Keiser

Anhang

Literaturhinweise

ANDRAE, W., Lebenserinnerungen eines Ausgräbers. Berlin 1961
- Babylon, die versunkene Weltstadt und ihr Ausgräber Koldewey. Berlin 1952
- Die Kunst des Alten Orients. Berlin 1925

EDZARD, D. O., Götter und Mythen im Vorderen Orient
Wörterbuch der Mythologie / Mesopotamien. Stuttgart 1965 (Herausgeber Haussig)

FALKENSTEIN, A., Das Sumerische / Handbuch der Orientalistik. Leiden 1964
- und W. v. SODEN., Sumerische und akkadische Hymnen und Gebete. Zürich/Stuttgart 1953
- Archaische Texte aus Uruk. Berlin 1936
- Topographie von Uruk. Leipzig 1941

HERODOT. Historien. Augsburg 1961

HILPRECHT, H. V., Explorations in Bible Lands. Philadelphia 1903

JACOBSEN, TH., The Sumerian King List / Assyrian Studies. Chicago 1939

KOLDEWEY, R., Heitere und ernste Briefe aus einem deutschen Archäologenleben. Berlin 1925
- Das wiedererstehende Babylon. Leipzig 1913/192

KRAMER, S. N., Sumerische literarische Texte aus Nippur. Berlin 1961
- Geschichte beginnt mit Sumer. München 1959

LENZEN, H. J., Die Entwicklung der Zikurrat von ihren Anfängen bis zur Zeit der III. Dynastie von Ur. Leipzig 1941
- Die Sumerer. Berlin 1948
- Die Tempel der Schicht Archaisch IV in Uruk. Zeitschrift für Assyriologie 1950

LLOYD, S., Die Kunst des Alten Orients. München/Zürich 1961
- und FUAD SAFAR, Eridu, in «Sumer». Bagdad 1948/60
- Foundations in the dust. London 1949

LAYARD, A. H., Niniveh and its remains. London 1849
deutsch: Auf der Suche nach Ninive. München 1965

LOFTUS, W. K., Travels and Researches in Chaldaea and Susiana. London 1857

Parrot, A., Sumer. Die mesopotamische Kunst von den Anfängen bis zum XII. vorchristlichen Jahrhundert. München 1960
- Tello. Paris 1948
- Mari. Neuchâtel/Paris 1953

Sjöberg, A., Der Mondgott Nanna-Suen in der sumerischen Überlieferung. Stockholm 1960

Schmökel H., Handbuch der Orientalistik, Keilschriftforschung und Alte Geschichte Vorderasiens. Hrsg. B. Spuler. Leiden 1957
- Ur, Assur und Babylon. Hamburg 1955

Soden, W. v., Sumerer, Babylonier und Hethiter bis zur Mitte des zweiten Jahrtausends v. Chr. Berlin 1962

Schott, A., Gilgamesch Epos / Deutsche Übersetzung. UB – Nr. 7235/35 a. Stuttgart 1958

Thesiger W., The Marsh Arabs. London 1962

Thureau-Dangin, F., Die sumerischen und akkadischen Königsinschriften. Leipzig 1907
- Rituels accadiens. Paris 1921

Woolley, S. L., Vor fünftausend Jahren. Stuttgart 1929
- Ur in Chaldäa. Wiesbaden 1957
- The Sumerians. Oxford 1929
- Excavations at Ur. London 1954

Ziegler, Ch., Die Keramik der Qal'a des Haǧǧi Mohammed. Berlin 1953

Die wichtigste Unterlage für dieses Buch bildeten die in Berlin erschienenen *«Vorläufigen Berichte über die Ausgrabungen in Uruk-Warka»* (UVB) 1913–1965

Zur Vereinheitlichung wurde die Chronologie der *Fischer Weltgeschichte,* Band 2 «Die Altorientalischen Reiche» I (Frankfurt am Main 1965) entnommen.

Arabisches Vokabular
(auf den südlichen Irak bezogen)

abadan	niemals
'abâye	Hirtenmantel
abûyi	mein Vater
ahlan wa sahlan	willkommen
akil	essen
al-hamdu lillâh	Gott sei Dank
almânî, Plural almânîyîn	Deutscher
al-yôm	heute
ambar	Geräteraum, Speicher
'anza	Ziegen
'arab	Halbnomade, Schafzüchter
'arabâne	Förderwagen
arabandschi	Wagenschieber
asad	Löwe
aschkorak	danke (dir)
badu	Beduine, Kamelzüchter
ba'îd	weit
bjâr	Brunnen
dâimen	niemals
dakhla	Asyl in einem Zelt
dhahäb	Gold
dhêf, Plural dhujûf	Gast, Gäste
dhuhr	mittag
dirah	Zugsgebiet eines Stammes
dschull	arabische Pferdedecke
dûwa	Medizin
el-bint	das Mädchen
el-buwérîye	die Stroherne (Zikurrat v. Eanna)
fânûz	Lampe
fatha	Totenfeier
fî amân illâh	Gruß zum Abschied

flûs	Geld
fôq	oben
gahwa	Kaffee
garîb	nahe
gawi	stark
ghanam	Herden
ghazu	Raubzug in der Wüste
hâdha	dieser
harâm	Sünde, Schande
harr	heiß
hena, henäq	hier, dort
hôr	Sumpfgebiet (Südirak)
hôsse	Stegreifgesang
ilek	dein (zu dir)
Inscha-Allah	so Gott will
inglîzî	Engländer
isma'	höre
kebîr	groß
keffîya	arabisches Kopftuch
kethîr	viel
khabar	Neuigkeiten
khalâs	fertig
khamîs	Hemd
khanschar	Dolch
khâtûn	Frau, Dame
kirba	Wassersack aus Ziegenleder
kullisch	viel, ganz
laila	Nacht
libn	Lehmziegel
Ma'dân	Stamm von Büffelbauern (Südirak)
mâi	Wasser
mâku	hat nicht, ist nicht

marrâr	Arbeiter mit der Breithacke
min al-gharb	aus dem Westen
mischmisch	Aprikosen
mistwî	weich
mithil nâr	wie Feuer
mudhîf	großes Gästehaus aus Schilf
mû hassa	nicht jetzt
mutî	Bezeichnung für Esel (Südirak)
na'am	ja
nargîle	Wasserpfeife
Qal'at Madschnûn	Festung des Verrückten
qasr	Burg
qâta'	gewobene Trennwand im Zelt
râssî	mein Kopf
ruhhsa	Erlaubnis wegzugehen
sabah al-khêr	guten Morgen
sadîqî	mein Freund
saghîr	klein
sahh	wahr
sambâl	Korb
sayyâra	Auto
schaitân	Teufel
schatt	Flußlauf
schi	etwas
schîsch	dünner Eisenstab
schîl	nimm weg
schlônek, schlônitsch	wie geht es dir (ask., em.)
schûf	schau, sieh
schughl	Arbeit
sigârât	Zigaretten
srêfe	kleines Schilfhaus
sûq	arabischer Basar
suwârî	Photograph (Bildmacher)

ta'âl	komm
tabîb	Arzt
takht	unten
tamâm	gut
ta'rif	weißt du
taschrob	trinkst du
tâula	Brettspiel
tawîl	lang
trîdîn	wünschst du
tschai, tschai-khâne	Tee, Teehaus
ustadh	Meister
waläd, Plural aulâd	Junge
waraga	Papier
wâwi	Schakal
yallah	vorwärts (geh mit Gott)
yimkin	vielleicht
yôm el-ahad	Sonntag (der erste Tag)
zira'	Getreide
zyên	gut

Kleines Verzeichnis der im Buch erwähnten Götter

Nach dem «Wörterbuch der Mythologie», Band I, von D.O. Edzard
Hrsg. H.W. Haussig, Stuttgart 1965

Innin, Inanna-Ischtar	im Eanna-Heiligtum verehrte Hauptgöttin von Uruk, zu babylonischer Zeit Kriegs- und Liebesgöttin
Anu (An)	Himmelsgott
Antum	Gemahlin des Himmelsgottes
Enlil	Herr Windeshauch, der in Nippur verehrte alte Hauptgott des sumerischen Götterhimmels